変貌する労働時間法理

《働くこと》を考える

道幸哲也・開本英幸・淺野高宏 編

法律文化社

はしがき

　最近労働時間をめぐる裁判が増加し、社会的関心も高まっている（たとえば、後掲・日本マクドナルド事件）。立法化の動きについても、一連の立法（たとえば企画業務型裁量労働制）が実際にどのように運営されているか、またどのような問題があるかははっきりしない。将来的にはホワイトカラー・エグゼンプション構想も再燃することが予想される。

　北海道大学労働判例研究会では、ほぼ毎週判例研究をし、最新の労働裁判をフォローし、『法律時報』『季刊労働法』『労働法律旬報』『TKCローライブラリー』等に定期的に発表している。そこで取り上げている事案に占める労働時間に関連した事件は増加する傾向にある。同時に多様な紛争が発生し、業務命令性の判断をどうするか、また賃金請求との連動等労働契約法理の根幹が争われている。にもかかわらず、判例の全体像さえも不明確であり、実務的・理論的に未解明の論点が多い。

　労働時間法については、コンメンタールや個別判例評釈は多いが、独立したモノグラフは少ない。とりわけ、労働時間の法理を、契約論まで含めて判例・学説を全体として本格的に検討した研究は、荒木尚志『労働時間の法的構造』（有斐閣、1991年）を除いて少ない。特に、最近の裁判例が提起した問題を正面から論じたものは皆無といえる。

　本研究会は、大学の研究者だけではなく、弁護士・社労士等の実務家も多く参加している。定期的にかなりの密度で判例研究をし、毎年100件近くの裁判例を取り上げている。さらに、本研究会は、日本労働法学会において労働時間関係文書の作成について使用者の時間管理義務の観点から共同研究し発表し、一定の評価を得ている。

　そこで、本書では、関連条文や裁判例の紹介だけではなく、理論的に何が問われているかも念頭において労働時間法理の解明を目指すことにした。それを踏まえて、《働くこと》とは何かを考えていきたい。

本書の企画、全体構成等につき法律文化社編集部の小西英央さんに大変お世話になりました。若い研究者中心のこの企画に支援して頂いたことに感謝します。

　2009 年 2 月

　　　　　　　　　　　　　　　　　　　　　　　　　　　道幸　哲也

目　　次

はしがき

第1章　なぜ労働時間か──────────道幸哲也　1

　　　Ⅰ　労働時間法理の何が問題か　1
　　　Ⅱ　労働時間の意味・意義　2
　　　Ⅲ　なぜ労働時間規制をするか　4
　　　Ⅳ　時短政策を考える際の留意点　5
　　　Ⅴ　労働時間規制のアウトライン　7
　　　Ⅵ　労働時間論　12
　　　Ⅶ　賃金論との連動　17

第2章　労働時間規制とその構造──────山田　哲　23

　　　Ⅰ　はじめに　23
　　　Ⅱ　労働時間規制の展開　24
　　　Ⅲ　労働時間規制の適用除外　31
　　　Ⅳ　労働時間規制の実効確保措置　33

第3章　労働時間の算定および労働時間規制の緩和規定
　　　　────────────戸谷義治　44

　　　Ⅰ　はじめに　44
　　　Ⅱ　労働時間規制の緩和　45
　　　Ⅲ　労働時間の算定方法　51
　　　Ⅳ　検　討　61

第4章　労働契約法上の労働時間　―――――淺野高宏　68
　　　　　──労働契約と労働時間〈Ⅰ〉──

　　Ⅰ　はじめに　68
　　Ⅱ　労基法上の〈労働時間〉と労働契約法上の〈労働時間〉　70
　　Ⅲ　労働契約法における労働時間　74
　　Ⅳ　業務命令権の制約〈総論〉　75
　　Ⅴ　業務命令権の制約〈各論〉　82
　　Ⅵ　請求権としての雇用関係文書へのアクセス権　89

第5章　文書による労働時間管理義務　―――――淺野高宏　92
　　　　　──労働契約と労働時間〈Ⅱ〉──

　　Ⅰ　はじめに　92
　　Ⅱ　労働時間管理方法と労働時間算定についての裁判例　94
　　Ⅲ　労働契約に基づく労働時間管理上の文書作成義務　99
　　Ⅳ　文書による労働時間管理義務を設定する効果　102

第6章　賃金請求権との連動　―――――開本英幸　106
　　　　　──労働契約と労働時間〈Ⅲ〉──

　　Ⅰ　はじめに　106
　　Ⅱ　所定内労働に対する賃金請求権　107
　　Ⅲ　所定外労働に対する賃金請求権　114
　　Ⅳ　おわりに　130

第7章　労働時間の決定・変更方法　―――――斉藤善久　133

　　Ⅰ　はじめに　133
　　Ⅱ　法定内労働時間にかかる労働条件の決定・変更　135
　　Ⅲ　法定労働時間制度の適用　141

第8章　労働時間規制と生命・生活 ――――――大石　玄　149

- I　はじめに　149
- II　長時間労働と過労死の関係　151
- III　業務起因性についての裁判例　153
- IV　ホワイトカラー・エグゼンプションをめぐって　158
- V　うつ病と長時間労働　160
- VI　休み方から考える働き方のルール　162
- VII　ワーク・ライフ・バランスをめぐって　166
- VIII　おわりに　168

第9章　労働時間法理における《休むこと》のあり方
――――――國武英生　172

- I　はじめに　172
- II　《休むこと》をめぐる法政策の歴史　173
- III　《休むこと》をめぐる現行法と判例法理　177
- IV　今後の《休むこと》のあり方　187

終　章　《労働》のあり方を考える――――――道幸哲也　195

- I　労働契約論との関連　195
- II　労働時間規制について　197
- III　労働時間と《働くこと》　199

判例索引

第 **1** 章

なぜ労働時間か

道幸　哲也

I　労働時間法理の何が問題か

　労働時間は、賃金とならぶ最も重要な労働条件であり、労基法は詳細な関連規定を有している。この労働時間をめぐっては、労働時間性や残業義務の有無、さらに管理監督者性等について多くの裁判例があり、一定の判例法理が形成されている[1]。ところが、平成以降になるとサービス残業問題が注目を浴びるとともにいわゆるホワイトカラー・エグゼンプションの立法構想が再三浮上し、激しい論争の対象になっている。また労働時間性やその立証方法等につき多様な裁判例が続出している。

　同時に、監督行政も時間管理のあり方につき積極的な施策を打ち出している。たとえば、「労働時間の適正な把握のために使用者が講ずべき措置に関する基準について」（平成 13.4.6 基発 339 号）、「不払残業総合対策指針」（平成 15.5.23 基発 0523004 号）等である[2]。また、最近でも平成 17 年「労働時間等設定改善法」による労働時間等設定改善実施体制の整備、「過重労働による健康障害防止のための総合対策」（平成 18.3.17 基発 0317008 号）も示されている。さらに、ワーク・ライフ・バランスの立場から、政労使一致して働き方の見直しもなされ始めている[3]。

　本章では、膨大な近時の労働判例の出現をふまえて、労働時間をめぐりいかなる法律問題があり、そこで論じられるべき課題はなにかを概観する[4]。いわゆる問題確認・提起部分と言える。学説は活発な議論をしている割には、最近の

判例法理の展開について適切な検討・論争をなしていない。まず、なにが問題かを適切に把握することこそが混沌としている労働時間法理解明の鍵となると思われる。

Ⅱ　労働時間の意味・意義

　労働時間をなぜ、どのような観点から問題にするのか。法的には、労働契約上の権利・義務内容の明確化が主要課題となる。労働契約上の労働者の権利は賃金請求権であり、義務は使用者の指揮命令（業務命令）下において労務を提供することである（労働契約法２条）。この業務命令の有無・程度が労働契約と他の労務供給契約（請負、準委任）との区別の主要な基準となる。労働者概念・労働契約のポイントといえる。

　労働者は業務命令に従って労働することが義務付けられているので、まず業務命令内容の確定が必要となる。この点は、それが契約上の合意の範囲内か、また範囲内だとしても濫用にあたらないかによって判断される（東亜ペイント事件・最二小判昭和61.7.14判時1198号149頁）。同時に、業務命令発出の前提として労務が労働時間内でなされることが要件となる。業務命令の「外枠規制」といえようか。業務命令が有効とされるのは、あくまで約定の労働時間内でなければならないわけである。その意味では「業務命令権行使の前提的な制約ルール」といえる。過労死等の回避のためという側面もある。そこで、労基法は契約内容を明らかにするために使用者に労働条件の明示を義務づけており（15条）、労働時間等の主要な労働条件については書面によるものとされている（施行規則５条３項、労働契約法４条２項）。また、始業及び終業の時刻等は就業規則の必要的記載事項となり（労基法89条１号）、それが契約内容になるためには周知が必要とされている（労基法106条、労働契約法７条）。

　同時に、労働時間性は、実際に労働をした場合に、それが賃金請求権の根拠になるかという形でも争われている。これは、約定の時間帯（たとえば、午前８時から午後５時まで）ではなく、それ以外の時間帯について主に問題になり、裁判上の基本的な争点に他ならない。「賃金請求権発生ルール」といえる。

以上をふまえてどのような紛争パターンがあるかを考える。通常は、

　　　　　合意① → 業務命令② → 労務提供③ → 賃金④

という連動がそれなりにはっきりしているケースである（よりリアルにいえば［就業規則→合意］という関連も問題になる。電電公社帯広局事件・最一小判昭和61.3.13労判470号6頁、労働契約法7条参照）。

基本的な紛争類型は以下のとおりと思われる。

第一は、①合意に由来する②業務命令に基づき③労務提供をなした場合である。基本的に賃金は合意された労働時間に連動し、通常は労務提供に基づき賃金を請求することになる。上のシェーマどおりのケースである。

第二は、①合意された定労働時間以上に労働③するケースについては、法定労働時間内については労使の合意に基づいて労働時間に対応する賃金額が決定される。他方、法定外の労働時間については、労基法上（37条により）割増賃金の支払い義務が生じる。［①→（②）→③→④］であり、④につき特別の規制がなされている。したがって、支払が義務づけられている（オフィステン事件・大阪地判平成19.11.29労判956号16頁）とともに支払うべき賃金額につき一定の制約がなされる。

なお、時間外労働命令が合意や労基法に反する場合でも、実際に就労したならば上述の賃金を請求しうる。［②→③→④］のケースといえる。同時に、違法な時間外労働を余儀なくされたとして慰謝料の請求が認められることもある。

第三は、労務提供がなされなかった場合である。この原因が使用者にある場合は、［①→④］によって賃金請求権が発生する。危険負担の問題と言える（民法536条）。

第四は、業務命令と労務との連動が見えにくくなる裁量的な仕事のケースである。図式化すれば［①→（②）→③→④］といえようか。業務命令内容が包括的・抽象的な場合である。労基法は専門職型および企画業務型の裁量労働制を採用している。労働者に一定の裁量があるホワイトカラー労働には必ずこの様な側面があり、上述のシェーマをどう修正すべきかが問題となっている。ホワイトカラー・エグゼンプションの論点に他ならない。

Ⅲ　なぜ労働時間規制をするか

　なぜ国は労働時間を労使の自主決定に任せず、多様な形で法的な規制をするのか。この点につき共通の理解を得ることは、法解釈だけではなく、規制の将来的なあり方を考えるうえでも不可欠の作業である。
　基本的に二つの観点からの説明が可能である。つまり、「労働する時間」に着目することと「労働からの解放」（休暇）に着目することである。
　第一は、長時間労働をチェック・禁止するためである。端的に「労働」時間の規制を目的とする。具体的には以下の三点からの立論がなされている。その一は、長時間・深夜労働に由来する健康破壊（極端なのが過労死）を回避するためである①。その二は、経済政策的視点であり、（イ）時間短縮によって全体としての雇用量を増やすという完全雇用やワークシェアリングの要請②、（ロ）貿易黒字を解消するため等の観点から国際的な公正競争を実現することがあげられる③。その三は、労務管理的視点であり、（イ）作業能率を向上させること④とともに、（ロ）長時間労働にともない対外的な事故が発生することの回避（自動車関連）を目的とする⑤。これは単に労務管理の問題ではなく社会的要請でもあり、その点では独自の保障原理と考えることもできる。今後は、福祉や医療労働についても問題になろう。
　第二は、まとまった休暇の確保のためである。この観点からは間接的に「労働」時間の規制がなされる。具体的な理由付けの一は、家庭生活・文化的活動の確保、ワーク・ライフ・バランスにある（労働契約法3条3項参照）⑥。これはあるまとまりの休暇（たとえば、年休・休日）についてそういえる。その二は、経済政策的な側面であり、休暇による内需の拡大を目的とする⑦。
　以上の説明につき、労働法の規範的要請としては、①⑥が注目され、それ以外は経済政策・労務管理的な側面が濃厚である。今後は、⑤の社会的要請も重視されることが予想される。また、1980年代の時短施策との関連においては③⑦が強調されていた。
　なお、最近は、主体的な働き方の観点からの時間規制のあり方も指摘されて

いる。ホワイトカラー・エグゼンプション制度との関連での重要論点である。しかし、仕事についての裁量性と仕事量の多寡とは別の問題なので、義務付けられた仕事量が多ければ、やはり時間規制のニーズは否定できないと思われる。

Ⅳ 時短政策を考える際の留意点

1 労働時間の実態

年間労働時間数は1990年代に週休2日制の導入等にともない大幅に減少したが、2000年代に入って時短の動きは停滞している。2007年における総労働時間は年間1808時間である（『2008年版労働経済白書』52頁）。傾向的にみると時短の原因は非正規雇用、特にパートの増加による。他方、30～40代男子正規社員の労働時間の増加も顕著であり、4人に1人が週の労働時間が60時間を超えている。労働時間の二極化が進んでいるわけである。

また、労働時間をめぐる権利主張との関連では、年休取得率の低さ（約50％）が印象的である。

2 なぜ時短が困難であるか

他の先進国に比べなぜわが国において時短が進まないのか。時短政策や労働時間規制を考える際に留意すべき事項といえる。

第一は、賃上げを重視する労働者・労働組合の行動態様である。生産性が向上した場合に、それを賃金に反映させるか、労働時間短縮として実現させるかという基本的に二つの対応が考えられるが、歴史的には前者の対応が採用されている。労働運動としても、基本的に賃上げが目指されたわけである。

第二は、ビジネス指向的な文化である。余暇よりも勤労の美徳が重視され、競争観もどのような競争が公正かという発想よりも受験勉強的な素朴なガンバリズムがアピールする。長時間労働は公正な（国際）競争を阻害するという競争観は根付くことはなかった。また、ビジネスに対抗する文化・宗教も強固ではなく、地域・家庭等の共同体による制約・規制も解体している。業績改善のために元日から働くことをチェックする文化はなくなっていることがその好例

である。

　第三は、労務管理のあり方であり、グループ企業におけるジャストインタイム制は、親企業の時短を促進したとしても下請けや関連会社従業員に負担を負わせることが少なくない。

　また、競争の激化による賃金の低額化や時間給化は、いわゆるワーキングプア層の時短を決定的に困難にしている。長時間労働をしない限り生活自体が成り立たなくなるからである。

　第四は、業務命令のあり方である。業務命令であるのか単なる上司の「依頼」であるのかが不明なグレーゾーンのケースが多い。その点を明確にしようとしない職場の雰囲気や労働時間概念の曖昧さがこのような労務管理を助長している。まさにサービス残業の温床といえる。さらに、労働時間と賃金法理との連動につき未解明の点が多いこともルールの明確化を妨げている。本書は、これらの点の解明をめざしている。

　全体として、時間規制を厳格になすべきであるという規範意識が希薄といえる。時間意識が鮮明になれば仕事が回りにくい実態にある（たとえば、教師の仕事）ことも否定できないが、理論的もしくはルールとしてのそれを解明しようとしないことは許されないであろう。

3　時短実施体制の問題

　時短は、労基法上の要請であり、同法はそのための仕組みを定めている。しかし、これらは以下のように必ずしも適正に機能していないといわれる。このレベルの改善も不可欠の課題である。

　第一は、労働時間の監督体制や方法の問題点である。基準行政としては時間管理の厳正化の通達（「労働時間の適正な把握のために使用者が講ずべき措置に関する基準について」平成13.4.6基発339号）等により積極的な規制を試みている。しかし、労働基準監督官の数が決定的に不足している（平成20年で約3000人）。また、法違反の申告をしうることや申告を理由とする不利益取扱いの禁止も法定（労基法104条）されているが、実際に申告は困難である。

　第二は、労働者サイドのチェック体制の不備である。労働時間につき労基法

は一定のルールを定めているので本来使用者に時間管理義務があると思われる。しかし、そのための仕組みは整備されておらず、また労働者サイドの権利としても構想されていない。間接的には刑事罰によるチェックが構想されている。結局、労働者本人が自分で守るしかない（労基法13条、労働契約法4条）。今後は労基法とともに労働契約上の義務として使用者に労働時間の「適正管理義務」があると考えることが必要になると思われる。時間管理をしないリスクを使用者に課すためである。

第三は、従業員代表制や労使協定の評価である。労基法は、時間規制の修正・緩和の仕組み等において従業員代表との協定等を要件としている（32条の3、36条等）。この従業員代表制については、代表者が適正に選出されるか、従業員の意向を適正に代表しうるか、締結した労使協定にどのような法的効力があるか（たとえば、計画年休を定めた39条5項）等の問題が提起されている[9]。また、労働契約法の立法時に議論となった労使委員会制（労基法38条の4参照）についても同様であり、それらの論点は必ずしも十分に解明されていない。

V　労働時間規制のアウトライン

労基法は労働時間につき詳細な規制をなしている。各条項の個別の論点については2章以下に譲るとして、ここでは基本的な特徴だけを確認しておきたい。

労基法の時間規制は基本的に三つの仕方でなされている。

その一は、労働時間、つまり「働くこと」の規制であり、これが中核を占める。

その二は、休日・年休等の「休むこと」の確保であり、労基法は明文によって定めている。休暇権ともいうべきもので、その間は働くことが禁止されることになる[10]。

その三は、その中間ともいうべき特別の規定がない「働かないこと」の領域である。これは、労働時間以外の労働者の自由時間、たとえば、日々の食事時間や就寝時間がその例である。通常は1日24時間の中でもっとも長い時間といえる。休息「権」とでもいうべきか。

法的には、その一と、その二が直接の争点となる。その三については、休憩規定（34条）以外には特段の規制はなされず、間接的にのみ問題になる。労働者の健康と生命を守るためには、この休息時間の確保は不可欠である。一定の法的規制（たとえば、拘束時間の規制）が必要と思われる。

1　働くことの規制

労基法は労働時間につき次の四つの観点から規制をしている。

第一は、基本原則であり、最長1日8時間、1週40時間と定められている（32条）。もっとも、公衆の不便を避けるため等に必要なものについて若干の特例がある（40条、労基則25条の2：週44時間）。

第二は、適用除外であり（41条）、労働時間、休憩及び休日に関する規定は適用されない。ただし、深夜労働や年休に関する規定は適用される。適用除外がなされるのは、①農業・漁業等（1号）、②管理監督者（2号）、③断続的労働従事者（3号）である。②管理監督者については最近「名ばかり管理職」問題として議論され多くの裁判例が示されている（たとえば、日本マクドナルド事件・東京地判平成20.1.28判時1998号149頁、日本ファースト証券事件・大阪地判平成20.2.8労経速1998号3頁等）。なお、このような管理的な仕事を遂行する者に対する特例としては、時間算定との関連において「企画業務型裁量労働制」（38条の4）があり、さらにより一般化すればいわゆるホワイトカラー・エグゼンプション構想が示されている。ホワイトカラーに対する適正な労働時間規制は永遠の難問と思われる。

第三は、労働時間の算定に関する規定である。まず原則として労働時間の定義が問題となるが、明文の規定を欠く。後述のように解釈論的な主要論点となり、多様な裁判例が出されている。明文で規定されているのは次の三つの場合である。①事業場を異にする場合に通算する（38条1項、千代田ビル管財事件・東京地判平成18.7.26判時1951号164頁）、②事業場外で労働時間が算定しがたい場合に、所定労働時間の労働とみなす（38条の2）か労使協定によって定める、③裁量労働制であり、専門職型（38条の3）と企画業務型（38条の4）がある。なお、それ以外に坑内労働に対する特例（38条2項）や暦日との関連が問題に

なっている。

　企画業務型の裁量労働制については、労使の代表委員からなる労使委員会がその具体的内容を決定するという構成になっている。この労使委員会というアイデアは、労働契約法の立法化の過程において就業規則の不利益変更の合理性を推定する仕組みとしても提案された。この提案は実現しなかったとはいえ、労使委員会の実態やそれが機能する前提等について多くの課題が提起された。

　第四は、1日8時間、1週40時間制の緩和・修正規定である。基本的に四つのパターンがある。

　その一は、企業経営の観点から時間配分を柔軟にする（弾力化）変形制であり、①1月単位（32条の2）、②1年単位（32条の4）、③非定型（32条の5）がある。

　その二は、労働者の主体的な時間配分を認めるフレックスタイム制（32条の3）である。

　その三は、労使協定によって時間外労働等を命ずるいわゆる36協定による時間外労働である（36条）。

　その四は、非常災害・公務の場合の時間外労働である（33条）。

　以上の緩和規定に関しては、主に三六協定に基づく時間外労働命令をめぐり多くの裁判例があり、一定の判例法理が確立している。日立製作所武蔵工場事件最判（最一小判平成3.11.28民集45巻8号1270頁）[12]は、就業規則の包括的規定に基づき私法上の時間外労働義務を認めた。他方、トーコロ事件最判（最二小判平成13.6.22民集48巻5・6号633頁）は、親睦団体の代表者の締結した三六協定自体を無効として時間外労働の拒否を理由とする懲戒解雇を無効とした原審（東京高判平成9.11.17労判729号44頁）の判断を承認した。また、時間外労働命令は、所定労働時間内の業務命令とは異なる側面があるので、それを拒否できる事由が時間内よりも広いか否かも問題になっている。同時に拒否理由の開示の必要があるか、必要ありとするとプライヴァシーの開示を余儀なくされるか等の問題もある[13]。

　では、労基法の関連規定について基本的にどのような問題があるか。

　その一は、1日8時間、1週40時間原則に対し多くの除外・緩和規定があ

ることである。原則としての規範性に欠け、それが私法規範としての原理性の解釈（たとえば、前記・日立製作所武蔵工場事件最判）に決定的な影響を与えている。私は、最判に疑問をもっている。

その二は、緩和措置につき労使協定の締結を要件にしている例が多いが、労使協定の締結につき労働者の真意が適正に反映しうるかの問題がある。過半数代表者の代表性とともに集団的意向と個人の自由との調整が争点となる。解釈論的にも多様な問題がある（ドワンゴ事件・京都地判平成18.5.29労判920号57頁）。

その三は、連続的な長時間労働に関する規制が緩いことである。たとえば、週休制原則の弱さ、休憩規定の不整備等である。また、休息「権」的な発想にも欠ける。とりわけ、1日単位の労働もしくは拘束時間規定は必要と思われる[14]。

その四は、主体的な働き方の観点から時間規制を緩和する傾向が顕著である。適用除外規定たる管理監督者（41条2号）、時間算定ルールたる裁量労働制（38条の3、38条の4）、さらにフレックスタイム制（32条の3）がその例といえる。さらに、ホワイトカラー・エグゼンプション制導入の根強い動きもあり、このような法的ルールの適否がこれからも論議の対象となる。その基盤があるかまた有効な歯止めがあるかの論点に他ならない。

2 休むことの規制

労基法等は、労働時間規制を労働時間の長さを直接コントロールするだけではなく、間接的に休むことを義務付ける形においてもなしている。休むことに着目した規制は次の三つのパターン、つまり①労働時間の途中に付与する「休憩」（34条）、②週単位の労働時間規制とセットとなった休日（35条）、③ある程度長期的に休む年休（39条）、との形態でなされている。育児介護休業法に基づく「休業」や労使間の合意に基づく病気休職や起訴休職等の「休職」もこの③のパターンといえる。

第一は、休憩（34条）時間の確保である（育児時間67条も参照）。法的には、付与原則の一たる自由利用との関連が政治活動や組合活動をめぐり争われている（目黒電報電話局事件・最三小判昭和52.12.13民集31巻7号974頁）。また、休憩

時間中に一定の作業が必要なケースにおいて「手待時間」的な状況をどう評価すべきかという難問もある。つまり、手待時間として「労働した」とみなすか作業の可能性から「自由利用が阻害」されたかの論点である。作業の頻度や時間にもよるが、住友化学工業事件最判（最三小判昭和54.11.13判夕402号64頁）は自由利用の阻害を理由として慰謝料の請求を認めている（最近の例として、クアトロ事件・東京地判平成17.11.11労判908号37頁は賃金請求を認めている）。

　第二は、休日（35条）の確保である。一応週休制が原則であるが、4週間で4日で足りるというきわめてルーズな規制である（同条2項）。休日労働に対しては、「労働基準法第37条第1項の時間外及休日の割増賃金に係る率の最低限度を定める政令」によって3割5分以上の割増賃金の支払いが義務付けられているので、特に週休2日制について休日の特定が問題になる。また、一旦特定した休日について、その振替や休日労働をした場合の代休の適否も争われている。私生活の保障の観点からは休日の特定・確定は重要である。

　第三は、年休（39条）の保障であり、多くの解釈的な問題が発生している。特に、年休権の法的構成（白石営林署事件・最二小判昭和48.3.2民集27巻2号191頁）、年休闘争の適否（津田沼電車区事件・最三小判平成3.11.19民集45巻8号1236頁）、自由利用目的（弘前電報電話局事件・最二小判昭和62.7.10民集41巻5号1229頁）について判例法理が確立している。

　同時に「事業の正常な運営を妨げる」事由（4項）の有無について、多様な事案で争われており、一定の判断が示されている。事業規模、要員管理のあり方（夕張南高事件・最一小判昭和61.12.18判例時報1220号136頁）、業務の性格（NTT〔年休〕事件・最二小判平成12.3.31民集54巻3号1255頁）、忙しさ、年休の期間（時事通信社事件・最三小判平成4.6.23民集46巻4号306頁）、応援体制のあり方（電電公社此花局事件・最一小判昭和57.3.18民集36巻3号366頁）、代替要員の有無（電電公社関東電気通信局事件・最三小判平成1.7.4民集43巻7号767頁）、請求時期（高知郵便局事件・最二小判昭和58.9.30民集37巻7号993頁）等により個別の判断を余儀なくされる。明確で客観的な基準を設定しにくい条項である。

　また、計画年休制度（同条5項）については、過半数組合の締結した労使協定の法的性質、締結過程において従業員の意向をどう公正に代表するかという

難問も提起されている（三菱重工業長崎造船所〔計画年休〕事件・福岡高判平成6.3.24労民集45巻1＝2号123頁）。

　第四は、休職制度である。これは法定されている育児介護休業制度と労使の合意や就業規則に基づく休職制度がある。後者の例としては、①傷病（病気）休職、②起訴休職、③組合専従休職、の他に④出向・留学・公務就任等を理由とする休職等がある。この休職制度の目的は多様であるが、従業員身分は保有しつつ就労を免除する点に特徴がある。また、休職期間中の経済的（賃金）保障については関連規定いかんである。実際の紛争は、病気休職をめぐる事件が多く、休職事由の有無、期間満了時の復職・退職の適否、休職期間中の（賃金）保障等が争点となる。この休職に関連して、ワーク・ライフ・バランスの問題が最近注目を浴びている。

Ⅵ　労働時間論

　労働時間とはなにか。判例法理（大星ビル管理事件・最一小判平成14.2.28民集56巻2号361頁）は、労基法上のそれとして「使用者の指揮命令下に置かれていた」時間と把握している。学説も概ねこの見解を支持している。もっとも、そのような労働時間概念が適切か、また実際の事件においてその要件をどう判断すべきかについては多くの問題が残されている。ここでは、基本的論点と判例法理の特徴だけを確認しておきたい。

1　労働時間の概念

　労働時間概念は、大別して労働契約上のそれと労基法上のそれを想定しうる[15]。前者は、賃金請求や懲戒・査定との関連が問題になり、基本的に労使間の合意によって決定することになる。他方、後者の労働時間概念は、強行法規に基づくとともに契約内容につき最低基準的効力をも有する（労基法13条）。通常はこの意味で用いられ、本書においても同様である。もっとも「労働時間」を明確に定義した条文はないので、「指揮命令」概念の解釈が問題になる。形式的な指揮命令の有無ではなくその実質性も含めて判断すべきと思われる。

この指揮命令については、就業規則等で定められた所定内の時間とそれ以外の所定外の時間について、その判断視角が大きく異なっていることに留意したい。つまり、労働時間性との関連において指揮命令の有無・程度がことさら問題になるのは、基本的に所定外のケースであり、判例法理はこの種紛争を前提としている。

　所定内のケースにおいては、包括的に指揮命令下にあるとみなされ、指揮命令を明確に排除した事案についてだけ「労働時間」に当たらないとしていわゆる賃金カットの対象となる（三菱重工業長崎造船所〔家族手当カット〕事件・最二小判昭和56.9.18民集35巻6号1028頁）。具体的には、争議行為（水道機工事件・最一小判昭和60.3.7労判449号49頁）や明確に仕事をしない、もしくは他のことをしていた場合である（アイスペック・ビジネスブレイン事件・大阪高判平成19.11.30労判958号89頁参照。本件は時間外労働部分についての判断である）。

　所定内については、使用者が賃金カットをするために「指揮命令下にないこと」を、また所定外については、労働者が賃金請求をするために「指揮命令下にあること」を立証する必要があるわけである。

2　判例法理の特徴

　最判は一貫して労働時間を労基法上の労働時間として把握し、「使用者の指揮命令下に置かれている時間」（三菱重工業長崎造船所〔更衣時間〕事件・最一小判平成12.3.9民集54巻3号801頁）と定義している。同時に、それが労使合意如何によらず客観的に定まるものとしている。さらに、各事案に応じて次のような判断も示されている。

　造船現場作業につき（前掲・三菱重工業事件）、「労働者が、就業を命じられた業務の準備行為等を事業所内において行うことを使用者から義務付けられ、又はこれを余儀なくされたときは」指揮命令下にある。

　ガードマンの仮眠時間につき（前掲・大星ビル管理事件最判）、不活動仮眠時間に「労働者が労働から離れることを保障されて」はじめて指揮命令下に置かれていないといえる。しかし、実作業への従事が皆無に等しい場合は別である。

　住み込みのマンション管理人につき（大林ファシリティーズ事件・最二小判平成

19.10.19民集61巻7号2555頁)、管理マニュアルにより管理人が「事実上待機せざるを得ない状態に置かれ」ており、そのことは管理日報等で使用者も認識していたので「黙示の指示」があった。

　以上のように判例法理は、労働時間につき、①労働基準法上の労働時間を想定し、②使用者の指揮命令下に置かれた時間とし、③客観的に定まるとしている。さらに、指揮命令の程度や労働の密度はほとんど問題にならず、労働時間か否かにつき基本的にグレーゾーンは存在しない。グレーゾーン的な処理をしようとすれば、適用除外、裁量労働制によらざるをえない。労働時間か否かについて労使間で自由に決定することは許されないわけである。せいぜい、合意に基づき軽微な労働に対しては時給額を下げる等して賃金額によって調整するぐらいである。

　下級審の判断は、使用者の指揮命令下に置かれた否か、がもっぱら争点となった。ここでは、最近の事案に留意して、そこで争われた基本的な問題点だけを指摘しておきたい。

　第一に、指揮命令の具体的なあり方が問題になり、以下の点が争われている。

　①労働密度が薄い労働(ガードマンの仮眠時間、マンション管理人の仕事)を命じた場合である。実作業がなくとも待機時間として労働時間と認められている(前掲・大星ビル管理事件最判、前掲・大林ファシリティーズ事件最判、山本デザイン事務所事件・東京地判平成19.6.15労判944号42頁)。もっとも、実際にその時間中にほとんど仕事がない場合は労働時間とはされていない(ビル代行事件・最三小判平成18.6.13労経速1948号12頁、東急バス事件・東京高判平成19.2.15労判937号69頁も参照)。なお、休憩時間中に一定の作業がある場合についても同様な問題があるが、このケースにおいては「労働時間」とみなすことの他に「自由利用原則の侵害」と構成することも可能である(前掲・住友化学事件最判)。

　②私生活と未分化の時間である。これは住み込み管理人のケースで争われており、私生活時間であることが明確な場合には労働時間とはみなされない(前掲大林事件最判。たとえば、犬の散歩・病院への通院)。

　③その強制力が弱く、労働者が自主的になしたといえるかが問題になる場合である。一定の裁量性・専門性がある職種については特定の仕事が使用者の指

揮命令によるのか、自分の研修のためなのかが未分化である。強制的とされると労働時間とみなされる（教師：北海道教組事件・札幌高判平成19.9.27判例集未登載、調理員：ニッコクトラスト事件・東京地判平成18.11.17労経速1965号3頁）。より制度化されると専門職型裁量労働制の問題となる。実際には看護師の研修時間等検討すべき問題は多く、キャリア権実現のためには基本的に労働時間性を認めるべきと考える。

　④作業準備・あとかたずけの時間である。業務上必要とされると労働時間となる（前掲・三菱重工事件最判）

　⑤時間外労働を明確に禁止した命令（神代学園事件・東京高判平成17.3.30労判905号72頁、前掲・ニッコクトラスト事件）にもかかわらず労働した場合である。また、制度的には残業申告・承認制の適否や運営の仕方も問題になっている。

　理論的には、特に⑤の事例や申告・承認制が問題となる。工場労働の場合には明示の時間外労働の禁止によって、仕事ができなくなることは想定しやすい。しかし、ホワイトカラー労働については、要求される仕事量との関連において当該命令の拘束力の有無・程度が争われる。つまり、一定の仕事をせよという「黙示の業務命令」を想定することもでき、それとの関連が問題となるからである。この点は、時間外労働禁止命令の実際の強制方策如何ということになろうか。時間外労働の事実を認識してそれを常時禁止していれば別であるが、そうしなければ黙認と解されよう。

　承認制についても、その運営如何が問題となる。つまり、それが形骸化していれば承認がないことは労働時間性を否定する事由にならない。また、承認がなされなくとも実際に業務命令下の労働がなされたり（昭和観光事件・大阪地判平成18.10.6労判930号43頁）要求される仕事量があれば、それを重視することになろう。

　第二に、労働時間の具体的算定方法につき、以下が問題となっている。所定外労働の有無や時間数について労働者が主張・立証すべきことは確立している。しかし、その立証方法・程度については緩和される傾向にあり、実質的に立証責任の転換が図られているとみられる例も存する（東久商事事件・大阪地判平成10.12.25労経速1702号6頁）。その背景には、後述する使用者の労働時間管理義

務的な発想があると思われる。

①時間外労働に関する就業規則上の規定や労務管理に関するマニュアルである。時間外労働が仕事にビルドインされている場合には、それに従って労働がなされたであろうと推定される。これは、管理監督者に当たらないとされた労働者の時間外労働の算定においてとくに問題となっている。

②想定される仕事内容・仕事量である。これは特に時間外労働をも含めてルーティン化した仕事の場合に、それだけの時間外労働をしたと推定される（徳州会事件・大阪地判平成15.4.25労経速1837号23頁、京都銀行事件・大阪高判平成13.6.28労判811号5頁）。

③タイムレコーダー（TR）である。TRを利用しうるかどうかについては、実際の運営の仕方等によって裁判例は分かれている。認めるもの（アサヒ急配事件・大阪地判平成18.5.25労判922号55頁等）と就労の事実までは証明できないとして認めない裁判例がある（武谷病院事件・東京地判平成7.12.26労判689号26頁等）。なお、ワーキングフォームの例であるが、一定の割合で認めるケースもある（オフィステン事件・大阪地判平成19.11.29労判956号16頁）。

④パソコンの立ち上げ時間等のパソコンデータであり（PE & HR事件・東京地判平成18.11.10労判931号65頁）、割合的処理の例もある（ネットブレーン事件・東京地判平成18.12.8労判941号77頁）。

⑤メモ・日記による。たしかに、それ自体としては証拠能力に問題があるが、労働者として自分を守るためにできることはメモ等に記録をとる以外にないかもしれない。①②等による一定の立証とともにメモ等を提出するとその信憑性が高まる（国民金融公庫事件・東京地判平成7.9.25労判683号30頁）。他方、信用できないという判断も示されている（セントラルパーク事件・岡山地判平成19.3.27労判941号23頁）。

以上のような種々の判断が示されているが、注目すべきは割合的な算定をする例が少なくない事である。理論的にはともかく、労働・待機・休憩が混在する就労実態に合致するアプローチかもしれない。

第三は、時間算定の前提として使用者に時間管理義務があるかの論点である[17]。労基法により労働時間の規制が厳格になされていること、時間外労働命令は実

質的に強制力があり正当な理由のない拒否は解雇事由になること（英光電設ほか事件・大阪地判平成19.7.26労経速1990号3頁）、労働時間は業務命令の外枠を決定するという労働契約上重要な機能があること等から労働契約上の付随義務と解すべきものと思われる。では、具体的義務内容やそれに対応する労働者の権利はどう構成されるか、また、適正な時間管理をしなかった場合のリスクはなにか。労働時間概念・法理の確立には、以上のような視点も必要といえる。

Ⅶ　賃金論との連動

1　基本的論点

　労働時間をめぐる紛争の多くは賃金請求事案として争われている。具体的に、労働時間と賃金との連動の仕方として以下の三つのパターンで争われている[18]。形式的には労働時間性の認定の仕方と言えるが、実際には賃金請求権の問題として現象する。

　第一は、所定内の労働に対する賃金請求権である。このケースでは、労働者は労働したことを個別具体的に立証する必要はない。むしろ労働しなかったことを使用者が立証した場合には、賃金額が「カット」される。なお、時間に応じた賃金額（想定時間給）は所定内労働時間に対応する賃金によって算定される。年俸制の場合も同様であり、適用除外等に該当しないかぎり原則的にそれが時間外割増賃金の基礎となる。

　第二は、所定外の労働に対する賃金請求権である。労働したことを労働者が立証する必要があり、いわゆる労働時間問題は主にこのケースを想定している。当該労働に対する賃金額は、①所定外労働が労基法の規定を越えない場合には対応する賃金額は労使の合意により、②労基法の規定を越える場合には割増賃金の支払い義務が生じる（37条）。一定の手当や賃金が支払われている場合には、それが所定外の労働にも対応したものか、対応したものであっても労基法の関連規定に違反しないかが争われる。

　第三は、なんらかの事由により労働がなされなかった場合の賃金請求権である。これは危険負担の問題とされ、民法536条により処理されている。この危

険負担については、労務不提供が使用者の責めに帰すべき場合は賃金請求権があり（536条2項）、労使双方に帰責事由がなければ賃金請求権がない（同条1項）と定めている。労働者に責めがある場合については明文の規定はないが当然賃金請求権がないと解されている。問題は、形式的には労働者の責めに帰すべきといえるが（うつによる欠勤）、実質的にはそれが使用者サイドのせいであるケース（職場イジメによりうつに罹患した事案）である。この場合は、2項の問題となる可能性がある。なお、労基法26条上の休業手当制度も同種問題を対象としている。

ところで、前提的な論点として、賃金請求権との関連における労働は、「債務の本旨」に従った労務提供でなければならない。[19] 業務命令に明確に反する場合（たとえば、争議のケース・前掲・水道機工事件最判）や使用者の仕事以外の作業（たとえば、他社の仕事・前掲アイスペック・ビジネスブレイン事件・大阪高判）の場合には債務の本旨に従った労務の提供とはいえない。また、あるまとまりのもしくは一定時間継続する労働をもって債務の本旨に従ったものと解すべきケースも想定しうる（府中自動車教習所事件・東京地判昭和53.11.15労判308号65頁）。

他方、一般的には労務配置の柔軟性等から債務の本旨は広く認められていることにも留意すべきである。たとえば、片山組事件最判（最一小判平成10.4.9判時1639号130頁）は、「当該労働者が配置される現実的可能性があると認められる他の業務」についてその提供を申し出ている場合も含むと判示している。また、労働密度が低い仕事については、指揮命令の仕方（たとえば、1名でなすことを命じた場合と2名での労働を命じた場合）との関連において労働時間性についての判断が異なるケースもある（前掲・大林ファシリティーズ事件・最判参照）。

以上の「債務の本旨」と危険負担の論点は労働時間法理を構築する際にも避けて通れない問題である。

2 割増賃金制度

時間外労働を制約するために労基法は、割増賃金の支払いを義務付けている。

割増率は時間外や深夜労働は2割5分以上（時間外で深夜の場合は5割）、休日労働は3割5分以上の割増率とされている（37条）。この割増率については長時間労働の規制の観点からその増加が立法的課題となっており、一定の実現をみた。

また、その算定基礎額については、家族手当・通勤手当・住宅手当等労務提供との関連がない手当は別として（4項、施行規則21条）、それ以外は必ず算定基礎としなければならない。除外規定は限定列挙と解されている（小里機材事件・最一小判昭和63.7.14労判523号6頁）。

ところで、賃金支払い義務との関連においては、割増賃金以外に付加金制度の趣旨や実際の運営は実務的に重要な論点である。しかし、多くの注目すべき判断（たとえば、播州信用金庫事件・神戸地姫路支判平成20.2.8労判958号12頁）が示されている割には、労働時間規制のあり方からする本格的な研究はなされていない。

3　賃金請求権との関連

労働時間に対応する賃金請求権をめぐる論点としては以下があり、一定の判例法理が形成されつつある。

第一は、労働時間とそれに対応する賃金との個別的連動である。たとえば、就労時間帯によって時間給額を異なせることが可能かの問題である（たとえば、大星ビル管理事件最判）。また、所定外労働がなされた場合にどの部分（所定労働の前か後か）の労働が労基法上の時間外労働と言えるかという形でも争われる。[20]

第二は、タクシー業で一般的にみられるオール歩合制の賃金体系の適否である。出来高給自体の適法性は認められている（27条）。しかし、時間外・深夜労働分と所定内労働分の賃金があらかじめ明確に区分される必要がある（高知県観光事件・最二小判平成6.6.13判時1502号149頁）。「あらかじめ」という点が重要であり、事後的に全体の賃金額を割り戻して時間給を算定しえても適法とはいえない。

オール歩合制以外についても、時間外・深夜分を含めて賃金を払うことは所定外労働分との区別がつかないので許されない。もっとも、時間外・深夜労働

が定型的にビルドインしている場合（毎日必ず1時間の時間外労働がある）は別である（千代田ビル管財事件・東京地判平成18.7.26判時1951号164頁）。一定の賃金額につき、時間外分だけか、割増分をも含んでいるかという具体的な賃金計算の仕方は問題になる。

　第三は、時間外労働等につき特別手当による支給をすることの適否である。まず、当該手当が、特定の責任ある仕事に対するものではなく、はっきりと時間外労働に対するものであることが前提になる（オンテックサカイ創建事件・名古屋地判平成17.8.5労判902号72頁）。次に、当該手当額が実際の時間外（割増）分を超えると問題はないが、それに達しなければその差額の支払いが必要となる（三晃印刷事件・東京高判平成10.9.16労判749号22頁）。

　なお、以上の他に関連して次の事項も争われている。

　その一として、労働時間規定の変動が賃金額にいかなる影響があるか。時間給は別として週給や月給制につき時短問題のケースで争われことが多い。実際にも、就業規則において時短にともなって賃金額を減額することの合理性が認められるかが争われている（九州運送事件・大分地判平成13.10.1労判837号76頁）。また、1週40時間制導入に伴う日給制労働者の賃金減額の違法性も争われている（日通岐阜運輸事件・名古屋高判平成20.5.16労経速2009号25頁）。

　その二として、年俸制労働者が時間外労働に従事した場合に割増賃金の支払い義務があるか。当該労働者が管理監督者であったり裁量労働制の対象ならばそのような義務はないが、そのようなケース以外については、原則どおり割増賃金の支払い義務は生じる。年俸制の導入と労働時間規制の不適用とは全く別のレベルの問題であるからに他ならない。

　その三は、時効の問題である。賃金請求権の時効は労基法上2年と定まっている（115条）。では、賃金不払いが違法とされた場合に、不法行為法上、「賃金相当額」の損害賠償権の時効は3年とされるか（民法724条）。実務的には重要な論点といえる（たとえば、杉本商事事件・広島高判平成19.9.4判時2004号151頁）。

　　1）　労働と余暇の形成史については、野沢浩『労働時間と法』（日本評論社、1987年）3

頁参照。
2) 具体的内容については、厚労省労働基準局監督課監修『HOW TO 労働時間マネジメント』（労働調査会、2001年）参照。
3) 日本労働政策研究・研修機構『ビジネス・レーバー・トレンド』2008年8月号参照。
4) 最近の判例傾向については、野田進＝加茂善仁＝鴨田哲郎「労働時間・時間外労働をめぐる諸問題について――平成17年以降の判例を素材にして」労働判例946号（2008年）6頁参照。
5) 労働条件明示義務に関しては、道幸哲也『成果主義時代のワークルール』（旬報社、2005年）72頁以下参照。
6) 浜村彰「労働時間規制の目的と手段」日本労働法学会編『講座21世紀の労働法〔5〕賃金と労働時間』（有斐閣、2000年）169頁。
7) 島田陽一「ホワイトカラーの労働時間制度のあり方」日本労働研究雑誌519号（2003年）10頁は、「仕事手順の裁量性」と「仕事量の裁量性」の区別の重要性を指摘している。
8) 長時間労働の実態については、森岡孝二『働きすぎの時代』（岩波新書、2005年）、小倉一哉『エンドレス・ワーカーズ』（日本経済新聞社、2007年）、また時間管理の実態については、労働時報別冊『労働時間管理の実務』（労務行政、2008年）125頁等参照。
9) 拙稿「解体か見直しか――労働組合法の行方（一）」季刊労働法221号（2008年）124頁。
10) 休暇をめぐる論点については、野田進『「休暇」労働法の研究』（日本評論社、1999年）等、特に労働契約上の意味については同書38頁以下参照。また、裁判例については、柳屋孝安『休憩・休日・変形労働時間制』（信山社、2007年）等参照。
11) 判例傾向については、細川二郎「労働基準法41条2号の管理監督者の範囲について」判タ1253号（2008年）59頁参照。
12) 本件の背景等については、田中秀幸＝川口巌＝道幸哲也「日立武蔵残業拒否事件をたどる」法学セミナー480号（1994年）37頁参照。
13) 道幸哲也『職場における自立とプライヴァシー』（日本評論社、1995年）139頁。
14) 清水敏「労働時間をめぐる立法論の課題」労旬1148号（1986年）22頁。労災との関係につき国立循環器病センター事件（大阪地判平成20.1.16労働判例958号21頁）参照。
15) 荒木尚志『労働時間の法的構造』（有斐閣、1991年）210頁以下、労働時間概念については石橋洋「労基法上の労働時間の概念と判断基準」日本労働法学会編『講座21世紀の労働法〔5〕賃金と労働時間』（有斐閣、2000年）203頁も参照。
16) 荒木・前掲注15) 書263頁、269頁参照。
17) 淺野高宏「労働時間の文書による適正管理」日本労働法学会誌110号（2007年）45頁、開本英幸「労働契約の適正履行と文書作成」同33頁参照。学会での論争状態は、道幸哲也「シンポジウムの趣旨と総括」同17頁。
18) より原理的には、日本労働法学会編『講座21世紀の労働法〔5〕賃金と労働時間』

(2000年、有斐閣）所収の毛塚勝利「賃金・労働時間法の法理」、盛誠吾「賃金債権の発生要件」を参照。
19) 労働態様との関連における賃金額決定については人事考課の法的問題でもある。関連裁判例については道幸哲也「成果主義人事制度導入の法的問題（１）」労判 938 号（2007 年）11 頁参照。
20) 荒木・前掲注 15) 書 288 頁。

第2章

労働時間規制とその構造

山田　哲

I　はじめに

　労働時間に対する法規制はどのように展開してきたのか。本章では、労働基準法が成立して以降、労働時間に関しどのような法的規制がなされてきたかを概観する。あわせて、当該法規制の実効性を確保するために、どのような仕組みが採用されたかについても検討する。その際、労基法が規制する1日8時間、1週40時間という狭義の労働時間規制だけでなく、もう少し広く対象を捉える必要がある。なぜなら、労働から解放される時間をも視野に入れることで、労働時間規制が担ってきた機能を浮き彫りにできると考えるからである。また、今日では労働基準法以外の法令が、労働時間（およびその関連領域）について一定の規律を行っている分野もあるというのがその理由である。

　また、労働基準法は罰則つきの強行規定である。立法以来、罰則の適用、監督機関の権限行使と、労働基準法の強行的、直律的効力に基づいて労働者自身が私法上の救済を求めることにより、その実効確保が図られてきた。しかし、こういった伝統的規制手段によらない規律が行われている領域もある[1]。このように、規律対象の広がりと規制手段の多様化は、広い意味での「労働時間」把握を必要とするように思えるのである。

Ⅱ　労働時間規制の展開

1　立法当初

　労働基準法が成立したのは終戦後間もない昭和22年のことである。同法はそれ以前の労働者保護立法とは異なり、産業分野や適用対象労働者を限定することのない包括的な立法であった。このうち、労働時間関連について、以下のような規制がなされた。

　まず労働時間の上限については、1日8時間、「1週48時間」（32条1項）とされた。そして、就業規則その他により導入が認められる変形労働時間制も、「4週間を平均」して1週48時間（同条2項）が上限とされている。この法定労働時間を超過することが認められる場合として、災害等臨時の必要のある場合（33条）および労使による書面協定を行政官庁に届け出た場合（36条）が定められた。なお、有害業務については2時間の上限規制が定められている。また、法定外、休日および深夜の割増賃金については2割5分増とされた（37条）。さらに、労働時間及び休憩の特例として、公衆の不便を避けるために必要なものその他特殊の必要あるものについては、命令で別段の定めを置くことができるとされた（40条）。このほか、事業場を異にする場合の労働時間の通算（38条1項）および坑内労働における抗口計算の原則（同条2項）が定められた。

　次に、労働から解放される時間についての規制としては、法定休日については、毎週少なくとも1日の付与が使用者に義務づけられた（35条1項）。ただし、4週4日以上の休日を与える場合には適用されない（同条2項）とされている。一方、休憩時間については、6時間を超える場合少なくとも45分、8時間を超える場合には少くとも60分の付与が使用者に義務づけられる（34条1項）のは今日と変わらないものの、一斉休憩の原則の適用が、「行政官庁の許可を受けた場合」はこの限りでない（同条2項）とされた。さらに、年次有給休暇の日数については、「1年間の継続勤務」で全労働日の8割以上出勤すると「6日」であった（39条1項）。そして、上限の20日は今日と変わらないもの

の、1年継続勤務ごとに1日ずつ増加することが定められ（同条2項）、日数の増え方は今日よりも緩やかであった。また、年休手当については「平均賃金」を支払わなければならない（同条3項1文）とされていた。なお、時季変更権についての定めもおかれた（同項2文）。

　また、「女子・年少者」を対象とする保護のうち労働時間に関する規定としては、「女子」に関して時間外（61条）、休日（同条）および深夜業（62条）に対する規制が加えられていた点が現在と大きく異なる点である。すなわち、労使協定による場合も、1日2時間、1週6時間、1年150時間を超えての時間外労働が禁じられたほか、休日労働をさせてはならないとされていた（61条）。深夜業についても災害等臨時の必要ある場合、農林水産業、保健衛生業、接客娯楽業、電話の事業を除き禁止されていた（62条）。また、母性保護措置としては産前・産後ともに6週の休業（65条）、育児時間（66条）、生理休暇（67条）についての規定がおかれた。

　一方、「年少者」については、18歳未満について、4週変形制（32条2項）、協定に基づく時間外・休日労働（36条）、労働時間及び休憩の特例（40条）が適用されないとされ、深夜業については交代制によって使用する満16歳以上の男子、災害等臨時の必要ある場合、および農林水産業、保健衛生業、電話の事業を除き禁止された（62条）。このほか、15歳未満が許可を得て就労する場合の就学時間の通算（60条2項）、満15歳以上18歳未満は1日の労働時間を4時間以内に短縮する場合は他の労働日を10時間まで延長できる（同条3項）といった規定がおかれた。

　ところで、労働基準法が定める労働時間規制であるが、農林水産業、管理監督者および行政官庁の許可を受けた場合の監視断続労働については適用除外とされた。しかし、そこで適用が除外されるのは、労働時間、休憩および休日の規定についてであり、年次有給休暇、深夜割増および女子・年少者の深夜業については除外されていない[4]。

　こうした立法当時の労基法における労働時間規制は、法律の本則自体は明快なものであった。しかし、事業場外労働や宿日直など、法律の委任が明確でないまま施行規則による例外的取扱いが認められているという問題を孕んでいた[5]。

2　昭和60年改正

　昭和22年に立法された当初の面影を色濃く残していた労働時間規制も、1980年代半ば以降、大きく変貌を遂げることになる。その嚆矢ともいえるのが、昭和60年改正である。この改正では、雇用機会均等法が制定されたことにともない、女子労働者に対する保護規定が一部緩和されることになった。

　すなわち、女子の時間外労働の規制緩和がされ、1日2時間の規制が廃止された。また、工業的事業と非工業的事業により時間外・休日労働の規制に違いを設け、一定の指揮命令者および専門業務従事者については、時間外および休日労働の規制が解除された（64条の2）。さらに、業務の性質上深夜業が必要とされる命令で定める業種で1日の労働時間が通常の労働者よりも短い女子労働者や、命令で定める一定の事業に従事し深夜業をすることを使用者に申し出、労基署長の許可を受けた女子労働者の深夜労働の規制が解除された（64条の3）。

　その一方で、産前産後休業の拡充が図られ、多胎妊娠の場合の産前休業が10週、産後休業が8週に延長された（65条）。また、妊産婦が請求した場合は、時間外労働、休日労働及び深夜業を禁止することとされた（66条）。生理休暇の取得条件の緩和も図られ、生理に有害な業務に従事する女子労働者が生理休暇を請求した場合から、生理日の就業が著しく困難な女子が生理休暇を請求した場合と改正されている（68条）。

3　昭和62年改正

　労働時間規制の大転換点となったのが、昭和62年改正である。そこでは、時短と規制緩和のバーター関係が形成されたとの評価ができよう。すなわち、立法以来の原則であった1日8時間、1週48時間を改め、週40時間労働制を本則として定めるとともに、週40時間という法定労働時間の段階的実現が図られることとなった。[6]

　また、変形労働時間制については、4週変形制を1か月単位の変形制とすることで月給制における賃金算定期間との統一が図られた（32条の2）。また、より長い変形期間を容認する3か月変形制も導入された（32条の4）。この制

度を導入するには、労使協定の締結・届出が要件されたほか、1週40時間を先取りすべく、変形期間を平均して原則週40時間以下とすることが定められた。そして、1週間単位の非定型変形制（32条の5）、労働時間の開始時刻および終了時刻の決定を労働者自身の決定に委ねるフレックスタイム制（32条の3）の採用が認められたのも昭和62年改正である。ただし、これらの変形労働時間制は年少者については適用せず（60条1項）、妊産婦についてはフレックスタイム制を除く三つの制度について、その請求がある場合には適用しないこととされている（66条1項）。そして、従前は施行規則で規律されていた事業場外労働のみなし労働時間制（38条の2第1項）が法制化された。また、専門業務型の裁量労働制（38条の2第4項）も導入されている[7]。

このほか、年休についても改善が図られた（39条）。すなわち、最低付与日数が6日から10日に引き上げられた。また、所定労働日数が少ない労働者に対する比例付与が制度化された。さらに、年休消化率を向上させることで労働時間短縮を実現すべく計画年休制度が導入されたが、このことは労働者の「時季指定」と真っ向から抵触し法的紛争を生じさせることになった[8]。

4　平成5年改正

平成5年改正では、週40時間労働制を平成6年4月1日から実施するとともに、猶予事業については平成9年3月31日までは週44時間とされ、平成9年4月1日以降は週40時間制が完全実施されることになった[9]。

また、従前の3か月単位の変形労働時間制における変形期間を1年に拡大することにより1年単位の変形制が導入された（32条の4）。時間外・休日の割増率について法律の本則が2割5分から5割以下の範囲内で政令で定めるとされ、休日労働については3割5分に引き上げられた（37条）。さらに、裁量労働制の規定が整備され、通達で示していた対象業務を労働省令で定めることになった（38条の2）。年休の勤続要件も緩和された（39条）。すなわち、勤務開始からの勤続が1年から6か月勤務に短縮され、以後、1年勤続ごとに1日ずつ増えることとなった（上限20日）。このほか、林業が労働時間規制の適用除外から外されている（41条）。

5　平成9年改正

平成9年には男女雇用機会均等法が改正された。これにより従前は定年、退職および解雇についての差別だけが禁止されていたところ、募集・採用、配置・昇進・教育訓練についても差別が禁止された。それと引き替えに、女性の時間外、休日および深夜業の規制が解消されている（64条の2、64条の3の廃止）。また、従前は「女子」「男子」とされていた条文の表記が、「女性」「男性」と改められた。従前は年少者とともに保護対象として把握されていた女性が、労働時間規制の分野においては男性と同等の規制に服することになったわけである。ただし、女性であるが故の保護が全く撤廃されるということではない。このほか、多胎妊娠の場合の産前休業の期間が、10週間から14週間に延長されている（65条1項）。

6　平成10年改正

昭和62年以来の大幅な改正がなされたのが、平成10年改正である。そのうち労働時間に関する改正として、1か月変形制の導入要件が従前の就業規則またはこれに準ずるものに加え「労使協定」によることも認められた（32条の2）。また、労使協定による場合には行政官庁への届出が義務とされた（同条2項）。次に、1年変形制についても改正が加えられ、対象期間を通じて使用されない労働者をこの制度により労働させる場合の要件、対象期間を1か月以上とした場合の労働日、労働時間の特定方法および対象期間における労働日数の限度を労働大臣が定めることが条文化された（32条の4、32条の4の2）。さらに、休憩については一斉付与に代え、労使協定の定めによる休憩付与が可能とされた（34条2項）。

また、法定外労働の上限となりうる「限度基準」の策定について、条文上の根拠が定められ、労働大臣は労働時間の延長を適正なものとするため、労働時間の延長の限度その他必要な事項について基準を定めることができるとされた（36条2項）。そして、労使協定の当事者は協定の内容がこれに適合したものとなるようにしなければならず（同条3項）、行政官庁は当該基準に関し、協定当事者に必要な助言、指導を行うことができると定められた（同条4項）。この

ほか、労働大臣は育児または介護を行う労働者のうち希望者について、一定期間、1年について150時間を越えないように基準を定めることとされた（133条）。

さらに、新たな類型として企画業務型の裁量労働制が導入された（労基法38条の4）。これは、本社的機能を有する事業における企画、立案の業務の裁量労働制であって、「労使委員会」制度を導入した上で、当該委員会の合意により決議して行政官庁に届出をした場合には、当該委員会で決議した対象労働者は委員会で決議した時間労働したものとみなすとされた（この時点での労使委員会の決議は「全員一致」である）。また、この労使委員会は、企画業務型裁量労働制についての決議のみならず、労働時間規制に関する労使協定に代えて委員会の決議をもってこれに充てることを認められた。

このほか、年休付与について2年6か月を越える継続勤務1年につき2日付与することを定め、最短6年6か月で上限の20日になるとされた（39条）。

7　平成15年改正

この改正においては、専門型裁量労働制における労使協定の決議事項に、健康・福祉確保措置及び苦情処理措置が追加された（38条の3）。企画型裁量労働制においても、対象事業場を本社等に限定しないこととし、労使委員会の決議についても委員の5分の4以上の多数に要件が緩和された（38条の4）。

8　労基法以外の法令と労働時間規制

労働時間に関連する法令としては、平成3年に制定された時短促進法をあげることができよう。同法は平成17年に労働時間等設定改善法に改正されたが、「労働時間短縮推進委員会（労働時間等設定改善法では「労働時間等設定改善委員会」）」の決議について、労基法の適用の特例が認められた。すなわち、当該委員会の「決議」は、労基法上の労働時間に関する規定が定める「労使協定」に代えることができるとされた[10]。また、当該委員会の決議は、変形労働時間制、事業場外労働に関するみなし労働時間制、専門型裁量労働時間制については労基署への届出が免除された[11]。ただし、時間外・休日労働にかかる決議について

の届出は免除されない。労働時間の「総枠」の配分については届出義務を免除し、「天井を突き抜ける」ことについては届出義務を免除しないといえよう。いずれにせよ、「届出」についての規制緩和が図られている[12]。

このほか、平成3年に育児休業法が制定され、平成7年に育児介護休業法に改正されたことにより、育児休業（同法5条）および介護休業（同法11条）が制度化された。のみならず、子の看護休暇（16条の2）、子を養育または家族を介護する労働者が「請求した時」には時間外・休日労働等が制限（同法17～20条）される。また、事業主が講ずべき措置として、子を養育または家族を介護する労働者の勤務時間短縮等の措置を講じなければならないとされた（同法23条）。

ただし、育児介護休業法の効力については、育児休業、介護休業の申出、休業をしたこと、子の看護休暇の取得については、「解雇その他不利益取扱いが禁止」される（同法10条、16条および16条の4）ものの、罰則により履行を確保するという規制手法はとられていない。また、時間外・休日労働等の制限は、明文で不利益取扱いが禁止されているわけではない。この場合、「事業主に対して、報告を求め、または助言、指導若しくは勧告をすることができる」（同法56条）という規定を根拠に、行政が一定の指導を行うことは可能となろうが、事業主がこれらの措置を講じない場合の私法上の効果については別途論じる必要があろう[13]。

9 時間規制転換の要因

これまでみてきたように、労働時間規制のあり方が変化してきたことには、いくつかの要因が考えられる。一つ目が、時短の要請である。これは、法定労働時間の上限が1週48時間から1週40時間に短縮されたことに顕著であるが、今後は法定労働時間の短縮から総労働時間の短縮が志向されることになろう[14]。二つ目として、産業構造の変化にともなう労働者の就業形態の変化への対応である。工場労働をモデルとした定型的な規制では、経済のソフト化、サービス化に十分な対応ができないという問題を生じるに至った。そのため、変形制の拡大、フレックスタイム制・裁量労働の導入といった、労働時間規制の柔軟化

が図られた。今後の焦点としては、ホワイトカラー・エグゼンプション導入の可否ということになろう。三つ目として、男女の機会均等がある。従前の「女子」全般の時間外、休日、深夜の規制から、育児・介護等を担う労働者を対象とする規制へと規制対象がシフトしてきた。このことは、制度自体は性別に中立的になったということがいえる。ただし、性別による役割分担意識がなお根強ければ、現実には制度の利用が困難となったり、特定の性に利用が偏るということも考えられる。また、機会均等の観点からは、罰則つきの労基法から育児介護休業法へと根拠法令が変わることで規制手段のソフト化も図られている。

そして、これらの要因はそれぞれバラバラな動きであったのが、「ワーク・ライフ・バランス」という視点から、とりわけ一つ目と三つ目の要因が強く結びつくことになった。今後は「労働」と労働者の「生活」の均衡を図るという観点から、両者が一体となった法政策が施行されていくものと思われる。実際、労働時間等設定改善法4条1項が定める「労働時間等設定改善指針」においてそのことが謳われているほか、平成20年4月に施行された労働契約法においても、「仕事と生活の調和」という文言が条項に盛り込まれている（同法3条3項）。

III 労働時間規制の適用除外

労働時間規制の原則として、法定労働時間は1日8時間、1週40時間という上限を設けている。また、1週1日ないし4週4日以上の休日付与、労働時間が6時間を超える場合に45分、8時間を超える場合には1時間以上の休憩付与も使用者の義務となっている。しかし、これらの規制が及ばない労働者の類型がある。労働時間規制の適用が除外される労働者である。[15]

1 業種による適用除外

まず、農業、畜産・養蚕・水産業に従事する者は労働時間規制の適用除外となっている（労基法41条1号）。これらの業種は、天候などの自然的条件に左右されやすいため、労働時間、休憩および休日の一律的な規制になじまないとし

て、法定労働時間等の適用除外とされた。なお、平成5年の労基法改正により適用除外の対象から外されるまでは、林業も同号により適用除外とされていた。

2 管理監督者

次に、事業の種類にかかわらず監督若しくは管理の地位にある者または機密の事務を取り扱う者（いわゆる管理監督者）も労働時間規制の適用除外となっている（同条2号）。これらの者は、事業経営の管理者的立場にある者またはこれと一体をなす者であり、労働時間、休憩および休日に関する規定の規制を越えて活動しなければならない企業経営上の必要から適用除外が認められるとされる。適用除外の理由は、当該労働者が自己の労働時間を自ら管理しうる点にあるとする見解もある。

そして、どのような者が管理監督者に該当するかについては、行政解釈によると、一般的には部長、工場長等労働条件の決定その他労務管理について経営者と一体的立場にあるものの意であり、名称にとらわれず実態に即して判断すべきものであり、職制上の役付者であればすべてが管理監督者として例外的取扱いが認められるものではないとされる。そして、職位や資格の名称にとらわれることなく、職務内容、責任と権限、勤務態様に着目する必要があり、待遇についても、基本給、役付手当等においてその地位にふさわしい待遇がなされているか否か、ボーナスなどの一時金の支給率、その算定基礎などについても役付者以外の一般労働者に比べて優遇措置が講じられているか否かなどについて留意する必要があるとされる。スタッフ職の扱いについても、企業内の処遇の程度によっては、管理監督者と同様に取扱い、法の規制外においても、特に労働者の保護に欠けるおそれがないとされている（昭和22.9.13発基17号、昭63.3.14基発150号）。また、金融機関における管理監督者の範囲についても基準が示されているほか（昭和52.2.28基発104号）、最近になり、「多店舗展開する小売業、飲食業等の店舗における管理監督者の範囲の適正化について」（平成20.9.9基発0909001号）が示されている。管理監督者としての実体を伴わない「名ばかり管理職」の横行が社会問題化し、裁判例においてもファーストフード店店長の管理監督者性を否定する判断が下された（日本マクドナルド事件・

東京地判平成20.1.28判時1998号149頁）ことを受けてのものと思われる。

また、裁判例における管理監督者性の判断についても、「①職務内容、権限及び責任に照らし、企業経営に関する重要事項にどのように関与しているか、②その勤務態様が労働時間等に対する規制になじまないものであるか否か、③給与（基本給、役付手当等）及び一時金について、管理監督者にふさわしい待遇がなされているか否かなどの諸点から判断すべき」（前掲・日本マクドナルド事件）と判示されている[18]。ただし、管理監督者該当性を認めた事例は必ずしも多くはない一方で[19]、管理監督者性を否定し、割増賃金の請求を認容したケースは枚挙に暇がない[20]。

3 監視断続労働

さらに、監視または断続的労働に従事する者で、使用者が行政官庁の許可を受けた者についても、労働時間規制が適用除外される。これらの者は、本来の勤務がこれに該当する者と、宿日直勤務でこれに該当する者とに分けられる[21]。いずれも、通常の労働者と比較して労働密度が疎であり、労働時間、休憩、休日の規定を適用しなくても必ずしも労働者保護に欠けることがないというのが適用除外とされた理由であり、その際、監視断続労働の態様は千差万別であり、一般の労働と明確な区別をつけ得る客観的な基準もなく、適用除外により労働条件に著しい影響があるとして適用除外の要件として行政官庁の許可が定められている[22]。

IV 労働時間規制の実効確保措置

それでは、労働時間に対する法的規制は、どのような仕組みによってその実効性が確保されようとしているのであろうか。

1 労働基準法の私法的効力

労働基準法が実効を確保するための仕組みの一つとして、基準法には強行的・直律的効力が認められている。すなわち、労基法基準に達しない労働条件

を定める労働契約はその部分が無効となり、無効となった部分はこの法律で定める基準による（労基法13条）。たとえば、1日の所定労働時間を10時間とする合意を労使で行ったような場合、10時間とする定めが無効となり（強行的効力）、所定労働時間は1日8時間となる（直律的効力）。また、法定外労働について時間外手当の支払いをしないとの合意をしても、当該合意は無効となり割増賃金の支払いが使用者の義務となる（オフィステン事件・大阪地判平成19.11.29労判956号16頁参照）。

ただし、労基法に強行的・直律的効力が認められるとしても、実際に違反があった場合、使用者が違反状態を継続した場合には、労働者は救済を求めるためには企業外部の機関を利用する必要が生じることになる[23]。

2 監督行政による履行確保

労働基準法の実効性を確保するしくみの二つ目が、監督行政である[24]。労基法は、監督機関の全体的構成と職員の資格、身分保障、各監督機関の組織系統および権限について規定する。そこでは、厚生労働省内に内部部局として労働基準主管局が置かれ、労働条件および労働者の保護に関する事務を所掌し、都道府県労働局および労働基準監督署に労働基準監督官が置かれることが定められている（97条1項）。そして、厚生労働大臣―労働基準主管局長―都道府県労働局長―労働基準監督署長―労働基準監督官という、指揮監督の系統が定められている（99条）。

労働基準監督官に認められる権限は、事業場、寄宿舎その他の建設物に臨検し、帳簿および書類の提出を求め、使用者若しくは労働者に尋問を行うこと（101条）、事業附属寄宿舎が安全および衛生に関して定められた基準に違反し、労働者に急迫した危険がある場合において寄宿舎の全部または一部の使用の停止、変更その他必要な事項を命ずること（103条）、労働者または使用者に対し、必要な事項を報告させ、または出頭を命ずること（104条の2第2項）である。そして、監督官には職務上知り得た秘密について守秘義務が課されており、退職後も同様である（105条）。

また、監督官に上述のような権限が認められていても、全事業場に適切な行

政監督が実施されるとは限らない。そのため、監督機関の職権発動を促す契機として、労働者による「申告」が制度化され (104条1項)、申告した労働者に対する不利益取扱いが禁止されている (同条2項)。ただし、申告は監督官に職務上の作為義務まで負わせるものではない (青梅労基署長事件・東京高判昭和56.3.26労経速1088号17頁)。

3 刑事罰による強制

労働基準法は罰則つきの法令であり、法に違反した使用者は処罰の対象となる。ここでいう使用者とは「事業主」に限られず、「事業の経営担当者その他その事業の労働者に関する事項について、事業主のために行為をするすべての者」(10条) がこれにあたる。そして、現実に違反行為をした者が事業主の代理人、使用人その他の従業者である場合には、事業主に対しても罰金刑を科される (121条)。そして、労働基準監督官は、この法律違反の罪について刑事訴訟法に規定する司法警察官の職務を行う (102条) とされている。

労基法の実効性確保の措置として罰則が適用されるというのは、いわば「最後の砦」である。たしかに、罰則の脅威は使用者の遵法意識を高めることは考えられる。しかし、労基法違反が送検されたとしても、起訴されるとは限らない。また、実際に法違反に対し罰則が科せられたとして、「被害者」である労働者にとって現実的なメリットは必ずしも大きくはない。たとえば、サービス残業を強いられた労働者にとって、事後的に使用者に刑事罰が科されることによって「溜飲を下げる」ことは考えられる。しかし、それよりはむしろ、当該労働時間に対する割増賃金が実際に支払われることのほうが労働者にとってメリットが大きいであろう。その限りでは、罰則の存在は労働者の法的地位を保護する上で、間接的な効果に止まらざるをえないと考えられる。

4 付加金の支払命令

労働基準法が支払を義務づけた解雇予告手当、休業手当、時間外・休日・深夜割増賃金、年休手当を使用者が支払わない場合、裁判所は労働者の請求により、これと同一額の付加金の支払いを命じることができる (114条)。そして付

加金の制度も労基法の実効確保の手段の一つに位置づけられる。付加金の法的性格をめぐっては、制裁的性格と賠償的性格という異なった見解が主張されている[31]。一方、裁判例においては、「労基法114条に定める付加金は、使用者に同法違反行為に対する制裁を課し、将来にわたって違法行為の発生を抑止するとともに、労働者の権利の保護を図る趣旨で設けられたものである」（松山石油事件・大阪地判平成13.10.19労判820号15頁）と判示されている[32]。

ところで、使用者にとって付加金支払義務が成立する時期は、労働者の請求により裁判所がその支払を命ずる判決が確定した時である。使用者に労基法違反があっても、裁判所の命令があるまでに未払金の支払いを完了し義務違反の状態が消滅した場合には、裁判所は付加金の支払いを命ずることはできなくなるというのが裁判例である[33]。そして、裁判所が「附加金の支払いを命ずるためには、使用者に労基法違反行為があればそれで足り、それ以外に故意・過失等の特別の帰責事由の存することを要件とするものではないが、ただその違反について違法性を阻却する事由がある場合や、右違反に対し制裁を課すべきではないと認めるに足りる特段の事由がある場合には、裁判所は附加金の支払いを命ずるべきではないと解するのが相当」（静岡銀行事件・静岡地判昭和53.3.28労民集29巻3号273頁）とされている[34]。

それでは、どのようなケースにおいて付加金の支払いが認められず、あるいはその額が減額されているのであろうか。この点、京都銀行事件（大阪高判平成13.6.28労判811号5頁）は、「使用者による労働基準法違反の程度や態様、労働者の受けた不利益の性質や内容、この違反に至る経緯、その後の使用者の対応など諸事情を考慮して、その支払を命ずるか否かを決定できる」と判示する[35]。

具体的にこうした判断を行うに際しては、いくつかの類型が存在するように思われる。一つ目が、法の解釈そのものが争点となり、必ずしも法違反の認識がなかったというケースである。仮眠時間の労働時間性[36]、1か月変形労働時間制における勤務指定後の労働時間変更[37]、プログラム作成者の労働者該当性が争われた事件などがこれにあたる[38]。

二つ目が、割増賃金の支払いがなかったとしても、それなりに高額の賃金が

払われていたという事情である。そして、管理監督者性が争点となったケースがこの典型である。この種の事案における判断の前提として、割増賃金の支払いがあったというためには、通常の労働時間の賃金に当たる部分と時間外及び深夜の割増賃金に当たる部分とを判別できることが求められる[39]。このため、管理監督者性が争点となったケースにおいて、割増賃金の支払があったことが明らかでないとして割増賃金についての請求は認容する一方で、付加金の請求について認めない、あるいは割増賃金の認容額よりも減額するという処理がなされる場合がある。たとえば、給与に超過勤務に対する賃金を実質的に含める趣旨であったこと[40]、賃金にはその額を特定することはできないものの勤務が時間外および深夜に及ぶことを考慮して決定された部分が含まれており、割増賃金額はこのような賃金月額を前提に算定しているために極めて高額なものとなっていること[41]、管理者としての側面を有しそれなりの手当が支給されていたこと[42]、遅刻による賃金控除もせず常務より高額の給与を支払っていたこと[43]、基準給には深夜割増賃金として支払われる部分が含まれるところ、時間外割増賃金は基準給をそのまま基礎としたためそのぶん高額になっていること[44]などが考慮されている。

　三つ目が、制裁すべき事案ではないという事情が付加金請求を認めない、あるいは減額する理由として挙げられるケースである。たとえば、住み込みマンションの管理人について積極的に時間外労働を求めたわけでなく、一定の割増手当相当額分を払っていることから、付加金の支払いを認めるまでの悪質性はないとされた事案[45]、被告会社がタイムカード等を証拠として提出し、和解による解決を最後まで模索していること等から付加金の支払いを命じるのが相当ではないとした事案[46]、原告自身が在職中に時間外勤務手当等が支払われていないことに疑問を感じていなかったとした事案[47]、労働基準監督署の是正勧告を受けた後に一定の是正が図られた事案[48]、などがある。

　これに対し、付加金請求を認める理由として、労働時間の適正な把握という使用者の基本的責務を果たしていないといった判示をするケース[49]や、時間外労働自体を争い、逆に損害賠償訴訟を提起するという態度をとるなど、時間外手当を支払う姿勢が見られないという判示をするケース[50]もある。

ところで、労働基準法37条に違反した場合に同一額の付加金支払が命じられるべき「未払額」(労基法114条)についても問題となりうる。この点、労働基準法37条は、時間外・休日・深夜労働という特別の労働に対する労働者への補償を行うとともに、労働時間制の例外をなす時間外・休日労働について割増賃金の経済負担を使用者に課すことによってこれらの労働を抑制することを目的とするとされる[51]。そして、37条が規定する割増賃金は通常賃金を含む点については、裁判例・通説・行政解釈とも一致している[52]。この場合、付加金として裁判所が支払を命ずる「未払額」は、通常の賃金部分と割増部分をあわせた額となる。一方、「割増部分」のみとの見解も主張されている[53]。この場合には、付加金として支払が命じられる金額から通常賃金部分は除かれる[54]。しかし、付加金が法違反に対する制裁であり、法違反の抑止的効果と労働者による未払金請求というインセンティブ機能を高めるためには、割増部分だけなく通常の賃金部分も含めて37条の規定における賃金と解すべきと考える。

1) 罰則つきの「ハードロー」から私法上の効果が明らかでない「ソフトロー」への転換といえようか。「ソフトロー」「ハードロー」については、荒木尚志「労働法におけるハードローとソフトロー:努力義務規定を中心に」ソフトロー研究6号(2006年)25頁参照。
2) 労基法以前の労働時間規制については、野田進「労働時間規制立法の誕生」日本労働法学会誌95号(2000年)82頁以下参照。
3) 労基法が労使協定の締結および割増賃金の支払いを条件として労働時間の延長を認める点について、これが〈軟式労働時間制〉に属するとする見解(寺本廣作『労働基準法解説』(時事通信社、1948年)224頁)と、〈直接規制型〉であるとする見解(荒木尚志『労働時間の法的構造』(有斐閣、1991年))がある。現在では、労基法36条2項に基づく「限度基準」が法制化されたことにより、〈直接規制〉としての性格が強まったといえよう。
4) 寺本・前掲注3)書256頁。
5) 有泉亨『労働基準法』(有斐閣、1963年)282頁以下〈事業場外労働〉、318頁以下〈宿日直〉。
6) 附則131条の定めるところにより「労働時間令」において当面の法定労働時間が46時間とされた。また、この法定労働時間の適用を猶予される事業の範囲についても定められ、これらの事業における法定労働時間は1週48時間とされた。以後、平成2年に「労働時間令」の改正により法定労働時間が週44時間(猶予事業について1週46時間)、平成5年には附則131条の改正により、平成6年からの1週40時間制への移行

（猶予事業については平成9年3月31日まで1週44時間）、平成9年4月1日から1週40時間制の完全実施という経過をたどることになる。

7) 新たに導入されたフレックスタイム制、3か月変形制、1週変形制および裁量労働のみなし労働時間制は、いずれも「労使協定」の締結が制度導入の要件とされている。また、事業場外のみなし労働時間制においても、労使協定において「当該業務の遂行について通常必要とされる時間」を定めることができるとされた。労働基準法における労使協定の意義について、くわしくは本書第7章を参照。

8) 三菱重工業長崎造船所〔計画年休〕事件（福岡高判平成6.3.24労民集45巻1＝2号123頁）では、計画年休による年休日の特定の当否が争われている。

9) 労働時間の短縮は、これにともない賃金額をどうするかという問題が生じることにもなる。九州運送事件（大分地判平成13.10.1労判837号76頁）では、週40時間労働制に伴い賃金規程（就業規則）を変更し、基本給額を280分の260とすることに合理性ありとされている。また、日通岐阜運輸事件（名古屋高判平成20.5.16労経速2009号25頁）は、週40時間制の導入は日給制労働者に対する違法な賃金カットとはいえず、就業規則の不利益変更にもあたらないとした（ただし、高度の必要性に基いた合理的な内容であるとも判示）。

10) 労基法の定める労使協定のうち、「労働時間に関する規定」の定める協定とは、1か月変形制（32条の2第1項）、フレックスタイム制（32条の3）、1年変形制（32条の4第1項）、1週変形制（32条の5第1項）、一斉休憩の例外（34条第2項ただし書き）、時間外・休日労働（36条第1項）、事業場外労働（38条の2第2項）、専門型裁量労働（38条の3第1項）、計画年休（39条5項）の協定である。このうち、届出を要するのは1か月、1年、1週間の変形労働時間制、時間外・休日労働、事業場外労働、専門型裁量労働の協定であり（32条の2第2項、32条の4第4項、32条の5第3項、36条第1項、38条の2第3項、38条の3第2項）、フレックスタイム制、一斉休憩の例外および計画年休の協定については届出義務が課されていない。また、企画型裁量労働の労使委員会の決議に代え労働時間設定改善委員会の決議によることは認められておらず、同制度を導入するためには企画型裁量労働における労使委員会の決議が必要である。

11) 企画型裁量労働における労使委員会の決議も、労基法が定める「労働時間に関する規定」の定める協定に代替する効力が認められる（労基法38条の4第5項）が、協定に代わる決議の届出が免除されることはない。

12) 届出を免除している理由は、「委員会の決議の場合は、その適正な運営を担保するため一定の要件が法律上課されており、労働時間の制度や実情に十分通じている労使からなる委員会において、労働時間の短縮のための調査審議を踏まえた決議であるので、適正に決議がなされ、十分信頼に足るものであり、行政指導の必要性はないと考えられること」である（労働省労働基準局賃金時間部編著『新版時短促進法』（労務行政研究所、1994年）129頁）。

13) 日本航空インターナショナル事件（東京地判平成19.3.26労判937号54頁）は、深夜業免除を申し出た少数派組合に属する客室乗務員の乗務の割当日数が少なかったところ、多数派と同程度の割当が可能であったとして賃金請求の一部を認容した。

14) その間接的手法として、60時間を越える法定外労働の割増率を50％とする労基法改正が平成20年第170回国会で成立の見通しである。
15) 労基法41条は労働時間、休憩および休日についての適用除外の規定であるが、深夜業および年次有給休暇については適用を除外していない（行政解釈については、深夜業（昭和63.3.14基発150号）、年次有給休暇（昭和23.11.26基発389号））。
16) 労働省労働基準局『改訂新版 労働基準法〔上〕』（労務行政研究所、2005年）600頁。
17) 青木宗也＝片岡曻編『注解法律学全集44 労働基準法Ｉ』（青林書院、1994年）548頁〔西谷敏〕。
18) 管理監督者性が争点となった裁判例の詳細については、細川二郎「大阪民事実務研究 労働基準法41条2号の管理監督者の範囲について」判タ1253号（2008年）59頁参照。
19) 徳州会事件（大阪地判昭和62.3.31労判497号65頁）では看護婦の募集業務全般を任されていた人事第二部長が、日本プレジデントクラブ事件（東京地判昭和63.4.27労判517号18頁）では旅行を目的とする会員制クラブを運営する会社において経理・人事および総務全般の事務を勧奨していた総務局次長、パルシングオー事件（東京地判平成9.1.28労判725号89頁）では各営業部の最高責任者であるマネジャーおよび取締役に準ずる地位を有するマネジャー・ディシジョン・サポート・スタッフが、センチュリー・オート事件（東京地判平成19.3.22労判938号85頁）では自動車の修理および整備点検・損害保険の代行業を目的とする有限会社の営業部長、姪浜タクシー事件（福岡地判平成19.4.26労判948号41頁）では多数の乗務員を指導し、従業員の募集に重要な役割を果たし、出退勤管理を受けておらず従業員の中で最高の年収を得ていた営業部次長、日本ファースト証券事件（大阪地判平成20.2.8労経速1998号3頁）では、30名以上の部下を統括する地位にある支店長が、それぞれ管理監督者性を肯定された。
20) 最近の事件では、神代学園ミューズ音楽院事件（東京高判平成15.12.9労判905号72頁：事業部長・教務部長・教務課長のケース）、ユニコン・エンジニアリング事件（東京地判平成16.6.25労経速1882号3頁：副部長のケース）、リゾートトラスト事件（大阪地判平成17.3.25労経速1907号28頁：経理課係責係長のケース）、岡部製作所事件（東京地判平成18.5.26労判918号5頁：営業開発部長のケース）、アクト事件（東京地判平成18.8.7労判924号50頁：飲食店マネージャーのケース）、セントラル・パーク事件（岡山地判平成19.3.27労判941号23頁：ホテル料理長のケース）、山本デザイン事務所事件（東京地判平成19.6.15労判944号42頁：コピーライターのケース）、前掲・日本マクドナルド事件、丸栄西野事件（大阪地判平成20.1.11労判957号5頁：デザイナーのケース）、播州信用金庫事件（神戸地尼崎支判平成20.2.8労判958号12頁：支店長代理のケース）などがある。
21) 宿日直について適用除外を認めることへの批判として、青木＝片岡・前掲注17)書551頁以下〔西谷敏〕。
22) 労働基準局・前掲注16)書606頁。許可基準を満たさないにもかかわらず宿日直勤務についての申請を許可したことが違法であるとして国賠請求を認容した事案として、中央労基署長〔大島町診療所〕事件（東京地判平成15.2.21判時1835号101頁）。
23) 平成19年に全国の地裁で提訴された労働に関する訴え2292件中、金銭を目的とする

ものは1723件、金銭目的以外のものは569件である。また、労働審判の新受件数1494件中金銭目的のものは714件（うち賃金手当等は441件）、地位確認等の金銭目的以外のものは780件である（最高裁判所事務総局「平成19年司法統計年表1民事・行政編」）。ただし、これらの件数のすべてが労基法違反の事件ではない。

24）平成18年における監督実施件数は、16万1058件となっている。このうち、定期監督が11万8872件で全体の73.8％を占め、労働者の申告に基づく申告監督は3万1308件で19.4％、再監督が1万878件で6.8％となっている。このうち、定期監督が行われた事業場で労働時間について労基法32条、40条違反が認められたのは2万8247件で23.8％、割増賃金について労基法37条違反が認められたのは2万340件で17.1％となっている。

また、申告監督については、平成18年に新規に受理した3万4792件と前年から繰り越した5442件の合計4万234件のうち、監督を実施したのが3万1308件である。このうち、2万2692事業場（72.5％）に法違反が認められた。ただし、主たる違反事項は賃金不払が申告件数2万8588件（違反は1万7810件）であり、労働時間は申告が440件（違反は263件）にとどまっている（厚生労働省労働基準局「平成18年労働基準監督年報（第59回）」）。このことは、労働時間について法違反が認められるケースについても「賃金不払」として違反が顕在化するケースもあるためと考えられる。

25）申告制度については、橋詰洋三「労基法違反に対する申告制度」季労122号（1981年）22頁、安西愈「労働基準監督行政と申告権」季労159号（1991年）106頁参照。

26）ただし、監督権限の不行使が国賠法上違法と判断された事件はある。サン・グループ事件（大津地判平成15.3.24判時1831号3頁）は監督署への手紙の郵送や匿名電話での相談がなされた事案であるが、裁判所は申告にあたるか否かにかかわらず、何の対応も行わなかったことは合理的判断として許される範囲を逸脱し違法と結論づけている。

27）平成18年に労働基準監督官から送検された件数は1219件である（労働時間30件、割増賃金39件）。このうち、起訴されたのが522件、不起訴が484件で、罰金刑（正式）が10件、略式が504件、無罪が0件である。人数にすると、起訴されたのは2531人、不起訴が1185人、罰金刑（正式）が16人、略式が995人、無罪が0人となっている（厚労省・前掲注24）年報）。

28）解雇無効を主張せず、解雇予告手当および付加金の請求が認容された事案としてセキレイ事件（東京地判平成4.1.21労判605号91頁）、ティーエム事件（大阪地判平成9.5.28労経速1641号22頁）など。

29）休業手当不払の場合の付加金請求を認容した事件としては、明星電気事件（前橋地判昭和38.11.14労民集14巻6号1419頁）。

30）年休手当不払いについて付加金請求が認められた事件としては、東灘郵便局〔年休〕事件（大阪高判平成10.9.10労判753号76頁）など。また、エスウントエー事件（東京地判平成1.9.25労民集40巻4＝5号510頁）は、法定基準を上回る日数についての年休手当不払いについては付加金の支払いを命ずることはできないとしている（控訴審・東京高判平成2.9.26判時1369号154頁、上告審・最三小判平成4.2.18労判609号12頁もこの点についての第一審の判断を維持）。

31) 主張の概要については、東京大学労働法研究会編『注釈労働基準法 下巻』（有斐閣、2003 年）1082 頁以下〔藤川久昭〕参照。
32) このほか、付加金の制裁的性格を判示する事件として、前掲・播州信用金庫事件。
33) 細谷服装事件（最二小判昭和 35.3.11 民集 14 巻 3 号 403 頁）、新井工務店事件（最二小判昭和 51.7.9 判時 819 号 91 頁）。
34) 同事件は、銀行支店長代理の割増賃金および附加金請求を認容している。
35) 前掲・松山石油事件も同旨。
36) JR 貨物〔超過勤務〕事件（東京地判平成 10.6.12 判時 1655 号 170 頁）では、労基法 37 条に違反することを認識していなかったと認めることができるとし、法違反の認識がなかったことが付加金の支払いを命ずることの障害になるわけではないとしても、付加金の支払いを命ずるか否かの判断には考慮することができるとし、結論として付加金の請求を認めていない。ただし、不活動時間の労働時間性が争点となった事案で、割増賃金の他に付加金請求が認められた事案もある（ビル代行〔ビル管理人・不活動時間〕事件・名古屋地判平成 19.9.12 労判 957 号 52 頁）。
37) 東日本旅客鉄道〔横浜土木技術センター〕事件（東京地判平成 12.4.27 労判 782 号 6 頁）。
38) タオヒューマンシステムズ事件（東京地判平成 9.9.26 労経速 1658 号 16 頁）。解雇予告手当不払いの事件である。
39) 高知県観光事件（最二小判平成 6.6.13 判時 1502 号 149 頁）。
40) 弥栄自動車事件（京都地判平成 4.2.4 労判 606 号 24 頁）。300 万円余の未払い額に対し、付加金の認容額は 50 万円とされた。
41) 風月荘事件（大阪地判平成 13.3.26 労判 810 号 41 頁）。付加金請求認めず。
42) 育英舎事件（札幌地判平成 14.4.18 判タ 1123 号 145 頁）。付加金請求認めず。
43) ジャパンネットワークサービス事件（東京地判平成 14.11.11 労判 843 号 27 頁）。付加金請求認めず。
44) 前掲・日本マクドナルド事件。付加金請求認めず。
45) オークビルサービス〔マンション管理人割増手当〕事件（東京地判平成 15.5.27 民集 61 巻 7 号 2632 頁）。控訴審（東京高判平成 16.11.24 民集 61 巻 7 号 2705 頁）も地裁判断を維持。ただし、不活動時間の労働時間性が争点となった事案で、付加金請求も認められた事案もある（前掲・ビル代行事件）。
46) 前掲・丸栄西野事件。
47) 前掲・播州信用金庫事件。未払いの額が 350 万円余でありながら、付加金の認容額は 100 万円とされた。
48) 前掲・山本デザイン事務所事件。未払いの額が 900 万円余であったが、付加金として 500 万円が認容された。
49) セントラル・パーク事件（岡山地判平成 19.3.27 労判 941 号 23 頁）。
50) ゲートウェイ 21 事件（東京地判平成 20.9.30 労経速 2020 号 3 頁）。
51) 東大労研・前掲注 31) 書 630 頁〔橋本陽子〕。
52) 前掲・セントラル・パーク事件は、「割増分の未払金のみを指すのではなく、通常の

賃金と割増部分を併せたものの未払金をいう」と判示している。東建ジオテック事件（東京地判平成 14.3.28 労判 827 号 74 頁）も同様の処理。青木＝片岡・前掲注 17）書 477 頁〔青野覚〕。(昭和 23.3.17 基発 461 号。)
53) 東大労研・前掲注 31）書 631 頁以下〔橋本陽子〕。
54) 神代学園ミューズ音楽院事件（東京高判平成 17.3.30 労判 905 号 72 頁）は割増部分についてのみ付加金請求を認容しているが、レアケースであろう。
55) 青木宗也＝片岡曻編『注解法律学全集 45 労働基準法Ⅱ』（青林書院、1994 年）397 頁以下〔石橋洋〕。

第3章

労働時間の算定および労働時間規制の緩和規定

戸谷　義治

I　はじめに

　わが国における労働時間は、1日8時間以内、1週40時間以内であって、使用者はその時間内においてのみ労働者を自己の指揮命令下において使用することができるというのが原則である。そして、労働者を指揮命令下で使用する使用者が、この原則に沿って労働時間を管理しなければならない。

　しかしながら、前者については、殊に第三次産業の高度に発達した今日、必ずしも経済活動の実質に適合せず、いくつかの変容ないしは緩和が必要とされる。すなわち、まずいわゆるサービス業や運輸業においては、ゴールデンウィークや年末年始といった長期休暇や季節等によって業務に大きな繁閑の差が生じやすい。また、1週間の中でも平日と週末とでは一般に購買・消費行動に大きな差があることはわれわれのよく経験するところである。更に、日々の業務においても特にホワイトカラーにあっては、当該勤務日の業務の進捗状況等によって、いわゆる「残業」が必要とされる場合がある。そもそも、1日8時間、1週40時間といった画一的な労働時間規制は工場等の労働者にはよく適合するものであるものの、上記のような様々な就業が求められ得る第三次産業にあっては、これを一律に適用することが困難であることは想像に難くない。そこで、まず、上記の大原則を前提としながらもこのような第三次産業従事労働者に適合的な労働時間規制の変更や緩和について検討する必要がある。ここでは、時間外労働、変形労働時間制、及びフレックスタイム制について紹介する。

次に、使用者が労働時間を算定・管理しなければならないという点についても問題が生じる。すなわち、工場などにおいて全ての労働者が一定程度定型化された作業を監督者が現に監督できる状況下において労働するのであれば、基本的に問題は生じない。また、一般的に、事務職であってもオフィスにおいて上長が現に監督できる状況であれば同じである。しかしながら、実際には「外勤」とか「営業職」といわれる職種においては、抽象的には使用者の指揮命令下にはあるものの、現実の監督を及ぼすことは困難であり、その意味でどれだけの時間労働したのかを正確に把握することは困難もしくは不可能である。また、このように労働時間を把握することが困難であったり不可能であったりはしない業務であっても、それ以前に通常の労働時間規制になじまない職種が存在する。こうした、通常予定されている労働者とは異なる形式で労働に従事する労働者の労働時間の在り方についても次に検討する。すなわち、事業場外労働のみなし労働時間制、並びに専門業務型及び企画業務型の裁量労働時間制の問題である。そして、併せて、いわゆるホワイトカラー・エグゼンプションの問題についても若干の紹介をしたい。

 これらの制度は、時短の促進の裏返しとして導入されるとともに、昨今ではいわゆる規制緩和の一環とも見られるものである。そして、安易な長時間労働を誘発する危険を常にはらんでいる。そこで、ここでは、制度の問題点とともに、制度が導入された場合において長時間労働を防止する観点からも検討を加えたい。

II 労働時間規制の緩和

1 原　　則

 現在、我が国における労働時間の原則は、1日8時間以内、1週40時間以内である（労基法32条）。使用者は、その使用する労働者について、これ以上の時間労働させることが原則として禁止され、違反すれば刑事罰の対象ともなる。[1]

 敗戦後、当初制定された労働基準法では1日8時間、1週48時間としてい

たが、昭和61年、主要国首脳会議が同年5月に東京で開催されることとなったのを契機として、それまでの輸出指向型産業構造から内需主導型産業構造への転換を図らなければ世界経済の中で孤立するという危機感を背景に、経済対策閣僚会議等において、欧米先進諸国並みの年間総労働時間の実現と週休2日制の早期完全実施が明確な国策として打ち出されるに至った。そして、それ以前から中央労働基準審議会を中心に審議が進められていた時短政策とも相俟って、昭和62年、労働基準法の改正に際して1週40時間制を原則とすることとされた。ただし、一気に週労働時間を8時間短縮することは中小零細企業を中心に経営への影響が大きいことから段階的に短縮することとなり、最終的には平成9年、全ての産業、規模の企業について上記の1週40時間制が実施され、現在に至っている。[2]

しかし、1日8時間、1週40時間という労働時間を前提に業務の計画を立てたとしても、経済の動向は常に一定ではなく、また企業内においても業務量は日々変動しうる。また、突発的な事故への対応が必要となる場面も十分に想定できる。そうしたことから、一定の条件下において、この大原則もまた修正・緩和が必要な場合があるといえる。

また、時短の進行は使用者において融通の利く時間が少なくなることであり、そのぶん、効率的に無駄なく労働時間を配置する要請が高くなる。特に、業務に季節等によって繁閑の差が激しい業種ではなおさらである。また、労働者においても、一定の範囲内で自らの生活にあわせて労働時間を動かすことができることも十分に利益のあることといえる。

以下では、1日8時間、1週40時間という大前提の下で、これを緩和する各種の制度について検討する。

2　災害等による臨時の時間外労働等（労基法33条）

労働時間規制に対する緩和の一つ目は、災害等による臨時の時間外労働等である。すなわち、災害その他避けることのできない事由によって、臨時の必要がある場合において、使用者は労働時間を延長し、もしくは休日に労働させることができる。この場合、原則として事前に行政官庁の許可を要するが、許可

を求める余裕がない場合には、事後的に承認を求めることができる。

3 三六協定

（1）**三六協定**　　上記の災害等による臨時の時間外労働は、通達による許可基準を見ても明らかなとおり、まさに臨時のものである。そこで、ある程度予測しうる時間外労働が必要な場合において法定労働時間を超えて労働させることができるために、労基法36条は、協定（三六協定）による時間外労働を定める。

すなわち、時間外労働を命じる具体的事由、業務の種類、延長できる時間などについて、過半数組合又は過半数代表者との協定を締結し、これを労基署に届け出れば32条に定める原則の時間を超えて労働させても労基法違反には問われないこととなる。ただし、協定の効力は労基法違反にはならない、いわゆる免罰的効果を持つのみで労働者に実際の時間外労働をさせるためには別途、労働契約上の根拠が必要となるが、この点については後述する。

ところで、いかに三六協定を締結しても、坑内労働、その他健康上特に有害な業務については、1日について2時間を超える時間外労働を設定することはできない。また、平成13年に改正された育児・介護休業法により、家族的責任を有する労働者については、その請求がある場合には時間外労働が制限されるべきことが定められている（同法17条、18条）。これに対して、それ以外の業務については、厚生労働大臣が基準を定め、延長が基準内となるように労働基準監督署長が必要な助言・指導を行うことができるとされているのみで、直接的に延長される労働時間の上限は定められていない。

（2）**時間外労働義務**　　上述のように、三六協定が締結されても、それは労基法32条に定める時間を超えて労働させても労基法違反とならず刑事罰の対象とならないといういわゆる免罰的効果を持つのみで、個々の労働者において使用者から明示されれば時間外労働をしなければならない義務を生ずるわけではない。そこで、三六協定のほかに労働契約上の根拠が必要となる。この点については、時間外労働の必要が発生するごとに使用者と労働者との合意が必要であるのか、包括的に使用者と個々の労働者との間で特約を結ぶことで使用者

は時間外労働を命じることができるようになるのか、もしくは就業規則等に定めることで一般的に時間外労働を命じることができるのかなど、いくつかの考え方がある。確かに、時間外労働は正に法の定める労働時間の原則を特例的に緩和するものであり、本来的な労働契約の枠外であるとして、その都度労働者の合意を要すると考えることもできる[6]。しかし、そのように解することは労働の実態に適合的ではない。また、合理的な内容を定めるものである限り、就業規則の内容が労働契約の内容になることは判例の認めるところであり、このことは労働時間に関しても同様であると考えられる[7]。そのため、ひとまずは就業規則において、必要に応じて時間外労働を命ずる場合のある旨を定めておけば[8]、使用者は業務上の必要が生じれば個々の労働者との合意を要することなく、時間外労働を命ずることができるものと考える。ただし、無制約に時間外労働を命じることができるわけでないことは当然であって、業務上真に必要性があることが必要であると同時に、健康等に対する配慮義務からしても、労働者の心身への影響を考慮して、時間外労働命令が業務命令権行使の濫用となることは十分に考えられる。

4　変形労働時間制

臨時の時間外労働にせよ、三六協定による時間外労働にせよ、1日8時間、1週40時間制の例外であることにかわりはない。労働者にとっては、そのぶん、私的に利用できる時間が低減し、また使用者にとっても通常の賃金に加えて割増分を支払わなければならない。しかし、ある時期は業務量が少なく、他の時期はそれが増えるというような業種であれば、業務量の少ない時期には労働時間を短くし、短くした分の労働時間を業務量が増える時期に利用できる方が、労働者にとっても全体の労働時間が短くて済み、使用者にとっても割増賃金支払の負担を免れることができる。そこで、1か月単位、1年単位、および特定の業種に限って1週間単位での変形労働時間制を定める[9]。閑散期から繁忙期への労働時間の振り分けである。

このような変形労働時間制は多くの企業において採用されており、平成19年度就業実態調査（厚労省）によれば、従業員30人以上の企業において55.9

％が何らかの変形労働時間制を導入しており、導入の割合は企業規模が大きくなるほど高い傾向にある（30～99人企業で53.4％、1000人以上企業で72.4％）。また、皮革加工、窯業等中小企業が多いと思われる業種を中心に製造業分野で導入率が高い。

（3）　1か月単位の変形労働時間制（労基法32条の2）　これは、1か月の労働時間を各週あたりで平均して、1週40時間を超えない範囲において、特定の週又は特定の日において法定労働時間を超えて労働させることができるものである。導入には、過半数組合、過半数代表者との協定または就業規則の定めが必要となる。協定・就業規則では、1か月の労働時間を各週あたりで平均して、1週40時間を超えないように定めなければならない。

また、協定・就業規則では、期間内のどの週およびどの日において、何時間超えるのかを特定しなければならない。ただし、制度導入の段階で、すべての日および週について具体的に特定して延長または短縮を定めておくことは困難である。そのため、行政解釈では就業規則等による特定が困難な場合には、基本事項のみを定めて、毎月の勤務割り等で具体化することも許されるとしている。また、一旦特定された労働時間を変更できるかについては、ＪＲ西日本（広島支社）事件（広島地判平成13.5.30労判835号49頁）は、就業規則に基づく勤務変更が直ちに違法・無効になるわけではないとした上で、「勤務変更が、勤務時間の延長、休養時間の短縮及びそれに伴う生活設計の変更等により労働者の生活利益に対して少なからぬ影響を与えることが多いのは確かであるから、使用者は、勤務変更をなし得る旨の変更条項を就業規則で定めるに際し、同条が「特定」を要求した趣旨を没却せぬよう、当該変更規定において、勤務変更が勤務指定前に予見できなかった業務の必要上やむを得ない事由に基づく場合のみに限定して認められる例外的措置であることを明示すべきであり、のみならず、労働者の生活利益に対する十分な配慮の必要性からすれば、労働者から見てどのような場合に勤務変更が行われるかを予測することが可能な程度に変更事由を具体的に定めることが必要であるというべきであって、使用者が任意に勤務変更しうると解釈しうるような条項では、同条の要求する「特定」の要件を充たさないものとして無効であるというべきである」であるとして、変更

は可能であるものの、例外的なものであり、これを規則上明らかにすべきであるとしている[13]。

（4）１年以内の変形労働時間制（労基法32条の４）　これは、平成５年労基法改正で導入されたものであり、使用者と過半数組合・過半数代表者との協定により、１か月以上１年以内の範囲において、１週あたりの平均が40時間を超えない定めをした場合においては、特定の週および特定の日において法定労働時間を超えて労働させることができるとするものである。

協定では、本来、どの週及びどの日の労働時間を延長し、また短縮するのかを定めるべきではあるが、変形の対象が長期間となるため、簡易の定め方も許されている。

また、長期間にわたる変形制であるため、特定の日程において極端に労働時間が長くなるおそれがある。そのため、１年以内の変形労働時間制にあっては、所定労働時間は１日10時間以内、１週52時間以内でなければならないとされる（労基則12条の４）。

5　フレックスタイム制

これも、昭和62年労基法改正で導入されたものである。過半数組合／過半数代表者との協定により、労働者の範囲、１か月以内での清算期間、清算期間の総労働時間、（また標準となる１日あたりの労働時間数、コアタイム、就業制限時間帯）を定めると、その範囲内で、労働者は労働を自己の選択するときに開始し、終了することができる。

6　小　括

変形労働時間制やフレックスタイム制は、基本的に時短の推進に寄与するものとして導入されてきたものである。一面においては、使用者に一定程度柔軟な労働時間設定を可能とすることによって結果的に総労働時間の縮減効果をねらったものであると同時に、他面において１週40時間制の導入を円滑に進めるために一種のバーターとして導入された側面がある。ところで、フレックスタイム制においては、一つの清算期間内において総枠（31日の月であれば17.1

時間）を超えて労働した労働者に対しては当然に割増賃金を支払わなければならない（三六協定の締結が前提となる）。清算期間の総労働時間を総枠よりも少なく設定した場合において、総労働時間よりも長く労働したときには、これを翌期間に繰り越すことも可能との説もあるが、行政解釈は全額払い原則に反するとしている。

法定時間外労働については、労働者の健康（生命）保護の観点から、指針等によって上限の目安が示されてはいるものの、それを超える協定が違法・無効となるものではない。しかし、鉱山労働等については、同様の観点から上限が法定されているところであり、通常の労働者についても、時間外労働に対する強行的な規制をすることも十分に考えられる。

ところで、こうした時間外労働制や変形労働時間制が労働時間の配置の問題であるのに対し、労働の態様から労働時間の計算方法自体についての特例も労基法には定められている。次に、この点についてみていきたい。

Ⅲ 労働時間の算定方法

1 原　　則

前述のように、現行の労働時間は、1日8時間以内、1週40時間以内を原則とするが、労働者が実際にどれだけの時間労働したかを把握・管理する義務は、使用者に課せられている[14]。このことは、既に行政解釈によっても明確にされているところである[15]。これは、単に労基法108条に定められた、賃金計算の基礎となる事項を記載した賃金台帳を調整すべき公法上の義務であるというに留まらず、私法上も労働契約に附随した義務であると考えられる[16]。すなわち、端的には、労働契約における労働者の本質的債権である賃金債権を適正に確保するためには不可欠のものであるし、また、職場において労働者の身体面のみならず精神面においてもその安全に配慮すべき義務を労働契約の付随的義務として使用者が負っていることが学説でも[17]判例においても[18]承認されていることからすれば、労働者の過労による疾病罹患やいわゆる過労自殺等を防止するためにはやはり労働時間の把握が絶対的に必要と考えられるため、使用者において

は私法上も労働時間の把握が附随義務であるととらえることが適切である。

このように、公法上も私法上も使用者は自己の雇用する労働者の労働時間を把握・管理すべき義務を負っているところ、工場における作業や、通常のオフィスにおける労働であれば、各作業場やオフィスにおいて管理者を配置し、これに労働者の労働時間を把握させることとなる。しかし、第三次産業が極度に発達した今日においては、全ての労働者が常に使用者またはその指定する管理者が直接に労働しているか否かを確認し、労働時間を把握することができる状況下で労働しているわけではない。いわゆる「外勤職」のように常態として事業場外で単独もしくは少人数で業務に従事する労働者も多く存在し、また通常はオフィスで業務に従事していても出張などにより一時的に使用者等が労働時間を管理できない状態に入る労働者もある。こうした働き方自体はもちろん法に反するものではないが、そのような労働者についてまで、厳格に労働時間を把握すべきであるとすれば使用者にとって酷であり、事実上不可能を強いることにもなりかねない。そこで、使用者が実際上労働時間を把握しがたい場合における労働時間の算定方法が必要となる。

また、現在では、その労働の態様から通常の労働時間管理になじまないとされるものがある。いわゆる専門職や企業の中枢において経営方針の立案等に従事する企画業務型の労働者である。これらの職種では、その業務態様から働き方や労働時間の配分等について労働者の裁量に委ねるほうが適切であるとして、いわゆる裁量労働制を採用することができることとなった。これは、いわゆる時短政策の推進の中で、労働時間を短縮するかわりに使用者においても労働時間の配分を「適正化」しやすくするというバーター的な側面があるが、労働契約に基づいて労働が行われる以上、使用者がまったく指揮命令しないと言うことは想定できず、特に業務量の設定などについては大きな問題を含んでいる。

以下では、労働時間の算定が困難な場合における労働時間算定方法である「事業場外のみなし労働時間制」、裁量労働制としての「専門業務型裁量労働制」および「企画業務型裁量労働制」についてそれぞれ検討し、最後にこの裁量労働制の延長ともいえる「ホワイトカラー・エグゼンプション」の問題についても若干の紹介を行いたい。

2　事業場外のみなし労働時間制（労基法38条の2）

（1）前　史　　事業場外において、上司からの直接の監督を受けることなく業務に従事する労働者について、その労働時間を正確に把握することが不可能であることについては、労働基準法が制定された敗戦直後から既に認識されており、当初から労働基準法施行規則ではその22条において、「労働者が出張、記事の取材その他事業場外で労働時間の全部又は一部を労働する場合で、労働時間を算定し難い場合には、通常の労働時間労働したものとみなす。但し、使用者が予め別段の指示をした場合は、この限りでない。」との規定を置き、事業場外労働のみなし労働時間を定めていた。このような措置は、現実の労働態様に即したものではあったものの、労働基準法本体には全くこのようなみなし労働時間の規定が無く、もちろん委任規定もない状況において、省令でみなし規定をおくことには批判の強いところであったとされる[19]。そこで、昭和62年の労働基準法改正に際して、新たに第38条の2が設けられ、法律上の根拠が与えられるとともに、算定基準が定められることとなった[20]。

（2）要　件　　みなし労働時間制が適用されるためには、二つの要件を備えることが必要である。一つ目が、労働時間の全部又は一部について事業場外で業務に従事することである。ただし、単に事業場外であるだけでは足りず、「事業場外で業務に従事し、かつ、使用者の具体的な指揮監督が及ば（ない）[21]」ことを要すると考えられる。問題となっている労働者が常に労働時間の大部分を事業場外で業務に従事していることは要さず、新聞等の取材記者や外勤営業員等はもちろんのこと、一時的な出張等も含まれる。そして、事業場外での業務であっても、道路工事現場や、監督的立場にある者を含めた集団的な出張の場合には、具体的な指揮監督が及ぶといえるので、このような場合には事業場外であるとはいえないと解される[22]。

　二つ目に、労働時間の算定が困難であることが必要である。上記のように使用者の具体的な指揮監督が及ばない状況下にあるため、その特殊性から使用者に労働時間算定義務を負わせるのが困難だからである。ただし、逆に使用者の具体的な指揮監督が及んでいなくとも、実際に使用者が労働時間を容易に把握しうる場合には、この要件を満たさないといえる。例えば、まず労働者の労働

時間を管理・把握しうる監督者も当該事業場外労働に同行している場合である。前掲・ほるぷ事件では、事業場外における展示販売を行っていた労働者からの時間外割増賃金請求について、「本条の規定の適用を受けるのは労働時間の算定が困難な場合に限られるところ、本件における展覧会での展示販売は、……業務に従事する場所及び時間が限定されており、被告の支店長等も業務場所に赴いている……こと等から、被告がプロモーター社員らの労働時間を算定することが困難な場合とは到底言うことができず、労基法38条の2の事業場外みなし労働時間制の適用を受ける場合でないことは明らかである……。」と述べて請求を認容している。また、業務の開始時および終了時に労働者を事業場に出向かせてタイムカードを打刻させるなど、少なくとも労働時間の始期と終期を確定的に把握できる場合においても要件を満たさないとされる[24]。このことは、タクシーやバスの運転手のように自動車の走行時間等から労働時間を容易に把握できる場合でも同様と解される。さらに、近時、携帯電話を使用して業務に関する報告をさせるなど、通信機器を用いて労働時間を把握できる場合にも要件を満たさないとする裁判例が見られる[25]。現代の携帯通信技術の飛躍的な発展[26]に鑑みれば、通信機器を用いた労働時間の把握も決して困難なものとはいえないと思われるが、使用者等が実際に目で見て労働時間を把握・管理できない場合を想定している事業場外のみなし労働時間制の適用可能性が狭くなったといえるか、検討が必要であり、この点については後述する。

（3）効　果　　労基則22条によるみなし労働時間制は上記のように省令でこのような事項を定めることの問題性のほかに、「通常の労働時間」の意味が不明確に過ぎる点が問題であると指摘されていた。すなわち、いわゆる営業職を中心として給与が出来高給を主として定められることが多いことからそもそもこれらの職種においては長時間労働に陥りやすいにもかかわらず、何ら使用者は労働時間を算定・管理することも要さずに通常の所定労働時間分の賃金を支払えば免責されることとなるというのである。そこで、昭和62年労基法改正による38条の2においては、以下の三つに分けて労働時間の算定方法を定めるに至った。

まず、第一が労働者が労働時間の全部又は一部について事業場外で業務に従

事した場合において、労働時間を算定し難いときは、所定労働時間労働したものとみなすというものであり（所定労働時間みなし制）、これは労基則22条を引き継いだものである。しかし、これに続いて第二に、当該業務を遂行するためには通常所定労働時間を超えて労働することが必要となる場合においては、当該業務に関しては、厚生労働省令で定めるところにより、当該業務の遂行に通常必要とされる時間労働したものとみなすという方法が定められた（通常必要労働時間みなし制）。そして、第三として、第二の場合と同様に当該業務を遂行するためには通常所定労働時間を超えて労働することが必要となる場合に関するものであるが、当該業務に関し、当該事業場に、労働者の過半数で組織する労働組合があるときはその労働組合、労働者の過半数で組織する労働組合がないときは労働者の過半数を代表する者との書面による協定があるときは、その協定で定める時間を同項ただし書の当該業務の遂行に通常必要とされる時間とするとの方法である。そして、みなされる労働時間を協定によって定める場合には、当該協定を労働基準監督署へ届け出なければならない[27]。

　過半数組合又は過半数代表者との協定については、協定のための交渉が適切に行われていれば、労使の合意としてみなされる労働時間はどのように定めてもよいようにも思われ、そのように解する学説も見られるところではあるが、法文上、協定によってみなされる労働時間を協定しうるのは、所定労働時間を超えて労働することが予定される場合に限られるため、協定では所定労働時間と同じかそれ以上の時間を定めなければならないと解される。また、そもそもこの制度が事業場外での労働で、労働時間を算定しがたい場合の特例であることからすれば、事業場外と事業場内の両方で業務に従事する労働者についても事業場内労働が事業場外労働に附随し極めて短時間であるような場合を除いては、事業場内労働の労働時間把握は使用者において必要であり、事業場内外をあわせて労働時間を協定することはできないものと解される[28]。

　以上のように、事業場外労働のみなし労働時間制においては、労働の態様から使用者の時間把握・管理義務を一定程度緩和しているが、できる限りみなされる労働時間を実際の労働時間に近づけるようにされているといえる。

3 専門業務型裁量労働制（労基法38条の3）

　事業場外労働のみなし労働時間制は、実際に労働時間を厳密に算定することが困難な労働者について、簡易の労働時間算定方法を提供するものであるのに対し、これから検討する専門業務型裁量労働制及び次に検討する企画業務型裁量労働制は結果としては事前に定めた労働時間だけ労働したものとみなされる点では共通であるものの、大きく異なるものである。すなわち、実際には業務の多くを事業場内で行い、決して通常の労働者と比較して労働時間算定が困難とはいえない労働者であっても、その業務内容から厳格な労働時間管理の対象から外そうとするものである。

　専門業務型裁量労働制は、昭和60年の労働基準法研究会最終報告を受けて、昭和62年、労働基準法の改正に伴って導入された制度である。専門職の労働の態様が、使用者の具体的な指示の下で行うことに必ずしもなじまないことから、そのような専門職労働者の自律的で主体的な業務遂行に資するものとされる。また、昭和62年の労基法改正では、原則として1週40時間性が導入されたことから、使用者において労働時間の「適正化」を図ることを容易にするための一種のバーターとして導入された側面があると考えられる。しかし、運用次第では、過大な業務負担による長時間労働を助長する危険を大いに含むものであり、以下、検討する。

　（1）要　件　　まず、専門業務型裁量労働制を導入するためには、当該事業場に労働者の過半数で組織する労働組合があるときはその労働組合、労働者の過半数で組織する労働組合がないときは労働者の過半数を代表する者との間で、労基法の定める内容について協定を締結する必要がある。協定は、ドワンゴ事件判決（京都地判平成18.5.29労判920号57頁）が指摘するように、当該事業場の過半数組合又は過半数代表者の同意を要求することで内容の妥当性を担保しようとするものであるため、事業場ごとに締結する必要があり、その効果も当該事業場に限られると解される。

　次に、対象となる専門業務に従事する労働者であることが必要である。制度導入当初は、労基法上は「研究開発の業務その他の業務」であることと定められるのみで、実際には通達によって例示された5業務に限定されていたが、平

成5年の労基法改正によって厚生労働省令および厚生労働大臣告示によって定められることとなっている[29]。

そして、業務遂行、時間配分等に関し使用者が具体的な指示をしない労働者であることも必要である。この点、使用者は会議等への出席を命じることはできるか問題となる。そもそも、時間配分を労働者に任せるという制度を採用する以上、使用者は特定の時間に会議に出席することなども命じることができなくなるなどとして消極に解する見解も強いが[30]、裁量労働制を採用したとしても、同制度が企業という組織体の内部における特定の業務について労働者の裁量に委ねられるものであることからすれば、業務の担当など、組織内部において調整を必要とする事項についての会議や管理者等との打ち合わせであれば、出席を命じることも妨げられないものと解する。ただし、毎日特定の時刻から会議を設定するなど、事実上、業務遂行や時間配分についての裁量に委ねることと相反するような態様であれば、制度の趣旨からして許されないと考えられる。

そして、協定は労働基準監督署に届け出なければならない。

（2）効　果　　専門業務型裁量労働制が採用されると、その適用対象となる労働者については、協定で定められた時間が当該労働者の労働時間とみなされる。ただし、休憩、休日、深夜労働に関する規制についてはこれを除外するものではなく、通常の労働者と同様に適用される。

ところで、裁量労働制の適用によって、労働時間と賃金との関係は相当程度希薄化されることとなるが、使用者の安全配慮義務が免除されることになるわけではなく、やはり労働時間把握義務は免れないものと考えるが、この点については後述する。

4　企画業務型裁量労働制（労基法38条の4）

企画業務型裁量労働制もまた、業務の態様に着目して、労働時間の算定方法を緩和するものである。しかし、専門業務型裁量労働制までは通常の労働者とは区別されたまさに専門職の問題であったし、また時短促進とのバーターとしての側面があったが、この企画業務型裁量労働制はほぼ時短の問題からは離れて、経済のグローバル化やいわゆるバブル経済の崩壊による不況への対処を背

景とする「規制緩和」の一環として導入されたものである。

（1）要　件　　企画業務型裁量労働制を導入するためには、過半数組合又は過半数代表者が指名する委員が半数を占める労使委員会において、5分の4以上の特別多数による議決がなされることが必要である[31]。

対象となる労働者は、事業運営に関する企画、立案、調査および分析の業務で、業務の性質上これを適切に遂行するにはその遂行の方法を大幅に労働者の裁量に委ねる必要がある業務に従事する者であることが必要であり、むやみにホワイトカラー労働者全般に広げることはできない。

また、使用者が業務遂行、時間配分等に関し使用者が具体的な指示をしない態様の労働に従事する労働者が対象となる。会議等への出席については、専門業務型裁量労働制の場合と同様に考えることができると思われる。

また、企画業務型裁量労働制については、対象労働者の同意を得ることが必要である。

そして、決議は労基署に届け出なければならない。

（2）効　果　　議決された時間が当該労働者の労働時間とみなされる。休憩等に関する適用については専門業務型裁量労働制と同様である。

5　ホワイトカラー・エグゼンプション

裁量労働制は、労働時間と賃金との関係を相当程度稀薄化させるものではあるが、労働時間規制そのものを撤廃するものではない。しかし、このような制度では実際のホワイトカラー管理職の労働態様には適合的でないという認識の下に、平成18年1月には「今後の労働時間制度に関する研究会報告書」、同年12月には労働政策審議会労働条件分科会による「今後の労働契約法制及び労働時間法制の在り方について（答申）」がだされ、さらに翌19年1月には厚労省から労基法改正要綱が示されたが、そのなかでは、自己管理型労働制、いわゆる日本版ホワイトカラー・エグゼンプションの導入が目指された。最終的には、マスコミや労働組合をはじめ多方面から、「残業代ゼロ法案」などと呼ばれて強い反発がなされ、改正法の成立を見ることはなかったが、同制度導入路線が完全に放棄されたわけではないようである[32]。

答申では、労働の成果を時間では適切に把握できず、重要な権限及び責任を伴う地位にあるものであって、業務遂行及び時間配分について使用者が具体的な指示をせず、そして年収が相当程度高い労働者について、休日の確保等を要件として、労基法上の労働時間規制の適用除外とすべきであるとする。

　確かに、現実と制度が適合的でなくなれば、どちらかをもう一方に近づけることは必要になり、労働が多様化したのであれば、それに対応した制度の構築は必要と思われる。しかし、使用者が時間外割増賃金を支払うことを免れる以外の必要性が存するのかには疑問も多い。特に、管理監督者については時間規制の適用を除外し、またここまで見てきた専門職や企画業務職についてはみなし労働時間制によって緩和されている。これらのいずれにも当てはまらず、それでいて労働時間規制が不要になる層を本来的に観念できるかについては十分な検討が必要であろう。また、業務遂行や時間配分は労働者に委ねられるとしても、業務の内容や量は使用者が決定する。その点で、ホワイトカラー・エグゼンプションの適用対象として想定されている労働者と、場合によっては業務量の自由な調整によって勤労時間を短縮できる自由業・自営業とは決定的に異なっている。この点で、成果による評価が適切である労働者の存在から、労働時間規制の適用除外を導くことは安直であって、慎重な検討を要するものと考えられる[33]。

　なお、仮に、ホワイトカラー・エグゼンプションが導入されたとしても、労働時間と健康との関係は切断されるものではなく[34]、その意味で、業務量決定権を有する使用者の労働時間把握・管理義務は免除されるものではないであろう。

6　小　括

（1）　事業場外労働のみなし労働時間制について　　事業場外労働については、時間外手当等の請求に対して、当該労働者が事業場外労働によるみなし労働時間制の適用を受けるとして棄却した例は見あたらない。裁判所の判断基準を見ると、概ね厚労省通達に沿った判断であると考えられるが、この点はほぼ妥当と考えられる。

　ところで、最近では、携帯電話による使用者からの指示を理由として「使用

者の具体的な指揮監督」から離れていたとはいえないとの判断が多く見られる。昭和 63 年通達が例示するポケットベルでは通信可能情報が極端に少なく、実際に具体的な指揮監督といえるか疑問も残るところではあるが、現代の通信技術に鑑みれば携帯電話等による指示等を具体的な指揮監督ととらえることは相当である。ただ、そうすると、一般の（地上基地局を利用した）民生用携帯電話の電波が届かない地中や高度上空においては監督者を含む複数人で業務に従事するかもしくは他の無線による交信が確保されるのが通常であるから、事業場外労働のみなし労働時間制が妥当するのは相当の僻地への出張など極めて限られた場合に限られる可能性も考えられる。もちろん、携帯電話を常に携行していても実際には使用者からの指示が何ら与えられないと言うことも十分にあり得るし、労基法がそもそも予定しているのは監督者と労働者とが同じ場所にいて、まさに「目で見て」労働時間を把握することであるが、本制度が実際の監督もできずまた時間計算も困難な状況になる使用者を時間計算の義務から一定程度解放する趣旨であることを考えれば、使用者が思い立ったときに必ず指示を与え、もしくは報告を求められる状況にあれば、なお指揮監督下にあるといって差し支えないものと考える。

（2） 裁量労働時間制について　　事業場外労働のみなし労働時間制が、労基法の労働時間規制の原則を維持しつつ、使用者において時間の算定が困難な業務について、簡易の算定方法を提供しているのに対し、専門業務型裁量労働制及び企画業務型裁量労働制は、実際には算定が必ずしも困難とはいえない（通常の労働者とほぼ異ならない）労働者について、その業務の特性から労働の質や成果に応じた賃金制度を前提として、それに労働時間算定方法の側を合わせるための、労働時間みなし制であって、効果の面においては実際の労働時間から離れて法または労使協定の定める労働時間において労働したとみなす点で共通であるものの、実際には大きく異なるものである。そのため、最終的にみなされる労働時間をどのように設定するかについても別異に解する必要があるものと思われる。すなわち、事業場外労働については、法文からも明らかなとおり、みなされる労働時間は実際の労働時間に近いものであることが要請され、もしみなされる労働時間と実際の労働時間との間に大きな開きがある場合には事業

場外労働のみなし労働時間制は適用されずに、実際の労働時間に対応する分の（割り増し）賃金が支払われなければならないことになる。これにたいして、裁量労働制については、少なくとも法文上、みなされる労働時間を実際の労働時間にあわせることは求められていない。この点については、協定や決議において必ずしも実労働時間にあわせてみなされる労働時間を設定する必要はないものと考えられる。

　なぜならば、まず、仮に裁量労働制を単に時間外手当の支払を免れるために利用するならば、法32条、37条および38条の3または38条の4の趣旨に反し、裁量労働制をとること自体が認められない。そして、労働の質や成果によって賃金を決定するのであれば、それを公正に評価・査定する体制が整えられていることを前提として、みなされる労働時間を通常の所定労働時間やそれ以下の水準に設定したとしても、それが実際の労働時間から著しくかけ離れたものではない限り、許されるものと考えられる。この点については、労基法の定める労働時間規制は単に通常の賃金が支払われる時間と割増賃金が支払われる時間とを区別するものではなく、労働者の健康（生命）を保護し、またその家庭や社会における責任を全うさせるためのものであることからすれば、適当な範囲内でみなされる労働時間を設定することが必要であるようにも思われる。しかし、最終的には労働時間が労働者の裁量に委ねられることになる以上、使用者は前述のような業務に不可欠となる会議への出席といった事態を除けば、原則として労働者に対しいつ働いて、いつ働かないのかを命令することができない。そうであれば、健康保護といった要請は、使用者からなされる業務の割り当て等の適正化によって図られるよりほかなく、やはりみなされる労働時間の調整によってこれを目指そうとすることは難しい。

Ⅳ　検　　討

　労働基準法の制定以来、労働時間の短縮という政策目標と、それに対応した柔軟な労働時間制の導入が図られてきたといえる。しかし、専門業務型裁量労働制以降、労働時間規制は「規制緩和」の方向を指向しているかに見える。確

かに、労基法をはじめ、労働立法の多くは工場労働など、第二次産業的な労働を念頭に、それに整合しない働き方に対応する修正をするという手法がとられているが、今日ではより全般的にそうした規制がなじまない労働が広範に普及していることは間違いないといえる。しかし、一足飛びにそのような労働には労働時間規制が不要であると言うことはできない。また、そのような労働については別の考慮も必要となる。以下、ここまでの検討をもとに、問題点を指摘したい。

　まず、労働時間把握・管理については、使用者は事業場外労働のみなし労働時間制はもちろんのこと、裁量労働制を採用した場合でも、これを免れることはできないものと考えられる。前述のように、使用者の労働時間管理義務は単に公法上の義務に留まらず、私法上も労働契約に附随した義務であると解されるところ、これは賃金計算の基礎を提供するのみならず、同じく労働契約に附随する安全配慮義務を十全に果たすために必要だからである。そうであれば、どのような労働の体制をとろうとも、使用者は労働に伴って生ずる可能性のある労働者の心身の危険を回避すべき義務を免れることができない以上、労働時間を把握・管理する必要がある。もちろん、労働者が必ずしも事業場内において労働に従事するとは限らないため、時間把握の方法も最終的には労働者の報告によらざるを得ない場合は十分にあり得る[36]。ただ、裁量労働制は使用者が労働者に対して労働時間の配分について指示をしないことを本質的な内容として持つため、労働者の労働時間が長時間に亘る場合であっても、原則としては直接に労働時間の短縮や退勤すべきことを命じたりすることはできない。しかし、そもそも労働者が処理すべき業務の内容や量は当然に使用者が決すべき問題であって、把握した労働時間から労働者が疾病に罹患することのない範囲に業務量を調整すべきことが要請されることになろう。

　次に、裁量労働制を採用する場合、裁量労働制の適用を受ける労働者の成果に対する公正な評価・査定体制が必要となる[37]。裁量労働制は労働時間の配分が労働者に委ねられることとなるため、基本的に労働時間の長さによって賃金額を決定することになじまない。すなわち、労働時間と賃金との関係は相当程度希薄になることとなり、つまりは労働時間以外の要素をもって賃金額を決する

ことになる。そうすると、使用者としては最終的に労働者が生産した成果をもって賃金決定の基礎とすることになるが、その査定をするのは使用者である。その査定が公正に行われなければ、使用者としては、過大な業務を命じ、その成果を過小に評価することで、長時間労働を強いることが容易にできることとなり不当であるし、業務の特性から労働時間と賃金との関係の稀薄化を容認した制度の趣旨からも外れるものと考えられる。どのような体制をとれば公正であるといえるかは困難な問題であるが、事前の評価基準の策定や、協定当事者となる過半数組合・過半数代表者や決議主体である労使委員会等との十分な協議説明が求められる。これまでも、公正査定についてはいわゆる成果主義賃金制との関係で論じられてきたところであり、今後とも検討が必要と考えられる。

ところで、わが国の労働時間規制、特に法定時間外労働に対する規制は、過半数組合・過半数代表者との協定によって法定労働時間よりも延長された労働時間を許容し、延長された時間については割増賃金の支払を強制することで、間接的に長時間労働を抑制しようとする方法を用いてきた。しかし、過度の長時間労働が身体だけでなく精神面でも疾病を誘発し、場合によってはうつ病による自殺を含め、死に至る危険が高まることは医学的にも認められ、また一般に広く知られることである。そうであれば、やはり健康やさらには生命への危険が考えられるほどの長時間労働については直接的な上限規制も十分に考えられることではないかと思われる。このことは、坑内労働等、従来から健康への悪影響が強い産業については1日あたりの時間外労働を2時間を超えて行わせることができないという規制が行われており、健康面への影響があれば直接規制も行いうることは、法の予定するところと思われる。今日では、政府部内においても過労による疾病、死亡の可能性が高まる時間の基準が既に作成されており[38]、健康面への影響がでる時間は明らかになっているといえる。そうであれば、坑内労働等に比べればもちろん長くなるとは考えられるが、上限に関する直接規制を導入すべきであると思われる。ただ、前記のように、裁量労働制にあっては、上限規制があっても、使用者が労働者に対してその限りで労働者に指示をなし得るか、問題となる。

1） 6か月以下の懲役または30万円以下の罰金（労基法119条1項）。
2） ここまでの経緯については、菅野和夫『労働法〔第3版〕』（弘文堂、1993年）197頁参照。
3） 許可（事後承認）の基準としては、単なる業務の繁忙その他これに準ずる経営上の必要は認めないこと、急病、ボイラーの爆発その他人命又は公益を保護するための必要は認めること、事業の運営を不可能ならしめるやうな突発的な機械の故障の修理は認めるが通常予見される部分的な修理、定期的な手入は認めないこと（以上、昭和22年発基17号）、電圧低下により保安等の必要がある場合は認めること（昭和26年基発696号）とされている。
4） 多量の高熱物体を取り扱う業務及び著しく暑熱な場所における業務、多量の低温物体を取り扱う業務及び著しく寒冷な場所における業務、ラジウム放射線、エックス線その他の有害放射線にさらされる業務、土石、獣毛等のじんあい又は粉末を著しく飛散する場所における業務、異常気圧下における業務、削岩機、鋲打機等の使用によつて身体に著しい振動を与える業務、重量物の取扱い等重激なる業務、ボイラー製造等強烈な騒音を発する場所における業務、鉛、水銀、クロム、砒素、黄りん、弗素、塩素、塩酸、硝酸、亜硫酸、硫酸、一酸化炭素、二硫化炭素、青酸、ベンゼン、アニリン、その他これに準ずる有害物の粉じん、蒸気又はガスを発散する場所における業務などである（労基則18条）。
5） 平成10年労働省告示154号「労働基準法第36条第1項の協定で定める労働時間の延長の限度等に関する基準」。
6） 和田肇「業務命令権と労働者の家庭生活」日本労働法学会編『講座21世紀の労働法〔7〕健康・安全と家庭生活』（有斐閣、2000年）221頁、蛯原典子『職業生活と家庭生活の調和――労働時間法制を中心に』（西谷敏＝中島正雄＝奥田香子編『転換期労働法の課題――変容する企業社会と労働法』（旬報社、2003年）120頁。
7） 電電公社帯広局事件（最一小判昭和61.3.13労判470号6頁）。
8） 日立製作所武蔵工場事件（最一小判平成3.11.28労判594号7頁）。
9） 1週間単位の変形労働時間制は特定業種の中小零細企業にのみ適用されるものであり、紙幅の関係上、説明は割愛する。
10） 総枠は、40*(4＋3/7)＝177.1 または 40*(4＋2/7)＝171.4 もしくは 40*4＝160（2月のみ）
11） 大星ビル管理事件（最一小判平成14.2.28民集56巻2号361頁）は、1週平均のみの明示では足りないとしている。
12） 昭和63年基発150号。
13） 同事件控訴審（広島高判平成14.6.25労判835号43頁）、東日本旅客鉄道（横浜土木技術センター）事件（東京地判平成12.4.27労判782号6頁）も同旨。
14） 菅野和夫『労働法〔第8版〕』（有斐閣、2008年）270頁。技研製作所ほか1社事件（東京地判平成15.5.19労判852号86頁）、ほるぷ事件（東京地判平成9.8.1労民集48巻4号312頁）など参照。
15） 平成13年4月6日基発339号。

16) 淺野高宏『労働時間の文書による適正管理』日本労働法学会誌 110 号 49 頁参照。
17) 斉藤善久「労働契約に「付随」する義務とは？」北海道大学労働判例研究会編『職場はどうなる・労働契約法制の課題』（明石書店、2006 年）192 頁。また、労働契約法においても使用者が安全に配慮すべきことが規定された（5 条）。
18) 電通事件（最二小判平成 12.3.24 民集 54 巻 3 号 1155 頁）。
19) 有泉亨『法律学全集〔47〕労働基準法』（有斐閣、1963 年）282 頁。また、後藤勝喜「労働時間の算定と事業場外労働」日本労働法学会編『講座 21 世紀の労働法〔5〕賃金と労働時間』（有斐閣、2000 年）227 頁は、憲法 27 条 2 項が勤労条件を法定する旨を定めていることからも問題があったとする。
20) 施行規則 22 条は同時に削除された（昭和 62 年労働省令第 31 号）。
21) 昭和 63 年基発第 1 号＝婦発第 1 号「改正労働基準法の施行について」。
22) 携帯電話での指揮命令があったとして、使用者の具体的な指揮監督から離れたとは評価できないと判断された例として、インターネットサファリ事件（東京地判平成 17.12.9 労経速 1925 号 24 頁）。
23) 本件のほか、出張における出張従業員中から責任者を指定して労働時間を管理させていたとして割増賃金請求を認容した事例として、日本工業検査事件（横浜地川崎支判昭和 49.1.26 労民集 25 巻 1＝2 号 12 頁）。
24) 毎日、使用者が労働者にタイムカードへの打刻を指示していたことから労働時間を把握しがたいとはいえないとされた事例として、滋賀ウチダ事件（大津地判平成 18.10.13 労経速 1956 号 3 頁）、千里山生活協同組合事件（大阪地判平成 11.5.31 判タ 1040 号 147 頁）、時間外割増賃金支払請求事件（福井地判平成 13.9.10 判例集等未登載）。また、前掲注 20) 通達〔3(1)ロ③〕参照。
25) 携帯電話によって時間管理が可能であったとする事例として、前掲注 (21) インターネットサファリ事件、コミネコミュニケーションズ事件（東京地判平成 17.9.30 労経速 1916 号 11 頁）、光和商事事件（大阪地判平成 14.7.19 労判 833 号 22 頁）、前掲 (24) 福井地判、また、前掲注 (22) 通達〔3(1)ロ②〕参照。
26) 平成 13 年以降、携帯電話を利用したいわゆるテレビ電話も民生用サービスが開始されている（NTT ドコモ「モバイル大歴史年表」参照）
   http://www.nttdocomo.co.jp/corporate/kids/history/list/pdf/list.pdf
27) 前掲注 (20) 通達〔3(1)ハ(ハ)〕参照。なお、労基法 38 の 2 第 3 項の委任を受けて、労基則 24 条の 2 第 2 項は、労使協定による事業場外みなし労働時間制をとる場合には、当該協定に有効期限を付さなければならない旨を定める。昭和 63 年通達が指摘するとおり、通常必要となる労働時間は変動しうるため、期限を付すことが好ましいとはいえるかもしれないが、法 38 条の 2 第 3 項の定める委任の範囲を超えるものである嫌いなしとしない。また、労基則 24 条の 2 第 3 項但書が、協定された時間が労基法 32 条、40 条の定める法定労働時間以下である場合には届け出は不要であると定めている点については、業務の一部のみが事業場外である労働者について行政による監督が及びづらくなることなどから批判も強い（後藤・前掲注 18) 論文 235 頁など）。
28) 菅野・前掲注 13) 書 295 頁。

29) 対象業務は(1)新商品若しくは新技術の研究開発又は人文科学若しくは自然科学に関する研究、(2)情報処理システムの分析又は設計、(3)新聞若しくは出版の事業における記事の取材若しくは編集の業務又は放送番組若しくは有線ラジオ放送若しくは有線テレビジョン放送の放送番組の制作のための取材若しくは編集、(4)衣服、室内装飾、工業製品、広告等の新たなデザインの考案、(5)放送番組、映画等の制作の事業におけるプロデューサーまたはディレクターの業務、(6)コピーライター、(7)システムコンサルタント、(8)インテリアコーディネーター、(9)ゲーム用ソフトウェアの創作、(10)証券アナリスト、(11)金融工学等の知識を用いて行う金融商品の開発、(12)学校教育法に規定する大学における教授研究、(13)公認会計士、(14)弁護士、(15)建築士、(16)不動産鑑定士、(17)弁理士、(18)税理士、(19)中小企業診断士であり、(1)〜(5)は昭和63年通達によって示されその後も労基則24条の2の2第2項に定められている業務、(6)〜(19)は平成9年労働大臣告示7号、平成12年労働大臣告示120号、平成14年厚生労働大臣告示23号、平成15年厚生労働大臣告示354号により加えられた業務である。
30) 吉田美喜夫「裁量労働制」日本労働法学会編『講座21世紀の労働法〔5〕賃金と労働時間』（有斐閣、2000年）281頁参照。
31) 決議事項は、対象業務、労働者の範囲、労働時間としてみなされる時間、健康及び福祉を確保するための措置、苦情処理などである。
32) 日本経済団体連合会『仕事・役割・貢献度を基軸とした賃金制度の構築・運用に向けて』（日本経団連出版、2000年）。
33) ホワイトカラー・エグゼンプション制度の問題点については、大石玄『ホワイトカラーエグゼンプションとは何なのか』前掲注6）書258頁、幡野利通『ホワイトカラー管理職等の労働時間規制の基本構造と日本の制度の再構築(上)(下)』季労221号166頁／222号177頁。
34) 濱口桂一郎「労働時間法政策の中の裁量労働制」季労203号（2003年）40頁参照。
35) 昭和63年通達が発せられた前年の昭和62年、携帯電話サービスが開始される。また、平成13年には一般携帯電話でのテレビ電話利用が可能となり、翌14年にはGPS（全地球測位システム）機能が付加された携帯電話の提供が開始されている（前掲注26）資料）。機能面では、携帯電話によって相当程度の時間管理がなし得る状況にあると思われる。また、携帯電話とPHSをあわせた移動通信端末の普及率は平成10年に50％を突破し（総務省情報通信政策局「平成14年通信利用動向調査報告書・世帯編」1頁）、平成18年末時点では約9983万件、人口普及率で78.1％である（総務省・平成19年3月6日報道資料「電気通信サービスの加入契約数の状況」）
36) 使用者が報告を求めるなどしても労働者においてこれに協力しない場合には、労働者が業務上の理由により何らかの疾病に罹患したとしても、使用者は安全配慮義務違反に問われず、もしくは大幅に損害賠償額が減額されるものと考えられる。システムコンサルタント事件（東京高判平成11.7.28判時1702号88頁）参照。また、小畑史子「成果主義と労働時間管理」土田道夫＝山川隆一編『成果主義人事と労働法』（日本労働研究機構、2003年）189頁以降参照。
37) 道幸哲也『成果主義人事制度導入の法的問題(1)〜(3)』労判938号5頁／939号5頁／

940号5頁。本来、裁量労働制と成果主義人事制度とは別個のものであるが、賃金を時間よりも成果で規定しようとする点、そのための公正な査定体制が必要である点では同様に考えることができるものと考えられる。

38) 厚生労働省「脳・心臓疾患の認定基準」。詳細については本書第8章参照。

第4章

労働契約法上の労働時間
―労働契約と労働時間〈Ⅰ〉―

淺野　高宏

Ⅰ　はじめに

1　日常用語としての〈労働時間〉の多様性

〈労働時間〉という言葉からはどのようなことが思い浮かぶだろうか。たとえば、出社して勤務先で朝9時から夕方6時まで働く時間のことを思い浮かべるかもしれないし、あるいは、事業場の構内に入門してから退門するまでの時間と考えるかもしれない。場合によっては家から出て通勤電車で業務資料を読み始業時間から終業時間まで働いた後、数時間の残業を経て、帰りの電車でも翌日の準備をして帰宅するまでのトータルの時間を思い浮かべるかもしれない。もしかすると、朝起きたときから仕事のことを考え、寝るまで（場合によっては夢の中でも）仕事のことが頭から離れず、休みの日でも仕事に関係するフレーズを見聞きすると仕事が気になってしまうのでエンドレスに〈労働時間〉が続いていると感じている人もいるかもしれない。人それぞれ働き方は多種多様であるから、労働時間の考え方にもバリエーションがあるだろう。

2　労基法上の〈労働時間〉とは

もっとも、これまで裁判で問題とされてきた〈労働時間〉というのは、労働者が使用者の指揮命令に服して労務を提供している時間であって[1]、使用者の指揮命令下にある時間といえるか否かは客観的に判断される。そして、このような〈労働時間〉については労基法が法定労働時間（労基法32条）を定め、さらに法定外労働時間については割増賃金の支払を命じる（労基法37条）という規

制をしていることから、《労基法上の労働時間》と呼ばれている。

　労基法上の〈労働時間〉に関する最高裁のリーディングケースとして三菱重工業長崎造船所〔更衣時間〕事件（最一小判平成12.3.9民集54巻3号801頁、判時1709号126頁）がある。同判決では、労基法32条の労働時間とは、労働者が使用者の指揮命令下におかれている時間をいい、その労働時間に該当するか否かは、労働者の行為が使用者の指揮命令下におかれているものと評価することができるか否かにより客観的に定まるものであって、労働契約・就業規則・労働協約などの定めのいかんにより決定されるべきものではないと判示されている。

　また、ビルの警備員や住み込みのマンション管理人のような仕事の場合には、実作業に従事していなくとも、必要に応じて業務対応を期待されて待機していなければならないような場合の不活動時間が労基法上の〈労働時間〉にあたるかが争われたものがある。最判は不活動時間であっても労働からの解放が保障されていない場合には労基法上の労働時間に当たり、その時間について労働契約上の役務の提供が義務づけられていると評価される場合には、労働からの解放が保障されているとはいえず、労働者は使用者の指揮命令下に置かれており、当該時間は労基法上の〈労働時間〉に該当するとしている（大星ビル管理事件・最一小判平成14.2.28民集56巻2号361頁、大林ファシリティーズ〔オークビルサービス〕事件・最二小判平成19.10.19民集61巻7号2555頁）。

　したがって、法的には、少なくとも使用者から命じられたわけでもないのに、つい仕事のことを考えてしまう時間は、労基法の規制対象である〈労働時間〉には当たらない。

　もっとも、近時、働き方が多様化している中で、労働者の労務の提供は必ずしも職場という場所的な拘束を伴わず、在宅ワークや終業時刻までは会社で仕事をして、終わらなかった部分はいわゆる持ち帰り残業といった形で処理されるということも多い。こうした場所的拘束を伴わない労働の場合には客観的にみて使用者の指揮命令下にあるといえるかは非常に判断が難しく、労基法上の〈労働時間〉に該当しないとされる場合が多い。しかし、特に持ち帰り残業が恒常化しているような場合には、労働者が自主的に自らのスキルアップのため

に仕事を持ち帰っているのではなく、使用者において労基法の労働時間規制と時間外割増賃金支払義務を免れるために、業務の遂行場所を会社から自宅へ移させたに過ぎないということもできる。こうした事態を放置するならば無制約に持ち帰り残業を命じて、労働者が長時間無償で労務の提供を強いられることになりかねない。したがって、使用者の労働者に対する業務命令が適正になされるようにチェックする法理が求められているといえる。

Ⅱ 労基法上の〈労働時間〉と労働契約法上の〈労働時間〉

1 労働契約法上検討すべき〈労働時間〉とは

　本章で検討しようとしているのは、労働契約法上の〈労働時間〉である。労働契約法上の〈労働時間〉というのは、労働契約法上、特に定義があるわけではない。

　労働者がどのような労働をなすべきかは、労働契約に基づいて、使用者の指揮命令によって具体化する。そして、労働者は使用者の指揮命令に対応する業務や職務をこなしていくためには、労働契約上合意された範囲内において、一定の時間を業務や職務に費やし、その他の時間を私生活上の自由な時間として過ごすことになる。この使用者の指揮命令に対応して労働者が業務や職務の遂行に費やすことが労働契約上義務づけられた時間が労働契約上の〈労働時間〉であり、これが労働契約法上検討を要する〈労働時間〉である。

　そして、労基法上の〈労働時間〉は、一定の場所的・時間的拘束、一定の態度ないし行動上の拘束、一定の労務指揮的立場から行われる支配監督的な拘束、一定の業務の内容ないし遂行方法上の拘束などの拘束要件を具備しているのが通常である[2]。しかし労働契約法上検討を要する〈労働時間〉は必ずしもこのような拘束要件を具備した時間のみを対象とするものではない。たとえば、個別具体的な指揮命令を受けず特段出退勤管理もなされずに広い裁量のもとで業務を遂行する立場にある管理監督者（労基法41条）が業務に従事する時間、労働者が仕事を自宅へ持ち帰って処理する持ち帰り残業（風呂敷残業）時間、医療関係者などが呼び出しがあれば一定の時間内に職場へ急行するという条件のも

とに自宅や事業場外で過ごす時間についても広く検討対象に含まれる。

このように労基法上の〈労働時間〉と労働契約法上検討を要する〈労働時間〉は、問題とする対象が異なっているともいえる。もっとも、労働契約上検討を要する〈労働時間〉も、使用者の指揮命令に対応する時間であるという意味では、労基法上の〈労働時間〉と同一である。また労基法上の〈労働時間〉概念は労働契約法上検討を要する〈労働時間〉を検討する上での基盤となる概念であって、いわば最低基準的意義を有している。そして、後述するようにこれまで裁判例で〈労働時間〉性が問題になったものは、ほとんどが労基法上の〈労働時間〉該当性についてであり、本章でも労働契約法上検討を要する〈労働時間〉の概念は労基法上の〈労働時間〉概念をミニマムの内容として包含している。特に後述の労働時間の適正把握・管理義務とその効果論についての検討は労基法上の〈労働時間〉を前提に論じる。

2　労働契約法上検討すべき〈労働時間〉を考える意義

(1) 労基法上の〈労働時間〉該当性が争われた裁判例　　これまで裁判例において問題とされてきたのは、ほとんどが労基法上の〈労働時間〉該当性であったことは前述したところであるが、具体的には次のような形で争われてきた。

① 手待時間

労基法上の労働時間は、現実に作業をしている時間のみをさすものではなく、使用者の指揮命令下にあり、いつでも作業ができるように待機している時間、すなわち、いわゆる手待時間を含む。たとえば、工場で製品が運ばれてくるのをベルトコンベアの前で待っている時間とか、商店でお客が来ればいつでも応対できるように待っている時間も当然労働時間になる（昭和33.10.11 基収6286号）。勤務時間中に客がいない時などにおいて、適宜休息をとることがあったという事案につき、これはいわゆる手待時間にすぎず労働時間に含まれるとした例として、すし処「杉」事件（大阪地判昭和56.3.24 労経速1091号3頁）がある。

また、観光バスの駐停車などの非走行時間も労働時間に含まれると判断されたものとして大阪淡路交通事件（大阪地判昭和57.3.29 労判386号16頁）などが

ある。

　手待時間に関しては、最近、ビル管理や警備サービス事業等ビルや施設の管理・警備・保全等のために夜間ビル等に、宿泊して途中仮眠して勤務する態様の業務について裁判で争われる事件が多くなっている（前掲・大星ビル管理事件）。

　②　自己啓発研修等の時間

　また、実務的には自己啓発研修等の社員教育は労働時間にならないかも問題となる。労働者が自主的に参加するいわゆる小集団活動が労働時間になるのか否かについて、よく引用されるのが次の行政解釈である。すなわち、法令の規定に基づかない、「使用者が自由意思によって行う労働者の技能水準向上のための技術教育を、所定就業時間外に実施」することが時間外労働となるか否かについて、「労働者が使用者の実施する教育に参加することについて、就業規則上の制裁等の不利益取扱による出席の強制がなく自由参加のものであれば、時間外労働にはならない」（昭和26.1.20基収2875号）とされている。

　ここでいう自由参加かどうかということは、就業規則上の懲戒処分等の不利益のみならず、考課査定によりマイナス評価を受ける、といった場合はもちろん、教育・研修の内容が業務と関連し、これに参加しないと業務遂行に支障が生じる等、事実上参加が強制されているかどうか実質的に判断すべきものであり、出席を明示的に強制していないから、直ちに自由参加となるものではない。

　③　出張時間

　さらに、出張時の列車等交通機関乗車時間が労基法上の〈労働時間〉に該当するかも問題となる。このような時間が労働時間となるのか否かについては、見解が分かれている。労働時間とする裁判例は、労働者が「東京方面で職業開拓の仕事に従事するためには絶対に必要な時間であり、いわば職業開拓の職務に当然附随する職務というべきところ、前記のとおり右出張計画表記載の旅行時間に旅行することについては校長の明示の命令があったのであるから、右旅行時間は日曜日の労働となる」（島根県教組事件・松江地判昭和46.4.10労判127号35頁）としている。

　他方、労働時間ではないとする裁判例は、「出張の際の往復に要する時間は、

労働者が日常の出勤に費やす時間と同一性質であると考えるから、右所要時間は労働時間に算入されず、したがってまた時間外労働の問題は起り得ない」（日本工業検査事件・横浜地川崎支決昭和49.1.26労民集25巻1・2号12頁、京葉産業事件・東京地判平成1.11.20労判551号6頁、横河電機事件・東京地判平成6.9.27労判660号35頁）とする。

なお、行政解釈は、「出張中の休日は、その日に旅行する等の場合であっても、旅行中における物品の監視等別段の指示がある場合の外は休日労働として取り扱わなくても差支えない」（昭和23.3.17基発461号、昭和33.2.13基発90号）としており、原則として、労働時間とはならないと考えている。

しかも、労働者が所定労働時間中に本来の職務を行っている時間は特に〈労働時間〉該当性が問題視されることはなく、もっぱら所定労働時間以外の時間（たとえば、始業前・終業後の更衣時間、事業所の入退場門から更衣所までの移動時間、終業後の洗面、洗身、入浴時間、ビル管理人等の仮眠時間など）の〈労働時間〉該当性が争われ、これに時間外割増手当（労基法37条）が支給されるかが問題とされてきた。[3]

イ　労働契約法上検討すべき〈労働時間〉とは

他方で、前述したように労働契約法上検討すべき〈労働時間〉の問題は、労基法上の〈労働時間〉よりも問題となる場面は広い。というのは、労基法上の〈労働時間〉該当性の問題は、労働者の主張にかかる過去の特定の時間が客観的にみて使用者の指揮命令下にあったといえるかという問題であるのに対して、労働契約法上検討すべき〈労働時間〉というのは、使用者が労働者に対してあらかじめ労働契約で合意されたよりも過重な業務命令を行っていないかをチェックするという点に特徴があるからである。

したがって、労働契約法上検討すべき〈労働時間〉の問題を考えるにあたっては、使用者が労働者に対して命じうる業務命令権の範囲をあらかじめ明確にしておくべきであるという観点から、労働契約の締結、労働条件の変更その他労働者の使用者に対する労働条件確認の場面における労働時間についての説明ないし周知をどうすべきかという点を検討する必要がある。

また労働契約締結後、継続的に労使関係が展開していく中で使用者があらか

じめ労働契約で定められた枠内で業務命令を行っているかをチェックするという点が重要となる。

このチェックにおいては、主に所定労働時間内では到底こなしきれない業務命令をしていないか、あるいは所定時間外の労働や休日労働を命じるとしても、当該時間外労働命令や休日労働命令が労働契約で合意された枠内といえるかということを検討していく必要がある。特に過重な長時間労働（具体的には、労働安全衛生法66条の8で労働者の申出により医師による面接指導が要求される要件に該当する場合または1か月80時間を超える時間外労働が2か月間から6か月間にわたって継続しているような場合[4]）については、時間外・休日労働は労働者の同意がなければなしえないと考えるべきであろう。

そして、労働契約法上の〈労働時間〉については、適正に労働時間を把握・管理する義務が労働契約に付随する義務として生じると考える。さらに適正な労働時間把握・管理義務を怠った場合には、使用者は損害賠償責任を負うことがありうる。また使用者は労働者からの求めに応じて把握した労働時間について労働者に説明する義務を負い、その説明方法は文書によるべきことになる。そして、使用者が適正に労働時間を把握・管理していなかった場合には訴訟上立証責任の面において不利益な判断を甘受しなければならないと考える。

もっとも、前述のように労働契約法上の〈労働時間〉概念をミニマムの内容として包含している。したがって、時にことわらない限りは、以下で論じる「労働時間」とは労基法上の「労働時間」概念と同一である。こうした問題意識のもとに労働契約法における労働時間の位置や具体的な業務命令の制約のあり方、さらに労働契約上の使用者の適正な労働時間把握・管理義務の根拠と内容、効果について検討する。

III 労働契約法における労働時間

1 労働時間概念・業務命令権との関連

前述のように労働契約法でも〈労働時間〉については直接定めてはいないが、労働契約法6条は「労働契約は、労働者が使用者に使用されて労働し、使用者

がこれに対して賃金を支払うことについて、労働者及び使用者が合意することによって成立する。」と規定している。また同法3条1項は、「労働契約は、労働者及び使用者が対等の立場における合意に基づいて締結し、又は変更すべきものとする。」と定めている。そして、労働契約の基本的性格は、労働者が、一定の時間ないし期間を単位として、自らの労働力の処分を使用者に委ねることで賃金を得るということにあり、労働時間は賃金と並んで労働契約における重要な労働条件であるといえる。したがって、労働契約法では、〈労働時間〉が、労働者と使用者が対等の立場に立って決定する労働条件の一内容として位置づけられるということが確認されている（労働基準法2条1項と同様に「労使対等決定の原則」を確認したものである[5]）。

　さらに、労働契約における〈労働時間〉は、労働義務のある時間であり、これは基本的に就業規則等により定められた所定労働時間と一致しており、賃金もこの時間について支払われるのが通常である。そして、労働者は、自己の担当する職務内容と所定労働時間が何時間であるかをもとに仕事量と内容を具体的に想定し、その対価である賃金額等を考慮して労働契約を締結するか否かを決定している。したがって、労働契約における〈労働時間〉概念は、労働者が従事する具体的な職務の遂行のあり方（働き方）を規律する枠の役割（外枠規制）を担うとともに、使用者は労働者に対して具体的な労務提供が労働契約上合意された労働時間の枠内の働き方となるように適正に業務命令を行う必要があるという意味で、使用者が恣意的に業務命令権を行使しないよう規制する機能をもつものといえる。

IV　業務命令権の制約〈総論〉

1　概　説

　では、労働契約上、業務命令権は具体的にどのように制約されるのか。

　電電公社帯広局事件（最一小判昭和61.3.13労判470号6頁）は「労働者は、使用者に対して一定の範囲での労働力の自由な処分を許諾して労働契約を締結するものであるから、その一定の範囲での労働力の処分に関する使用者の指示、

命令としての業務命令に従う義務がある」と判示しているとおり、使用者は労働契約上の合意に基づいて、かつその範囲内で業務命令を発することができる。したがって、労働契約上業務命令の範囲を特定する合意がなされている場合（専門職、時間給のアルバイト、その他職種を限定して採用された場合）には、合意に反する業務命令に従う義務はない。

また判例は、合意の範囲内であっても濫用にわたる場合は、当該業務命令は無効もしくは違法としている（東亜ペイント事件・最二小判昭和61.7.14判時1198号149頁）。もっとも、実際上は、労使間で労働契約上業務命令の範囲について特段の合意をせずに使用者は就業規則により業務命令を発していることが多い。判例も「就業規則が労働者に対し、一定の事項につき使用者の業務命令に服従すべき旨を定めているときは、そのような就業規則の規定内容が合理的なものであるかぎりにおいて当該具体的労働契約の内容をなしているものということができる」（前掲・電電公社帯広局事件）とされ、この合理性は広く認められ、包括的な規定が含まれていても合理的とされている（日立製作所武蔵工場事件・最一小判平成3.11.28民集45巻8号1270頁）[6]。

そして、労働契約法7条本文もこうした判例法理を踏襲して「労働者及び使用者が労働契約を締結する場合において、使用者が合理的な労働条件が定められている就業規則を労働者に周知させていた場合には、労働契約の内容は、その就業規則で定める労働条件によるものとする。」と規定した。

したがって、業務命令権に対する制約を考える上でも、就業規則の規定内容の合理性審査（労働契約法7条本文）が重要な意義を有することになる。

では、就業規則の規定内容が合理性を有する場合とはどのような場合を指すのか。「合理性」の内容を確定するのは極めて困難な問題であるが、就業規則の内容が合理性を有するといえるには、当該規則の規定内容が具体的な就業環境のもとで労働契約を規律する雇用関係についての私法秩序に適した労働条件を定めている場合をいうと考える。すなわち「労働条件を定型的に定めた就業規則は、それが合理的な労働条件を定めているものであるかぎり、経営主体と労働者との間の労働条件は、その就業規則によるという事実たる慣習が成立しているものとして、その法的規範性が認められるに至っているのであり、労基

法は、このような就業規則の内容を合理的なものとするために必要な監督的規制を講じ（89条、90条、91条、92条、106条1項）ているのであるが、就業規則が使用者と労働者との間の労働関係を規律する法的規範性を有するための要件としての、合理的な労働条件を定めていることは、単に、法令又は労働協約に反しない（労基法92条1項）というだけでなく、当該使用者と労働者の置かれた具体的な状況の中で、労働契約を規律する雇用関係についての私法秩序に適合している労働条件を定めていることをいうものと解するのが相当である」（協和出版販売事件・東京高判平成19年10月30日労判963号54頁[7]）という考え方を一般論としては支持したい。そして、この「労働契約を規律する雇用関係についての私法秩序」という概念は、業務命令権の制約根拠として広く機能するものと考えたい。

2 労働契約を規律する雇用関係についての私法秩序

では、労働条件の合理性を基礎付ける「労働契約を規律する雇用関係についての私法秩序」を構成する要素は何か。

（1）労働契約法総則 まず第一に、労働契約法の総則規定が挙げられる。具体的には、労使対等の原則（労働契約法3条1項）、均衡考慮の原則（労働契約法3条2項）、仕事と生活の調和への配慮の原則（労働契約法3条3項）、労働契約内容の明示及び誠実説明の原則（労働契約法4条1項）、労働契約内容の書面確認の原則（労働契約法4条2項）、労働者の安全への配慮の原則（労働契約法5条）がある。そして、これらの原則の具体的な内容は次のとおりである。

① 労使対等の原則（労働契約法3条1項）は、個別の労働者と使用者との間には、現実の力関係の不平等が存在していることを踏まえて、労働契約の締結又は変更にあたり、労働契約の締結当事者である労働者及び使用者の対等の立場における合意によるべきであるという基本原則を確認したものである。労働契約法においては、労働契約が労使の合意により決定変更されるものであることが繰り返し規定されているとおり（労働契約法1条、3条1項、6条、8条）、労働者を保護すべき弱者であると位置づける労働基準法とは異なり、労働者は自立した個人として主体的に労働契約の内容を吟味して自らの労働条件を設定

する存在として位置づけられている。

　私見では、こうした労働者の主体的自己決定を支えるためには、労働契約に関連する重要な情報が労使の間で共有されている必要があると考える。具体的には、労働契約の締結・変更時において労働条件の明示や誠実な説明を受けることはもとより、締結・変更以外の場面においても労働契約関係を取り結んでいく中で、自己の評価結果と評価理由を知り、また使用者が労働契約上の義務に違反していないかを労働者が必要に応じてチェック（情報の開示請求）し、不適正な点があれば労働者が使用者に対して説明と是正を求めるシステムが必要となる。こうした情報の共有なしには個人としての労働者が使用者と対等に労働契約を締結し、変更することは不可能である。したがって、労使対等の原則は、労働者が使用者に対して、労働契約に関して必要な情報の開示と説明を求める権利を支える原則と位置づけることができる。

　②　次に均衡考慮の原則（労働契約法3条2項）は、就業の実態に応じて均衡を考慮して労働契約が締結、変更されるべきであることを規定するものである。これは、性別や組合員か否かといった特定の態様による差別的取扱が禁止されるだけではなく、労働契約上、相当な理由なく労働条件について差別をしないという公平取扱い義務を基礎付ける法原則であるといえる。

　③　また、仕事と生活の調和への配慮の原則（労働契約法3条3項）は、労働契約の内容が私生活との調和のもとに定められるべきことを規定したものである。この仕事と生活の調和へ配慮した労働条件というのは、主に〈労働時間〉について問題となると思われる。

　私見では、現行の法制度のもとでは労働基準法32条の法定労働時間（1日8時間、1週40時間）が仕事と生活の調和に配慮した〈労働時間〉の分水嶺であると考える（労働基準法32条、13条、119条1号、なお、労働契約上所定労働時間を1日7時間と定めた場合には、当該契約当事者は当該所定労働時間を仕事と生活の調和のバランスの取れた時間であるとの理解のもとに合意したと考えることができるので、所定労働時間が分水嶺となる）。そして法定労働時間を超える労働（法定労働時間を下回る所定労働時間が定められた場合には、その時間を超えた労働）が命じられた場合には、仕事と生活への調和への配慮に欠ける可能性のある労働との推定が

働き、当該業務命令に対してより強いチェックが働くと考える。

　④　労働契約内容の明示および誠実説明の原則（労働契約法4条1項）と労働契約内容の書面確認の原則（労働契約法4条2項）は、前述の労使対等の原則を実効化するための中心的な役割を果たす法原則である。労働契約法4条1項は、労働契約の締結前において使用者が提示した労働条件について説明等をする場面や、労働契約が締結又は変更されて継続している間の各場面が広く含まれ、労働契約締結時についての明示義務を課す労働基準法15条1項よりも広く妥当する。

　したがって、募集・採用から退職までの労働契約の全ステージで問題となる労働条件の明示や周知（職業安定法5条の3、労働契約法7条、労働基準法106条、89条）についての総則的な規定であるといえる。そして、具体的に労働契約法4条1項の「労働者の理解を深めるようにする」の意味は、一律に定まるものではないものの、労働契約締結時又は労働契約締結後において就業環境や労働条件が大きく変わる場面において、使用者がそれを説明し又は労働者の求めに応じて誠実に回答することや、特に労働条件等の変更が行われずとも、労働者が就業規則に記載されている労働条件について説明を求めた場合に使用者がその内容を説明すること等を意味する[8]。そして、その明示手段として、労働契約法4条2項は「できる限り書面により確認する」ことを求めている。

　労働契約法4条2項は同1項を受けて規定されているところから、書面による確認の原則は労働契約締結時又は労働契約締結後において就業環境や労働条件が大きく変わる場面はもとより、そうした変更がない場合であっても、労働者が就業規則に記載されている労働条件について説明を求めた場合に使用者がその内容を説明する場面等での説明方法にも妥当するといえよう。

　したがって、労働契約内容の明示および誠実説明の原則と書面確認の原則は適正労働時間管理義務の具体的な内容を考えるに当たり重要な意義を有すると考える。

　⑤　加えて労働者の安全への配慮の原則（労働契約法5条）は、使用者が労働契約上賃金支払義務のみならず、契約上の付随義務として安全配慮義務を負うことを明らかにしたものである。同条は労働者の生命、身体等の安全に対する

配慮義務を定めており、労働者の心身の健康に対する配慮も含まれている（後掲注8）労働契約法の施行について）。そして使用者がとるべき具体的な配慮としては、労働者の職種、労務内容、労務提供場所等の具体的な状況に応じて、必要な配慮をすることが求められる。

（2）　**労働基準法**　　さらに、第二に、「労働契約を規律する雇用関係についての私法秩序」の構成要素には、労基法による規制が挙げられる。労基法は公法上の規制であるが、次のような観点からは私法秩序の構成要素と解釈することも可能と考えている。具体的には、労働時間を例にとるならば、労働基準法は法定労働時間を定めて時間外労働または休日労働について厳格な規制を行い（労基法32条、36条、37条、119条）、時間外労働をあくまで例外として位置づけ、これに反する労働時間が設定された場合には、違反する部分について労働基準法の強行的・直律的効力により労働時間規制を労働契約の内容に及ぼしており（労基法13条）、まさに労基法上の労働時間規制は労働契約内容の最低限を画するものとして（1日の所定労働時間を10時間と定めても、労基法13条の強行性および直律的効力により労働契約上の1日の労働時間は8時間となる）、雇用関係についての私法秩序をなしているといえる。

また、労働基準法36条等の手続を経ずになされた違法な時間外または休日労働についても、使用者は割賃金の支払義務を免れない（労基法37条、24条）。そうすると、賃金全額払いの原則（労働基準法24条1項）や労働基準法37条も労働契約を規律する雇用関係についての私法秩序を構成している。

これに加えて労基法は、公法上の規制としてではあるが、労基法108条において賃金台帳の調整義務を規定している（具体的な記入事項は労働基準法施行規則54条に定めがあり「労働者各人別に、労働日数、労働時間数、時間外労働時間数、休日労働時間数、深夜労働時間数」などを記入しなければならないとされている）。その趣旨は、国の監督機能を実効化することはもとより、労働の実績と支払賃金との関係を明確に記録することによって、使用者のみならず労働者にも労働とその対価である賃金に対する認識を深めさせるところにあり、実際的にも特に賃金を中心とする労働条件を明確ならしめ労務管理の改善に寄与するという機能を果たしている[9]。

また、労基法109条は「その他労働関係に関する重要な書類」について保存義務を課しており、始業・終業時刻など労働時間の記録に関する書類も同条にいう「その他労働関係に関する重要な書類」に該当し、具体的には使用者が自ら始業・終業時刻を記録したもの、タイムカード等の記録、残業命令書及びその報告書並びに労働者が自ら労働時間を記録した報告書などがある（平成13.4.6基発339号参照）。これら賃金台帳及び労働時間の記録に関する書類の保存については労働条件を定めるものではないため、労基法13条の直律的効力は及ばないが、労働者の賃金請求権（時間外手当請求権）の確保及び労基法の労働時間規制の実効性確保のためには、これらの記録の調製及び保存は不可欠であって、労働契約上使用者が労働者に対して負担している義務を誠実に履行するために（労契法3条4項）、講じておくべき措置といえる。

　そして、こうした労基法の諸規定は、労働契約を締結する当事者にとって契約内容を決定・変更するうえで真っ先に検討されるものである。また労使間では労働契約関係が上述のような労働基準法の諸規定に適合した形で維持継続されるように常に意識されているものでもある。

　したがって、これらは労働契約を規律する重要な規範として、公法上のみならず、労働契約締結当事者にとって、契約内容の決定・変更及び解釈の指針として雇用関係についての私法秩序をも構成しているものと考えられる。なお、会社と労働者との間で時間外手当不支給の合意があったという事案において、当該不支給合意は「労働基準法32条、37条の趣旨に照らすと、特段の事情のない限り、上記合意は、公序良俗に反し、無効というべきである。」（オフィステン事件・大阪地判平成19.11.29労判956号16頁）と判示されており、労基法の規定の趣旨が民法90条の公序良俗という私法秩序の一内容をなすことを認めている。

　（3）　小　括　　以上の諸要素は、広く労働契約上の信義則の内容（労働契約法3条4項）をなし、業務命令権の制約原理として機能すると考えられる。

　なお、特に上記第一で挙げた、労働契約法の総則規定の原則が信義則上の「義務」といえるのかについては、文言上「すべきものとする」、「するものとする」といった規定となっており、「しなければならない」とされていないこ

とや内容的にみても未だ確立された法原則とまではいえず、あくまで努力義務に過ぎないという考え方もあろう。しかし、労働契約法は、信義則上の義務であるということが判例上確立された安全配慮義務についてすら「必要な配慮をするものとする。」（労働契約法5条）という文言を使用しており、条文の文言が信義則上の義務と解することの妨げとはならないし、労働契約法に明定されている以上、今後法原則として確立されすべての労働契約にあてはまる共通原理として浸透していくと見るのが自然であるから、労働契約法の総則規定が、労働契約上の信義則の内容を構成すると考えることは合理的な解釈であるといえよう。

V　業務命令権の制約〈各論〉

1　概　説

では、具体的にはどのような形で業務命令権を制約していくことになるのか。

業務命令権の制約を考える上では、労働条件の説明・周知というレベルと実際の業務命令権の行使のレベルに分けて考えるべきであり、さらに後者に関しては、労働時間との関係では業務命令権の行使の場面を大きく三つの場合にわけて考えていく必要がある。業務命令権の行使の場面の三つの場合とは、所定内労働の場合、所定外であるが法定内の労働（いわゆる法内超勤）の場合、所定外であり法定外の労働の場合である。

（1）　労働条件の説明・周知についての業務命令権の制約[10]　　前述のように労働契約内容の明示及び誠実説明の原則（労働契約法4条1項）と労働契約内容の書面確認の原則（労働契約法4条2項）は、労働契約締結時又は労働契約締結後において就業環境や労働条件が大きく変わる場面はもとより、そうした変更がない場合であっても、労働者が就業規則に記載されている労働条件について説明を求めた場合に使用者がその内容を説明する場面等での説明方法にも妥当する。

そして、使用者は、契約締結段階や労働条件の変更の段階では就業規則を労働者に周知しておかなくては、就業規則に基づく業務命令を発令することができない（労契法7条、10条）ことから、労働条件の明示の面では就業規則の周

知は必須といえよう。

　また、契約締結段階（労働契約法 4 条、労基法 15 条 1 項、平成 11.1.29 基発 45 号）や労働条件変更段階（労働契約法 4 条）で、使用者が労働者に対して、就労を命じる範囲を明確にしておく必要があり、労働者は明示された範囲で就労すれば足りる反面、使用者が明示した以上の仕事を自ら行ったとしても、その時間は労働時間とは認められない（ニッコクトラスト事件・東京地判平成 18.11.17 日労経速 1965 号 3 頁は、会社の独身寮に住み込みで管理・調理業務に従事していた労働者が、未払時間外割増賃金等を請求した事案であるが、会社としては雇用契約の当初から実働 8 時間の範囲で職務を行うべきことを指示していたと認定され、労働者の自身の判断で指示された実労働及び業務委託の範囲をはるかに超えて業務に従事した結果、実労働時間が増加しても、時間外労働とは認められないとした）。

　さらに、時間外労働との関係では三六協定も労働者に周知しておく必要がある（労基法 106 条 1 項）。なお、三六協定の存在や同協定の締結当事者である過半数組合の存在について知らなかったことを理由に残業を命じることの法的根拠がないとして争った事案として、英光電設ほか事件（大阪地判平成 19.7.26 労判 953 号 57 頁）がある（結論として、周知性は肯定されている）。

　実務上、三六協定が労働者に周知されていないとか、労働者が事業場の労働者の過半数代表者が誰であるかを知らないといったことはしばしば見受けられるところである。前掲・日立製作所武蔵工場事件最判は、就業規則は合理的なものである限り労働契約の内容となって労働者を拘束するとし、三六協定の内容が合理的であるならば、使用者は労働者に対して時間外労働を命じることができるとしている。そして、三六協定には、時間外または休日の労働をさせる必要のある具体的事由、業務の種類、労働者の数並びに一日および一日を超える一定の期間についての延長することができる時間または労働させることができる休日について、協定しなければならない（労規則 16 条）。[11]

　労働者にとっては、三六協定が時間外労働義務の発生事由と当該義務を負う時間を知る重要な資料となることから、今後は、時間外・休日労働命令の前提として、就業規則のほかに三六協定の周知性要件が具備されているかを厳格に吟味していく必要がある。それと同時に、使用者には労働者からの要求があれ

ば、一定の期間内に労働者が時間外労働義務を負う時間が残り何時間あるのか、また時間外労働命令が三六協定の時間外労働を命じる理由のどの事由に該当するのか等について説明しなければならない。そして、こうした説明は労働者が要求する限り文書で明示して行う必要があると考える。

2　業務命令権の行使段階での制約

（1）　所定内労働　　まず所定内労働の場合は、基本的に、使用者に広範な裁量があるため、業務命令権の行使についての制約の余地は乏しい。もっとも、所定労働時間内では到底こなしきれない業務命令を出すことは、所定労働時間内しか労働しないという合意をしている場合には、労働契約の枠内を超えるものであって、業務命令権の濫用的行使となる。ただし、実際上、所定内労働については、特段の事情（たとえば、極端な例でいうと、一般事務の仕事をするということで採用されたものが、経理、総務、営業、人事のすべての仕事を掛け持ちするよう命じられた場合のようにおよそひとりの人間がこなせる業務量ではないことが一見して明白である場合）がない限り、業務命令が出された段階で、命じられた業務が所定労働時間内では到底こなしきれない仕事であるかを判定することは極めて困難である。したがって、労働契約の一身専属性（ここでは請負や委任の場合のように、請負人や受任者の裁量で下請に出したり復代理人を選任して業務負荷の分散を図ることが許されず、当該契約当事者たる労働者が命じられた仕事を自身でこなさなければならないということを指す）に照らして、使用者が到底こなしきれない業務を命じている場合でなければ、使用者の判断が尊重される。労働者のスキルアップや多様な職務経験を積ませるといった教育的観点からルーティン業務以外に量的質的にみて従前よりも高度な仕事を任せるということは労働契約上も予定されていることであるといえよう。したがって、現実には、所定内労働に関する業務命令が濫用として無効となる場合というのはあまりないであろう。

むしろ、所定労働時間内では到底こなしきれない業務命令が出された場合には、その業務に費やした時間が労基法上の〈労働時間〉に該当して時間外手当の支払を受けるということで処理されることが多いと考える。たとえば、千里山生活協同組合事件（大阪地判平成11.5.31判タ1040号147頁）では、「被告は、

原告ら主張の労働実態があるとしても、原告らが任意に早出・残業をしていたのであるから時間外手当を請求する根拠とならないと主張する。しかし、前記認定のとおり、原告らの業務のうち、第一支所の物流業務、豊川倉庫における物流業務、各支所における共同購入運営部門の配達業務については、被告の指示による予定されていた業務量が就業時間内にこなすことができないほどのものであり、そのために右各業務を担当した原告らが時間外労働に従事せざるを得ない状況にあったのであるから、原告らが従事した時間外労働は、前記説示において除外したものを除き、いずれも少なくとも被告の黙示の業務命令によるものであるというべきであ」るとされている。同じく、かんでんエンジニアリング事件（大阪地判平成 16.10.22 労経速 1896 号 3 頁）でも、会社では時間外労働は従業員の申告によるとの方法を採用して、上限時間の目標を組合との間で設定して申告を抑制し、かつ所定労働時間内に終えることができないような業務を与えていたという事実関係のもとでは、所定の手続をとっていなかったことをもって、時間外労働時間ではなかったとすべきでないとしている。

このように、事後的に、使用者において時間外労働と認めていなかった仕事が労基法上の〈労働時間〉に該当するとされることで、間接的ではあるが所定内労働に対する業務命令についての一定の制約が働くといえる。

（2）　**法内超勤**　　所定外労働であるが法定内労働時間内におさまっている場合には、所定外の労働を命じられる点では、当該業務命令権の行使について労働契約上の根拠が必要とされる。もっとも、法定時間内労働であるため、労基法上の免罰のための要件である三六協定は不要であり、就業規則等に当該時間帯に労働させることがあるということが明記されていれば、業務上の必要性がある限り使用者は労働者に対して当該所定外労働を命じることが可能である。ただし、特に、労働契約上、所定労働時間を法定労働時間よりも少なく合意していることから、業務命令の濫用性判断において、かかる合意の趣旨を斟酌して業務命令そのものが濫用となる場合も生じる。たとえば、就業規則において所定労働時間を 7 時間 30 分と定め、通常の業務はその時間内におさまるところ、日によっては始業終業時刻の前後 15 分程度が作業準備ないし後片づけのための時間が必要不可欠であるという場合には 30 分間の所定時間外労働を命

じることは、事前にこのような事態がありうることを十分説明している限り、労働者にとっても予見可能で日常的な労務提供の過程でかかる事態がありうることも許容していると考えられるため特段問題はない。しかし、子供の保育所への迎え、あるいは親の介護といった事情があり、所定労働時間を7時間として終業時刻が午後5時でなければ生活上の支障が出るという場合に、あえて所定労働時間を法定労働時間より少なくしたような場合には、所定労働時間を超える業務命令を受けないか、受けるとしても極めて例外的な場合に限定されることが労働契約の内容になっていると思われる。このようなケースでは、労働者の同意があるか、業務上の必要性が極めて高く（現実的な緊急の必要性の存在）、労働者の受ける不利益についての一定の代償措置を講じなければ時間外労働を命じることができないと考える。要するに、労働契約当事者、特に労働者において、あらかじめ当該時間外労働を具体的に予見し許容しているかにより結論が異なると考える。

（3） **法定外の時間外労働**　　法定外の時間外労働については、前掲・日立武蔵工場事件最判を前提とする限り、三六協定を有効に締結して就業規則上時間外労働を命じる旨の規定がある場合には、労働者の同意なくして時間外労働を命じうることになり、そのように考えるのがこれまでの実務の取扱である。

しかし、私見では、労働契約法上、特に安全配慮義務が規定され、労災認定や労災民訴においても、過度な長時間労働が労働者の健康を害し、ひいては過労死、過労自殺を引き起こすということが法的レベルでも確認されている中では、形式的要件さえ満たせば、いわば無制限無定量といっても過言ではないような時間外・休日労働を命じられるということにはならないはずである。したがって、使用者の労働者に対する安全配慮、仕事と私生活の調和の観点から、後述するような一定の場合には、労働者の個別同意なくして時間外・休日労働を命じることはできないと考える。

そして、上記程度に至らない法定外の時間外・休日労働命令については、就業規則および三六協定の周知義務の履行（実務上ルーズに行われていることが多い）の有無や三六協定の過半数代表者が民主的手続きによって選任されているかということを厳格に判断する（トーコロ事件・最二小判平成13.6.22労判808号

11頁）ことで一定のチェックを及ぼしていくことになる。

3　効果論（法定外の時間外労働を中心に）

　上述の諸要素は、使用者に課せられた信義則上の義務であり、使用者は業務命令がかかる信義則上の義務に反することのないように注意すべき義務があり、これに違反する場合には、業務命令の根拠である契約上の合意に反するか、又は当該業務命令の根拠である就業規則の規定がその限度で合理性を失うことになり、労働者は当該業務命令に従う義務を免れる。

　その効果として、当該業務命令に従わなかったことによる不利益な査定や処分が無効となる。たとえば、労働安全衛生法の医師の面接指導を必要とする場合（労働安全衛生法66条の8、労働安全衛生規則52条の2：休憩時間を除き1週間当たり40時間を超えて労働させた場合におけるその超えた時間が1か月当たり100時間を超え、かつ、疲労の蓄積が認められる者）や労災における過労死認定基準に該当するような長時間労働を命じられた場合には、当該業務命令は労働者の安全への配慮を欠き、仕事と生活の調和を全く無視するものであって、労働者は当該業務命令に従う義務はなく、所定労働時間を超える限度で自らの健康確保等を優先して労務提供を拒否することができ、それによって不利益な査定や処分を受けない、といったことが考えられる。

　また、信義則違反により損害が発生した場合には、債務不履行（民法415条）または不法行為（民法709条）に基づき損害賠償を請求する余地が生じる。この損害賠償に関しては、労働者の健康配慮を欠いた業務命令に対する慰謝料請求という場合と使用者が適正な労働時間を把握・管理を怠ったために労働者が本来受領できたはずの賃金請求権を一部または全部失ったことによる損害賠償請求という場合が考えられる。

　前者のケースとしては、やや特殊な事案ではあるが、京都市の小中学校の教職員が国立及び公立の義務教育諸学校等の教育職員の給与等に関する特別措置法（以下「給特法」、現「公立の義務教育諸学校等の教育職員の給与等に関する特別措置法」）およびこれに基づく条例による例外的な時間外勤務以外に、違法な黙示の職務命令による職務従事があったとして安全配慮義務違反による損害賠償

等を求めた事案において、裁判所は、公立学校設置者には教育職員に対する安全配慮義務があるところ、割増賃金との関係で正確な時間管理義務があるとすることはできないが、「教育委員会や校長を通じて教育職員の健康の保持、確保の観点から労働時間を管理し、同管理の中でその勤務内容、態様が生命や健康を害するような状態であることを認識、予見した場合、またはそれを認識、予見でき得たような場合にはその事務の分配等を適正にする等して当該教育職員の勤務により健康を害しないよう配慮（管理）すべき義務（以下「本件勤務管理義務」という。）を負っているのが相当であり、教育職員が従事した職務の内容、勤務の実情等に照らして、週休日の振替等の配慮がなされず、時間外勤務が常態化していたとみられる場合は、本件勤務管理義務を尽くしていないものとして、国家賠償法上の責任が生じる余地があるとし、原告のうち1名について同義務違反を理由に健康ないしその保全を保護法益として慰謝料50万円と弁護士費用5万円の賠償を認めたものがある（京都市〔教員・勤怠管理義務違反〕事件・京都地判平成20.4.23労判961号13頁）。

他方、使用者の適正な労働時間の把握・管理義務違反との関係で、労働者が本来受領できたはずの賃金を喪失した場合には、不法行為に基づく損害賠償請求を認め、不法行為の消滅時効にかかるまで（過去3年分）の時間外手当相当損害金の請求を肯定したものがある（杉本商事事件・広島高判平成19.9.4判時2004号151頁）。また、会社が出退勤管理をしておらず時間外労働に対して割増賃金を支払っていなかったという事情のもとで、労働者に対して長時間の残業を余儀なくさせていたにもかかわらず、従業員の出退勤の把握をしようとせず、1年半もの長期間にわたり時間外割増賃金を一切支払わなかったのであって、これは債務不履行にとどまらず不法行為を構成するとし50万円の慰謝料を認めたものもある（東久事件・大阪地判平成10.12.25労経速1702号6頁）。

また、損害賠償以外の効果としては労使対等の原則は、労使の個別合意による労働契約内容の設定・変更を主旨とする労働契約法において、最も重視されるべき原則ということができるから、使用者は労使対等の原則を支える基盤を整備するため、一定の措置をとるべきことが信義則上要求されていると考える。これは特に労働者が使用者に対して、自らの労働条件について説明を求め、労

働契約上の権利を行使しようとする場合の体制整備の問題である。

Ⅵ 請求権としての雇用関係文書へのアクセス権

　労働者には、労働契約上の権利を円滑に行使するために、自己の労働条件（ここでは実際に労務に服した労働時間数）を正確かつ迅速に知る権利（情報の開示と検証資料の交付を求める権利）があり、使用者はこれに対応する制度を整えるべき義務があると考える。前掲・杉本商事事件では、使用者は、管理職者を通じて労働者の勤務時間を把握し、時間外勤務については労働基準法所定の割増賃金請求手続を行わせる義務があり、さらに労働者の出退勤時刻を把握する手段を整備して時間外勤務の有無を現場管理者が確認できるようにするとともに、時間外勤務がある場合には、その請求が円滑に行われるような制度を整える義務があると判示しているが、私見としては、その具体的な制度の内容として文書による労働時間把握・管理があると考えており、労働者からの求めがあれば使用者は直ちに文書にて把握した労働時間数等を労働者に説明する義務がある。労働者が時間外・休日労働命令を受ける前段階において使用者に対して一定のチェックを行うことを可能とする点で労働者の使用者に対する雇用関係文書へのアクセス権を検討することは重要である。

1）　学説では、使用者の明示または黙示の指示によりその業務に従事すれば労働時間たりうるとして、「業務性」を補充的な判断基準として位置づける説（菅野和夫『労働法〔第8版〕』（弘文堂、2008年）265頁）や、使用者の関与（外部的規定要因）と行為の職務性（内部的規定要因）の相互補充的な二要件によるとする説もある（荒木尚志『労働時間の法的構造』（有斐閣、1991年）258頁以下）。
2）　安西愈『新しい労使関係のための労働時間・休日・休暇の法律実務〔全訂五版〕』（中央経済社、2005年）66頁参照。
3）　たとえば、更衣時間等の労働時間該当性が争われた事案としては、更衣時間等は労働者の方で債務の本旨（民法415条）に従った履行として作業に適した服装で労務を提供する義務があるので、本来は労働者側のものであり、自由任意に行う作業服への着替え等は労働時間にならない（日野自動車工業事件・最一小判昭和59.10.18労判458号4頁）。しかし、それが①本来の業務や作業にとって必要不可欠な準備または後始末の時間であり、かつ②使用者の直接の支配拘束下に行わなければならない義務拘束のもの、

ならば使用者の指揮命令下に入ったものとして労働時間になる（本文登場の三菱重工長崎造船所〔更衣時間〕事件）。
4） 厚生労働省・平成 13.12.12 基発 1063 号「脳血管疾患及び虚血性心疾患等（負傷に起因するものを除く。）の認定基準について」
5） 平成 20.1.23 基発第 0123004 号「労働契約法の施行について」
6） 時間外・休日労働の命令権

　三六協定の締結・届出がある場合において協定に定める範囲内の時間外・休日労働が適法となり、労基法に違反しないことはいうまでもないが、それでは、三六協定があれば、使用者に時間外労働命令権限が当然に認められるのかというと、かつて裁判例の考え方は大きく二つに分かれていた。一つの考え方は①三六協定によって、個々の労働者に時間外・休日労働義務は発生するものではなく、時間外・休日労働については、個々の労働者の個別具体的な同意が必要であるとする見解（明治乳業事件・東京地判昭和 44.5.31 労民集 20 巻 3 号 477 頁、七十七銀行事件・仙台地判昭和 45.5.29 労民集 21 巻 3 号 689 頁など）であり、他方の考え方は②三六協定のみでは時間外・休日労働義務は発生しないが、個々の同意は不要であり、就業規則や労働協約に時間外・休日労働義務が明記されていればよいとする見解（日本鋼管事件・横浜地川崎支判昭和 45.12.28 労民集 21 巻 6 号 1762 頁、日立製作所武蔵工場事件・東京高判昭和 61.3.27 民集 45 巻 8 号 1395 頁など）であった。

　この点について最高裁は、民間企業に関するものではなく現業国家公務員の時間外労働命令拒否についてであるが、命令権ありとして拒否者に対する戒告処分を有効としていたが（静内郵便局事件・最三小判昭和 59.3.27 労判 430 号 69 頁）、その後、さらに最高裁は三六協定を「所轄労働基準監督署長に届け出た場合に於て、使用者が当該事業場に適用される就業規則に当該三六協定の範囲内で一定の業務上の事由があれば労働契約に定める労働時間を延長して労働者を労働させることができる旨定めているときは、当該就業規則の規定の内容が合理的なものである限り、それが具体的労働契約の内容をなすから、右就業規則の規定の適用を受ける労働者は、その定めるところに従い、労働契約に定める時間を超えて労働する義務を負う」（日立製作所武蔵工場事件・最一小判平成 3.11.28 民集 45 巻 8 号 1270 頁）と判示し、前記②の見解に立つことを明らかにした。

　もっとも、本章における業務命令権に対する制約法理を考える場合、日立製作所武蔵工場最判のように包括的抽象的な就業規則の規定で、使用者は労働者に対して時間外・休日労働を命じることができると考えることに疑問を呈さざるを得ない。同最判の枠組みによるなら、使用者は労働者に対して労基法 37 条を満たす時間外・休日労働手当を支払う限りいわば無制限無定量（もっとも三六協定の特別延長による制約はありうるが実務上時間外・休日労働の歯止めとしての効果は大きくない）の時間外・休日労働を課すことも可能となる。しかし、これでは労働契約法が労働契約を締結する前提として労働条件や労働契約内容を明確化して、労使が対等な立場で労働契約の内容を決定するとともに、ワーク・ライフ・バランスに配慮しつつ締結または変更すべきものと定めていることを無意味ならしめるといえよう。労働契約法の総則規定の趣旨を踏まえた時間外・休日労働命令の有効要件についての法理の再構築が必要とされている。

7) これは高年齢者雇用安定法の改正に対応するため、嘱託社員としての定年延長を行うとともに新給与規定を定めて、定年直前の段階での賃金よりも低額の賃金を設定したことの効力が争われた事案である。
 8) 平成20.1.23基発第0123004号「労働契約法の施行について」
 9) 厚生労働省労働基準局編『改訂新版労働基準法コンメンタール〈上〉』(労務行政、2006年) 983頁以下。
10) 道幸哲也『成果主義時代のワークルール』(旬報社、2005年) 72頁以下。
11) 三六協定の時間外または休日の労働をさせる必要のある具体的事由というのは実際上定型文言であり、かなり抽象的・包括的な記載となっている。前掲・日立製作所武蔵工場事件でも「①納期に完納しない重大な支障を起こすおそれのある場合、⑤生産目標達成のため必要ある場合、⑥業務の内容によりやむを得ない場合、⑦その他前各号に準ずる理由のある場合は、実働時間を延長することがある。」といった規定でも合理性ありとしている。
12) 「陸上自衛隊八戸車両整備工場事件(最三小判昭和50.2.25民集29巻2号143頁)参照」と判示されている。

第5章

文書による労働時間管理義務
―労働契約と労働時間〈Ⅱ〉―

淺野　高宏

Ⅰ　はじめに

1　労働時間の適正管理の要請

　本章では、労働契約に基づく労働時間管理上の文書作成義務の根拠および効果について検討する。

　労働契約に基づく労働時間管理上の文書作成義務は、概ね次の三つの要請に基づく義務であるといえる。具体的には、①労働者の健康と安全の確保（長時間・過密労働からの保護）、②賃金請求権の確保（時間外手当請求権の確保）、③ワーク・ライフ・バランスの観点である。これらの観点は労働契約法5条（安全配慮義務）、労働契約の本旨を定める2条、6条（使用者の労働者に対する労働契約上の本質的債務が賃金支払義務であることを規定）、3条3項（仕事と生活の調和の原則）にもあらわれている。

　労働契約に基づく労働時間管理上の文書作成義務と上記三つの要請の具体的関係であるが、労働契約上の労働時間を把握・管理義務との関係では、上記①および②が直接的な根拠となり、その中でも文書作成義務との関係では、労働契約上労働者にとって最も基本的かつ重要な労働条件である賃金請求権確保（②）が直接的かつ重要な根拠といえる。そして③は一般的抽象的な要請といえる。すなわち、上記①労働者の健康と安全確保は、長時間・過密労働が労働者の健康を破壊し過労死、過労自殺、その他の心身の疾患を引き起こしていることはよく知られているところである。そして、労働安全衛生法は月の時間外

労働時間が100時間を超える場合には、使用者は労働者の申請により、当該労働者に医師の面接指導を受けさせる義務がある（労働安全衛生法66条の8、労働安全衛生規則52条の2、52条の3）。こうした労働者のための医師の面接指導の要請に使用者が迅速に対応できるようにするためにも労働者の労働時間を把握・管理すべきことが求められており、これは使用者の安全配慮義務の一内容をなしていると考えられる。

また、上記②の賃金請求権の確保の観点からは、前述のように賃金請求権は労働契約上労働者にとっても最も重要な権利といっても過言ではない。そして所定労働時間に対応する賃金については特段、労働時間の把握・管理を要せずとも賃金請求権を確保できるのに対して、時間外手当については実際に行われた時間外労働時間数がわからなければ時間外手当請求権を確保することはできない。杉本商事事件判決（広島高判平成19.9.4判時2004号151頁）は、使用者は、管理職者を通じて労働者の勤務時間を把握し、時間外勤務については労働基準法所定の割増賃金請求手続を行わせる義務があり、さらに労働者の出退勤時刻を把握する手段を整備して時間外勤務の有無を現場管理者が確認できるようにするとともに、時間外勤務がある場合には、その請求が円滑に行われるような制度を整える義務があると述べている。同判示は不法行為法上の注意義務に関するものとはいえ、まさに正鵠を射たものである。したがって、この賃金請求権確保の観点から労働時間の管理把握を文書によって行うべき義務が導かれると考える。

そして、生活と仕事の調和を確保するには、使用者が適切に労働時間を管理・把握すべきことが求められるのであり、ワーク・ライフ・バランスの観点は適正な使用者の労働時間管理・把握義務を導き出す一般的要請と位置づけることができる。

そして、こうした労働時間管理・把握を文書により行う必要があるという点については、労働者の健康確保及び労働者の賃金請求権の確保の重要性ならびに労働契約内容の明示及び誠実説明の原則と書面確認の原則に照らして、労働者からの権利行使に適切かつ迅速に対応するには労働時間管理義務の具体的な手段は文書によるべきという結論が導かれ、労働者はいつでも労働時間を記録

した文書の開示と説明を求めることができると考える。

2 労働時間管理における文書とは

本稿で検討の対象としている「文書化」とは、処分証書（例えば雇用契約書）の文書化ではなく報告証書の文書化であり、また「労働時間管理」とは主に時間外労働を念頭においた労働時間管理を問題としている。したがって、本稿で具体的に想定されている文書作成義務とは労働時間把握のためのタイムカード等の文書作成義務を意味する。さらに、本稿では、専ら時間外手当請求権の確保の観点からの労働時間適正管理を問題とするため、以下のものは検討対象から除外している。具体的には、管理監督者（労働基準法41条3号）、事業場外労働（労働基準法38条の2）、裁量労働（労働基準法38条の3、同38条の4）、職務内容が専門的であり、賃金が高額で、自らの判断で営業活動や行動計画を決め、特に勤務時間管理がされていない労働者（モルガンスタンレー・ジャパン〔超過勤務手当〕事件〔東京地判平成17.10.19判時1919号165頁〕）である。

II 労働時間管理方法と労働時間算定についての裁判例

1 タイムカード、メモ等による労働時間の立証について

労働時間管理方法としての文書は、訴訟の場面において時間外手当請求訴訟における労働時間算定の証拠方法として、その有無及び信用性が問題となっている。具体的に裁判例を概観していくと、タイムカード、あるいは労働者が作成したメモ等により労働時間を算定できるかという形で争われている。

まずタイムカードについてみると、これが労働者の労働時間管理の手段として用いられ、かつ、現実が全くタイムカード等の記載と異なるという立証がない限り、タイムカードに記載された時間数を基準にすべきとの結論であるように思われる。

タイムカードが労働時間管理の手段として用いられておらず、労働時間を正確に反映していないとして、これに基づく労働時間を認定しなかったものに、三好屋商店事件（東京地判昭和63.5.27労判519号59頁）、北陽電機事件（大阪地

判平成1.4.20労判539号44頁）、三栄珈琲事件（大阪地判平成3.2.26労判586号80頁）、武谷病院事件（東京地判平成7.12.26労判689号26頁）、共同輸送〔割増賃金〕事件（大阪地判平成9.12.24労判730号14頁）、桐和会事件（東京地判平成12.5.29労判795号85頁）がある。

他方、タイムカードにより労働時間を算定すべきとした裁判例としては、とみた建設事件（名古屋地判平成3.4.22労判589号30頁）、京都福田事件（京都地判昭和62.10.1労判506号81頁、大阪高判平成1.2.21労判538号63頁）、三晃印刷事件（東京地判平成9.3.13労判714号21頁、東京高判平成10.9.16労判749号22頁）、千里山生活協同組合事件（大阪地判平成11.5.31判タ1040号147頁）、日本コンベンションサービス〔割増賃金請求〕事件（大阪地判平成8.12.25労判712号32頁、大阪高判平成12.6.30労判792号103頁）、ファーシール三幸事件（大阪地判平成12.4.14労判798号86頁）、松山石油事件（大阪地判平成13.10.19労判820号15頁）、ジャパンネットワークサービス事件（東京地判平成14.11.11労判843号27頁）、エヌズ事件（大阪地判平成15.7.4労判856号89頁）がある。

さらに、労働者作成のメモ、手帳については一般的には客観性に乏しく労働時間算定資料として信用性が劣ると考えられる（国民金融公庫事件・東京地判平成7.9.25労判683号30頁、ボヘミアン事件・大阪地判平成9.1.31労判730号90頁、PE＆HR事件・東京地判平成18.11.10労判931号65頁）。加えて、労働者の妻が作成したノートの記載も、夫である労働者が退社した時刻の確定資料としては正確性を欠くとされている（ゴムノイナキ事件・大阪地判平成17.3.10労判933号82頁、大阪高判平成17.12.1労判933号69頁）。

そして、タイムカードのような労働時間を算定するための適当な資料が存在しない場合の取扱としては、労働時間を特定できないとして労働者の請求を棄却するものと、会社における労働実態を検討して、労働実態を推認させる書証を用いて一定の労働時間を認定するものがある。たとえば、かんでんエンジニアリング事件（大阪地判平成16.10.22労経速1896号3頁）でも、会社は労働者に対して所定労働時間内に終えることのできない業務を与えかつ時間外労働の申告を抑制してきていたとして、所定の手続をとっていなかったからといって労働時間であることを否定すべきでなく、労働者が作業日報作成のために書いて

いたダイアリーの内容から算出される時間外労働時間に基づく割増賃金と実際に支払ったそれとの差額を支払う義務があるとしている。

　主張立証責任の観点からするならば、労働者の請求棄却との結論が導かれるというのが論理的ともいえるが、「そもそも正確な労働時間数が不明であるのは、出退勤を管理していなかった被告会社の責任であるともいえるのであるから、正確な残業時間が不明であるからといって原告の時間外割増賃金の請求を棄却するのは相当ではない。」(東久事件・大阪地判平成10.12.25労経速1702号6頁)、「タイムカードを管理し、かつ、第一審原告Xらにタイムカードを打刻しなくてもよいとの扱いにしたのは第一審被告である。にもかかわらず、時間外労働がなされたことが確実であるのにタイムカードがなく、その正確な時間を把握できないという理由のみから、全面的に割増賃金を否定するのは不公平である。」(前掲・日本コンベンションサービス事件)、また「タイムカード等による出退勤管理をしていなかったのは、専らY社の責任によるものであって、これをもってXに不利益に扱うべきではないし……残業している従業員が存在することを把握しながら、これを放置していたことがうかがわれることなどからすると、具体的な終業時刻や従事した勤務の内容が明らかでないことをもって、時間外労働の立証が全くされていないとして扱うのは相当ではないというべきである。」として、タイムカード等の労働時間算定のための的確な証拠が存在しない場合にもある程度概括的に時間外労働時間を推認する裁判例も存在する(前掲・ゴムノイナキ事件)。加えて、平成13年以降の裁判例には、使用者にはタイムカード等の客観的記録により労働時間を把握すべき義務があると明確に述べるものがあり、「労働時間の適正な把握のために使用者が講ずべき措置に関する基準」(平成13.4.6基発第339号、いわゆる四・六通達)の存在が大きく影響しているものと考えられる(技研製作所事件・東京地判平成15.5.19労判852号86頁)。

2　労働時間の割合的認定について

　労働時間の認定について、サイボウズ(Cybozu)というグループウェア(コンピューターを用いた情報共有システム)により従業員の出退勤時刻の管理を行っ

ていた会社に対して労働者が退職後未払賃金等を請求した事案においてサイボウズに入力され記録された出退勤時刻は、会社においても目を通していたことが推認されることから、労働者の出退勤時刻を正確に反映したものであるとした上で、次のように判示したものがある。「出勤時刻から退勤時刻までの間のすべてを労働時間と認めてよいかについては疑問が残る。本来、時間外勤務については、当該時間ごとにどのような勤務をしたかについて原告が個別に主張立証すべきものであるところ、本件ではそれはなく、他方、出退勤時刻については明確になっており、出勤後退勤までの間は、基本的に労働していると認めるべきであることからすれば、少なくともそのうちの8割については実労働時間」とみるべきであるとした（ネットブレーン事件・東京地判平成18.12.8労判941号77頁）。

　また、時間外労働時間の算出資料であるワーキングフォーム（出退勤表）の記載の信用性が問題となった事案では、労働者のワーキングフォームの記載は、その作成経緯から考えても、他の証拠との関係から見ても、その記載をそのまま採用することはできないが、全くのでたらめということはできず、一応、労働者の記憶に基づき記載されているもので、時間外労働の算定の資料とすることは可能であるとした。その上で労働者がワーキングフォームへの記載がときには一定期間をまとめて記載していたこと、その際は特にメモなどによらず、記憶によって記載していたこと、他の証拠から認められる事実と明らかな齟齬もあるが、全体として、自分の業務実態を記憶して、これに基づき再現しようとしたものといえることから、ワーキングフォームの記載から求められる時間外労働のうち、約3分の2程度の時間外労働を認めるのが相当であるとした（オフィステン事件・大阪地判平成19.11.29労判956号16頁）。

　訴訟において労働時間算定資料が作成経緯や運用状況、記載内容から時間外労働の算定のための証拠として一応信用できるものであることを前提とした上で、個々のどの労働日のどの労働時間の信用性が低いかという判断ではなく、全体として8割の限度で時間外労働の存在を認定できるとか、約3分の2程度の時間外労働の存在を認定できるという判断は、従前の主張立証責任及び事実認定の基本原則から考えるとイレギュラーなものであることは否めない[1]。すな

わち、前掲・ネットブレーン事件判決が指摘しているとおり「本来、時間外勤務については、当該時間ごとにどのような勤務をしたかについて原告が個別に主張立証すべきものである」のであって、それがなければ請求は棄却されるのが原則だからである。

しかし、労働者側からみれば、日々の労務提供の過程において、出退勤時刻を記入あるいは記録する以外に、別途自己が従事していた業務内容とそれに要した時間を記録しているということは、特段の事情（たとえば業務日報に時間と仕事内容の記録をすることとされているとか、あらかじめ裁判を見込んで記録作りをしていたような場合）がない限り、あり得ないのではないだろうか。他方、使用者側からみても、時間外労働の存在を推認させる資料が存在する場合に、そのうちの特定の時間帯に労働者が業務以外のことをしていたことを立証することは極めて困難であり、労働時間の把握・管理に関して、普段から厳密に指揮命令下で労務に従事した時間とそうでない時間とを区分けして労務管理を行うことまで求めることは非現実的といえる。そして時間外労働の存在を推認させる資料がいくつかの部分で他の証拠と矛盾して正確な時間外労働時間を反映していないにもかかわらず、労働者の主張どおり時間外労働の存在を認定されてしまうことは、使用者側にとっては前述した主張立証責任の原則に照らしても承伏しがたいところと思われる。

そうすると、継続的契約である労働契約の特殊性を考慮すると、上述のような割合的な認定は結論としては納得性が高いようにも思われ、特に労働審判手続のような判定機能を有しつつも基本的には調整的解決を図る手続の場合には大いに利用されるべきではなかろうか。

通常の訴訟において、上述のような割合的な認定の法的根拠を見いだすのは難しいが、継続的契約関係である労使関係の特殊性からくる事実認定の困難性に鑑み、労働の存在を一応推認させるだけの証明力のある証拠（労働時間算定資料）が存在する場合に、さらに当該資料の作成経緯や目的（実労働時間管理の資料として作成されたものか、単に出退勤管理の資料なのか）、記録状況や運用状況、賃金計算において労働時間管理資料として用いられてきたか否か、使用者において当該資料の存在及び内容を認識していたか、その他の証拠との整合性など

に鑑みて信用性の程度を検討し、たとえば出退勤時刻を記録した証拠のような場合には、そこに記載された出退勤時刻の開始から終わりまで間断なく労務の提供がなされるということは特段の事情のない限り、経験則上あり得ず、指揮命令下の労務提供とはいえない時間帯が日々一定程度含まれているとみて、当該労働時間算定資料によって算定された時間外労働時間の一定割合についてのみ認容することも許されると考えるべきである。なお、フォーシーズンズプレス事件（東京地判平成20・5・27労判962号86頁）は、使用者がタイムカードによる労働時間管理を怠っていた事案であるが、労働者が時間外労働をしていた事実自体は認められること、本来、労働時間の管理責任は使用者にあり、立証不十分の責任をすべて労働者に帰すのは相当でないことから、労働者が提出した労働時間算定資料が十分使用できないとしても民事訴訟法248条の精神に鑑み、割合的に時間外手当を認容することも許されるとして労働者が請求した時間外手当額の6割を認容した。

Ⅲ 労働契約に基づく労働時間管理上の文書作成義務

1 使用者の文書による労働時間把握・管理義務の根拠

　それでは、使用者は労働契約に基づく労働時間管理上の文書作成義務を負うといえるのか。労基法上、使用者が労働時間を把握する義務があることについては、あまり問題はないと考えるが、私法上もかかる義務を負うといえるのかについては、これまで問題とされてこなかった。私は以下の根拠に基づき使用者の文書による労働時間把握・管理義務は私法上の義務であると考える。

（1）文書による労働時間把握・管理義務が労働契約上の義務であること　まず前提として、労働時間把握義務が適正に履行されるべきことは労働契約に内在する義務であると考える。なぜなら、使用者が適正に労働時間を把握することは、労働者の賃金請求権という労働契約の本質的権利を確保する上で不可欠といえるからである。そして、労働時間把握義務を適正に履行するためには、使用者において労働時間を正確に把握記録し労働者からの賃金請求に対して迅速に対応できる必要があるし、使用者において把握した労働時間数を労働者の側

でも検証可能なように記録化しておく必要がある。そのためには、使用者は、労働契約上、文書により労働時間を把握・管理する義務があると考えるべきである。ただし、契約上の義務としての位置づけは附随義務にとどまると考える。

（2） 労働基準法上文書による管理義務が予定されていること　労働基準法上の諸規定が、労働契約を規律する雇用関係についての私法秩序を構成し、労基法13条の直立的効力と信義則を媒介として労働契約上の義務となることは前述した。

そして、労働基準法は以下のような諸規定を設けて、使用者の労働時間把握義務を定めており、把握した労働時間数を文書により記録すべきことを予定しているといえる。すなわち、労働基準法は①賃金全額支払いの原則（同法24条1項）をとり、②法定労働時間を定めて時間外労働又は休日労働についての厳格な規制を行って、時間外労働をあくまで例外として位置づけている（例えば、労働基準法32条1項、同法119条、みなし規定による労働時間算定義務の免除は例外である（労働基準法32条の2））。そしてこれらの労基法の規定内容が労基法13条を媒介として労働契約上の労働条件の最低限を画することになる。

また、③労働基準法108条は「使用者は、各事業場ごとに賃金台帳を調整し、賃金計算の基礎となる事項及び賃金の額その他厚生労働省令で定める事項を賃金支払の都度遅滞なく記入しなければならない。」として賃金台帳の調整義務を認め、厚生労働省令で定める事項の内容として労働基準法施行規則54条は、「使用者は労働者各人別に、労働日数、労働時間数、時間外労働時間数、休日労働時間数、深夜労働時間数、その他を記入しなければならない。」としている。このように労働基準法が使用者に対して課している義務に違反しないためには、使用者は常に労働時間の把握をして労働者に何時間の労働をさせており、法律上の許容時間はあと何時間であるか、実際に行わせた時間外労働時間に対応する賃金が全額支払われているかを知っておく必要があり、そのための手段として労働時間数を文書に記録することが求められているといえる。加えて、労基法109条は「その他労働関係に関する重要な書類を3年間保存しなければならない」とし、労働時間の管理に関する文書の保存義務を定めている。そして労基法108条や109条は公法上の規制といえども、使用者が労働者に対して

負っている賃金支払義務を誠実に履行するために不可欠な措置を規定しており、信義則を媒介として契約上の義務の内容を構成するといえる。

　また、一般的にみて、労働時間の管理・把握を文書により行うということを明示的に合意することはないだろうと思われるが、労働契約の締結及びその後の労使関係の展開の中で労基法の各種規制は労基法13条の直律的効力が及ぶか否かを特段意識することなく、契約上の義務の解釈指針として受け取られていることが多いと考えられ、労働時間の管理・把握の文書化を労働契約上の使用者の義務と考えても、契約当事者の意思からかけ離れたものにはならないと考える。

（3）　労働契約法上の根拠　　前述のように労働契約法は労働者が使用者に対して自己の労働条件の説明を求めた場合に、誠実に回答すべきことを定め、その手段として出来る限り、書面によることを求めている。そして、継続的に使用者から指揮命令を受けつつ労務を提供するという立場にある労働者が使用者と主体的に交渉できる対等な立場に立つためには少なくとも、自己の労働条件が労働契約に定められたとおりに確保されているか、労務の提供に応じて賃金が過不足なく支払われているのかといった情報を正確に明示してもらい、仮に使用者において労働契約の不履行があるならば、労働者において具体的に不履行の程度を検証したうえ、直ちに権利が確保されるような体制を整えておくべき義務が使用者に課されているというべきである。特に、時間外労働時間数を記録した書面は、労働者の賃金請求権に直接関わるものであって、正確かつ迅速に労働者が権利行使を実現できなければならず、それに応えるために使用者には文書による労働時間把握・管理義務があると解されるのである。

2　労働時間の把握・管理の方法

　文書管理の方法としては、タイムレコーダー管理、自主申告、管理職による管理等があるが、どの方法により労働時間を把握・管理するかについては法律上の規制はない。もっとも、前述のように労働基準法の規定に照らすと時間外労働はあくまで例外として許容されるに過ぎないものであることからすると、時間外労働が何時間なされたかを、正確で信用性の高い資料により把握し記録

しておくべきことが求められる。なお、前述の労働時間の適正な把握のために使用者が講ずべき措置に関する基準（平成13.4.6基発第339号）は、タイムカード等の客観的な記録により文書化すべきことを求めており、公法上の規制としてではあるが、通達レベルでは使用者の労働時間把握・管理の方法について文書によるべきことが求められている。

また労働時間把握・管理のための文書化（記録）という意味では、都度遅滞なく記録すべき義務があるといえよう。

Ⅳ 文書による労働時間管理義務を設定する効果

労働時間の文書による把握・管理が労働契約上の義務であるとすることの効果としては、何が考えられるだろうか。

1 労働時間についての開示・説明義務

（1） **訴訟前における開示義務と説明義務**　文書による労働時間把握・管理が使用者に課せられた契約上の義務であると考えると、訴訟前の段階でも労働者からの請求があれば文書を開示しなければならない。なぜなら、労働者は賃金請求権行使の前提として自己の従事した労働時間が何時間であるかを正確に知る権利があり、これに対応する義務として使用者は契約上、労働時間を文書により把握・管理する義務があると考えられるからである。

また、開示された文書について、使用者が労働者から記録された労働時間について説明を求められた場合（たとえば労働者が〈労働時間〉に当たると考えていた時間が労働時間として把握されていないことの理由の説明を求められた場合等）には、使用者は労働時間についての説明を行う義務がある。なぜなら、労働者が自己の従事した労働時間が適正に把握されているか（ひいては業務命令が適正になされているか）を検証できなければ、労働時間の把握・管理の適正さは担保されないからである。

（2） **不開示と消滅時効援用の濫用、時効中断の問題**　使用者がタイムカード等の資料を容易に開示しない場合の時効中断効や消滅時効の援用が許されるのかについては結論が分かれる（前掲・日本コンベンションサービス事件、北錦会事

件・大阪地判平成13.9.3労判823号66頁、日本セキュリティシステム事件・長野地佐久支判平成11.7.14労判770号98頁)。

　文書による労働時間把握・管理義務が契約上の義務であって、かかる文書は労働者に対する開示を予定しており、使用者に文書の開示・説明義務があると考えるならば、労働者が請求者を明示し、債権の種類と支払期を特定して請求すれば、時効中断のための催告としての効力が認められると考えることになろう。

　さらに使用者が正当な理由なくタイムカード等の文書を開示しないために、労働者において正確な時間外労働時間を算定できず、時間外手当請求権が消滅時効にかかってしまった場合には、タイムカード等の提示・開示を拒んだことは単に使用者としての労基法上の義務に違反しただけであると考えると必ずしも消滅時効援用の可否には影響を与えないと解釈しうる。しかし、文書による労働時間把握・管理義務が契約上の義務であるとする立場からは、かかる場合に使用者が消滅時効を援用することは信義則に反し、権利の濫用と評価されることになる。

　(3)　不開示と損害賠償の問題　この場合、単に開示が遅滞したからといって損害賠償請求をなしうるわけではないが、使用者が労働者の権利行使(時間外手当請求)を阻む意図(合理的理由なく開示しないことはこのような意図を推認させる)で文書を開示しない場合には、損害賠償(慰謝料)の請求も可能であると考えられる。また、同様に使用者が文書による時間外労働時間把握義務を怠ったために、労働者が自己の従事した時間外労働の労働時間数を客観性のある的確な証拠により立証できない場合には、労働者は使用者の時間外労働時間把握義務の不履行を理由として損害賠償を請求することも理論的には可能といえる。

　したがって、使用者が文書により労働時間を把握・管理しておらず、また労働者の労働時間を裏付ける的確な資料が存在しないとして時間外手当請求が認容されなかった(あるいは一部認容一部棄却となった)場合に、別途損害賠償により金銭給付を受けられる余地が生じる(もっとも損害論については、理論的にも、立証上も難しい問題が残る)。たとえば使用者が時間外手当の支払を免れるため

に労働時間の管理把握を故意に怠った（労働基準監督署により時間外手当の支払の是正勧告を受けた後にそれまで行っていたタイムカードによる労働時間管理を止めるなど）ときには、労働者が過去の時間外手当の支給を受けたとしても、別途労働者がサービス残業を強いられたとして慰謝料が認容されることはあるのではないか。前掲・東久事件では、使用者が労働時間管理を怠り1年半の時間外割増賃金の不払をしたことは債務不履行のみならず不法行為を構成するとして使用者に金50万円の慰謝料請求を命じられている。

　さらに、前述したように消滅時効が援用された場合でも、使用者がタイムカード等の労働時間算定資料を開示することを拒んだために消滅時効が完成した場合には、時効消滅した賃金相当額の損害を債務不履行または不法行為に基づく損害賠償として請求できる余地もあろう（前掲・杉本商事事件）。ちなみに、使用者が本来支払うべき時間外割増賃金を支払わず、労働者の権利行使を不当に阻むような対応をとった場合には付加金（労基法114条）の支払が命じられることになるが、近時の裁判例においては時間外割増賃金の不支給があり、その支払いが命じられる場合には、比較的付加金の支払も命じられる傾向にあるといえる。

2　時間外手当請求訴訟における労働時間の立証との関係

　時間外手当等を請求する場合に、労働者が時間外労働又は休日労働をしたことの主張立証責任は労働者の側にある。

　しかし、実際の訴訟上の主張立証責任を見ると、前述したように、使用者側において客観的な資料をもとに労働者の主張する時間外労働時間について有効かつ適切に反証できない場合には、労働者側の主張が認容される事例もありうる。こうした実質的な主張立証責任の転換の根拠は、労働基準法上使用者には労働時間を把握する義務があるというだけで基礎づけられるものではなく、時間外労働の労働時間数把握を文書で行うことが契約上の義務であると解釈することにより正当化しうるものと考える。したがって、使用者には労働契約上労働時間を文書により把握・管理する義務があるとの立場は、現在の訴訟実務の取扱いに理論的な根拠を与えることになる。

なお、タイムカード等の客観的記録により労働時間の把握が全くなされていない場合又は部分的にはタイムカード等の客観的記録が存在するが記録が不十分であるという場合には、実際の労働時間数は不明となってしまう。この場合に使用者が本来履行すべき契約上の義務（文書による労働時間把握義務）を果たしていないがために、時間外労働時間数の存在が真偽不明となってしまうリスクを労働者が負うのは公平とはいえない。したがって、労働者が作成したメモや陳述書等により時間外労働の労働時間の立証を行えば、使用者において労働者が主張する各労働日の労働時間について反証できない限り、労働者の主張する労働時間数に基づき時間外手当請求が一定程度は認容されることになろう。

3　文書による労働時間把握義務違反と労働者の時間外労働義務の関係

　文書による労働時間把握・管理義務が履行されていないということは、往々にして労働者に対して、適正な賃金（時間外手当）が支払われていないことに結びついていることが多く、賃金が適正に支払われない場合には業務命令自体が権利の濫用といえよう。そうすると、使用者が文書による労働時間把握・管理を行っておらず（文書による労働時間把握・管理義務の懈怠）、その上で時間外労働に対する時間外手当の支払いをしていない場合には、時間外労働命令は業務命令権の濫用となり、労働者は当該時間外労働命令を拒否できると考える。

1) 本章でいう「割合的認定」なる用語は、不法行為の分野で見られる、割合的認定とは異なる。ちなみに、不行為における割合的認定とは、たとえば交通事故による手術とその他もろもろの要因とが加わって胃の具合が悪くなった場合に事故の寄与率を約3割と認定したり（損害賠償請求〔衝突事故〕事件・東京地判昭和44.3.10交通民集2巻2号304頁）、かねて特異体質を有する者がデパートでの陳列商品の落下衝突による受傷で後遺症が発現した事案で事故の寄与率を5割と認定する（損害賠償請求〔飾棚落下〕事件・東京高判昭和48.11.28判時725号46頁）などである。
2) たとえば、未払賃金請求を検討している労働者から使用者において把握した労働時間の開示を求められた場合などがあげられる。

第6章

賃金請求権との連動
―労働契約と労働時間〈Ⅲ〉―

開本　英幸

Ⅰ　はじめに

　厚生労働省によると、平成19年度の賃金不払残業の是正結果について、是正企業数は1728企業（前年度比49企業増）、是正金額は272億4261万円（前年度比45億円増）であり、いずれも集計を開始した平成13年度以降最多とのことであった。[1]

　労働時間をめぐる法的問題は、労働者の使用者に対する労働時間に対応する賃金請求をめぐる係争において具体化する。労働者は口頭、文書、行政機関ないし司法機関を通じて賃金請求をするところ、例えば、民事訴訟において労働者が時間外労働に対応する賃金請求をする場合、労働者は、「請求に対応する期間の時間外の労務の提供」を主張立証しなければならないとされる。[2] 使用者において労働者の「時間外の労務の提供」を認めれば、これに対応した賃金の支払義務が発生する。他方で、使用者において労働者が就労していた労働時間を認めない、あるいは就労をしていた時間は認めるものの一定の理由を挙げて賃金の全部または一部の支払義務がないとして争うことも少なくない。

　しかし、一言に賃金請求とはいっても、これに対応する労働時間は、労基法32条による1日8時間、1週40時間労働の法定労働時間の規制により、所定内労働時間と所定外労働時間とに、さらに所定外労働時間は、法内時間外労働と法外時間外労働とに区分される。労働者の請求する賃金に対応する労働時間の区分ごとに、訴訟実務において典型的な争点があるところ、これを理解する

には、労働をすることによって賃金がなぜ発生するのかという原理的ともいうべき前提を確認する必要がある。その上で、個別の争点について検討をしたい。

II 所定内労働に対する賃金請求権

1 賃金請求権の発生

(1) 労務提供による賃金請求権の発生　所定労働時間とは、始業時間から終業時間までの時間のうち、休憩時間を除いた時間をいう。「始業及び終業の時刻、休憩時間」は労基法89条1項1号により就業規則における絶対的必要記載事項であるから、就業規則によって所定労働時間が定められていることが一般的であるが、個別の労働契約書、労働協約によっても定められることがある。所定労働時間が労基法32条に違反する場合には、違反した部分が無効となるが、一般的に所定労働時間が労基法違反となることはごく稀といえるため、本節では労基法に違反しないことを前提とする。また、労働者は使用者に対して、労働契約に基づき賃金請求権を行使できるといい得るところ、本章でいう賃金請求権とは、労働者が労働契約に基づき基本的かつ抽象的に賃金の支払いを求める権利ではなく、具体的な労務の提供に基づきその都度都度発生する具体的に確定した額の賃金の支払いを求める権利を意味するものとする。

そして、労働契約において、労働者は使用者の指揮命令（業務命令）に従って一定の労務を提供する義務（労務提供義務）を負担し、使用者はこれに対して一定の賃金を支払う義務（賃金支払義務）を負担する有償双務契約である（労働契約法6条、民法623条）。労働者が労働契約に基づく労務提供をしている限りは、使用者は労働契約によって定められる賃金を労働者に支払うこととなる。加えて、所定労働時間における労働者による労務提供は、契約法の一般原則により、債務の本旨に従って履行されなければならない。

(2) ノーワーク・ノーペイの原則　それでは、賃金請求権の発生根拠となる労働者の労務提供とは、労務の提供で足りるのか、労働者が現実に労務を履行することまでをも要するのか。特に、現実に労務が履行されない履行不能の法的効果を考えるにあたって、検討する必要がある。

この点、過去には労務の提供のみで足りるとする見解もあったが、現在の学説の多くは、ノーワーク・ノーペイの原則により、労働者の現実の労務の履行がない限り、賃金請求権は発生せず、労働者の現実の労務の履行がされない履行不能である場合には債務不履行ないし危険負担の問題とする。最高裁も、宝運輸事件（最三小判昭和63.3.15民集42巻3号170頁）において、「実体法上の賃金請求権は、労務の給付と対価的関係に立ち、一般には、労働者において現実に就労することによって初めて発生する後払的性格を有する」として、ノーワーク・ノーペイの原則を認めている。ノーワーク・ノーペイの原則の根拠は、労務給付と賃金が対価関係にあること（民法623条）、賃金の支払時期につき同時履行ではなく後払いとしたこと（民法624条1項）ことに求めるべきである。ノーワーク・ノーペイの原則は、民法に基づく任意規定と解されるため、当事者間の合意等（個別合意のみならず、就業規則等をも含めて以下「合意等」とする）によって排除することは可能である。所定労働時間における賃金請求権については労基法の規制が及ばないからである。

（3）　**履行不能の場合の帰趨**　　労働者が現実に労務の履行をしなかった場合、賃金請求権の帰趨は、帰責事由の有無・所在によることとなる。

　第一に、債務者である労働者に帰責事由がある場合には、危険負担ではなく、債務不履行の問題となるところ、ノーワーク・ノーペイの原則に従い端的に賃金請求権が発生しないと解される。第二に、債権者である使用者の帰責事由がある場合には、危険負担の場面として民法536条2項の適用を受け、労働者は使用者に対する賃金請求権を有するといえる。ノーワーク・ノーペイの原則からは、労働者から現実の労務の履行がない以上は労働契約に基づく賃金請求権は発生しないこととなるが、民法536条2項により賃金請求権が発生するものと理解すべきである。ただし、この場合には労働者が債務の本旨に従った労務の提供をすることが前提となる。第三に、当事者双方に帰責事由がない場合には、危険負担の場面として民法536条1項の適用により賃金請求権は発生しないこととなる。

　かかる履行不能の場面における主張立証責任であるが、所定労働時間に対する賃金請求権の発生場面においては、所定労働時間中は使用者の包括的な指揮

命令が存するため労務の提供があったものと一応推定されるといえ、使用者が労務の現実の履行がなかったことの主張立証責任を負うといえる。他方で、民法536条2項の使用者の帰責事由については、労働者の賃金請求権の発生根拠となるわけであるから、労働者が主張立証責任を負うと考える。

　（4）　**履行態様と賃金請求権**　　以上の理解を前提に、労働者の現実の労務の履行態様に分けて、賃金請求権の発生の有無を個別的に検討する。

　第一に、遅刻、中抜け、早退のように、労働者が使用者の指揮命令を完全に排除し、労務の履行を全くしなかったという場面が挙げられるが、ノーワーク・ノーペイの原則により、特段の合意等がない限り、不就労の実労働時間分に対応する賃金請求権は発生しないこととなる。

　他方で、これを使用者からみると不就労時間分に対応する賃金をカットすることが可能であるが、特段の合意があったとしても、使用者が不就労の実時間を超えた時間分の賃金カットをすることは許されない。実時間を超えた時間に対応する賃金請求権は発生しており、これを支払わないことは賃金の全額払いの原則（労基法24条1項）に抵触するからである。ただし、必ずしも労働時間に対応しない賃金（家族手当等）については、当事者間の合意等によりカットの範囲を取り決めることは可能である。

　第二に、労働者がストライキを行った場面や、業務命令に違反して就労をした場面が挙げられる。

　この点、JR東海〔新幹線減速闘争〕事件（東京地判平成10.2.26労判737号51頁）は、新幹線が本来270km/hで走行すべき区間を230km/hにて走行する減速闘争を予告した就労申入れをもって、債務の本旨に従った労務の提供とはいえないとした。また、水道機工事件（最一小判昭和60.3.7労判449号49頁）は、労働者の外勤・出張拒否闘争について、労働者が「本件業務命令によって指定された時間、その指定された出張・外勤業務に従事せず内勤業務に従事したことは、債務の本旨に従った労務の提供をしたものとはいえず」、使用者が「本件業務命令を事前に発したことにより、その指定した時間については出張・外勤以外の労務の受領をあらかじめ拒絶したものと解すべきであるから、上告人らが提供した内勤業務についての労務を受領したものとはいえ」ないとし、使

用者は当該時間に対応する賃金の支払義務を負うものではないとした。

労働者の労務提供が使用者の指揮命令下に一応入ることが可能であるような場合においても、債務の本旨に従わない態様での労務提供として賃金請求権は発生しないとすべきと考える[7]。ただし、この場合は使用者が事前に指揮命令に反する、あるいは債務の本旨に従わない労務提供であることを理由として、そのような労務の提供は受領しないことを拒絶しておく必要があり、拒絶をしないでそのような労働を受領した場合には現実の労務の履行があったものとして賃金請求権が発生するものと考える[8]。

第三に、労働者が労務の提供が不完全にしかできない場面が挙げられる。

まず、労務の提供が全くできない場合には、労働者の履行不能として民法536条2項が適用され、使用者の帰責事由の有無によって、賃金請求権の帰趨が決せられる。例えば、労務提供の不能の原因が私傷病にある場合には、使用者に帰責事由がないため民法536条1項の本則により賃金請求権は発生しないが、使用者の安全配慮義務違反との間に相当因果関係が認められる疾病が原因の場合には、民法536条2項により使用者に帰責事由があるものとして、賃金請求権が認められることとなろう。

では、労務の提供が全くできないわけではないが、従前従事していた業務に関する労務の提供は一部しかできないか、あるいは別の業務であれば就労可能と申し出ている場合、債務の本旨に従った労務の提供といえるか。

この点、片山組事件（最一小判平成10.4.9労判736号15頁）は、私傷病のために工事現場監督業務に従事できず内勤業務に従事させるように申し出た労働者の賃金請求について、「能力、経験、地位、当該企業の規模、業種、当該企業における労働者の配置・異動の実情及び難易等に照らして当該労働者が配置される現実的可能性があると認められる他の業務について労務の提供をすることができ、かつ、その提供を申し出ているならば、なお債務の本旨に従った履行の提供がある」として、これを認めた。最高裁は、当該事案が職種等を限定していない労働契約であることに鑑み、労働者保護の観点から「債務の本旨」の概念を広く解釈したと理解される。しかし、不完全な労務の提供では債務の本旨に従った労務の提供とはいい難く、本来であれば民法536条2項における使

用者の帰責事由の有無を判断する際に最高裁が摘示した要素を考慮すべきとものと考え、疑問がある。最高裁の判断は、使用者が業務変更・再配置の配慮をすべきとの要請を「債務の本旨」の概念に織り込み、その概念を不当に拡大したと考える。

2 所定労働時間と賃金請求権との連動

完全な労務の提供があった場合に、労務提供がなされた所定労働時間と、対価である賃金額とは個別的に連動するのか、あるいは全く連動させなくてもよいのか。労基法37条1項は時間外割増賃金の計算にあたって労働時間と賃金額の連動を求めているが、所定労働時間に対応する賃金額の設定には労基法の規制は及ばず、最低賃金法に抵触しない限りは、当事者間の合意等に委ねられていると思われることから問題となる。

この点、賃金額の設定は当事者間の私的自治に委ねられる事柄であり、一応は、当事者間の合意等によって決することができる、といえる。しかし、労働時間における労務提供と賃金との対価性は労働契約の本質的要素であるため、当事者間の労働契約等の存在およびその効力は慎重に検討される必要がある。さらに、労基法の脱法的な合意等は公序に反すると評価される余地があると考える。以下、個別的に検討する。

（1） 賃金支払いの明示がない場合　第一に、当事者間の合意等において、労働時間に対する賃金支払いの明示の定めがない場合は、賃金請求権の発生をいかに解すべきか。

そもそも、明示の定めがない場合であっても、労働関係において労務提供と賃金の対価性を前提としている以上、当事者は賃金を支払う旨の黙示の合意等を認定するのが合理的意思解釈に沿うといえる。賃金支払いの明示の定めがないことをもって、当事者間で賃金を支払わない旨の合意があるものと捉えることはできない。

この点、所定外労働時間が問題となった大星ビル管理事件（最一小判平成14.2.28民集56巻2号361頁）の事案は、月数回、仮眠時間が7ないし9時間与えられる24時間連続勤務体制（仮眠時間は所定労働時間ではないとされるが、泊り

勤務手当が支給される）にて、ビル管理等の業務に従事していた労働者が、仮眠時間は労働時間であるためこれに対応する時間外労働割増賃金を請求したものであるが、最高裁は、労働契約上の労働時間と労基法上の労働時間とに齟齬が生じた場面における賃金支払義務について、「労働契約の合理的意思解釈としては、労基法上の労働時間に該当すれば、通常は労働契約上の賃金支払いの対象となる時間としているものと解するのが相当である。したがって、時間外労働等につき所定の賃金を支払う旨の一般的規定を有する就業規則等が定められている場合に、所定労働時間には含められていないが労働基準法上の労働時間に当たる一定の時間について、明確な賃金支払規定がないことをもって、当該労働契約において当該時間に対する賃金支払いをしないものとされていると解することは相当とはいえない」としたが、妥当である。

（2） 特定の労働時間に対応する賃金支払いの合意等　　労働時間の一部に対する賃金支払いをしないことについて当事者間で明確な合意等がある場合はどうか。例えば、所定労働時間は 10 時から 14 時であるものの、13 時から 14 時までの分に対応する賃金は支払わない、時給は 1000 円とする合意がある場合、その効力は有効か。

当事者間にこのような明確な合意等があれば私的自治の原則から当事者の意思は尊重されることとなろうが、かかる定めは労働契約の本質的要素を欠くおそれがあるため、当事者、特に労働者の理解、認識を慎重に確認する必要がある。個別の労働契約書における明示の定めがある場合には、使用者による説明内容、労働契約書締結に至る経緯から、労働者の真意が認められてはじめてその効力が認められるべきである。また、就業規則の規定に基づく場合には、就業規則の具体的文言、就業規則の作成の経緯、労働者に対する説明の有無・内容、周知の状況、実際の運用から、当該就業規則の条項が労働者を拘束するか否かが検討されるべきである。

なお、前例の合意の効力が認められた場合に、13 時から 14 時までの間、労働者が現実に労務を履行しなかった場合、懲戒の対象となっても、使用者が 10 時から 13 時までの労働に対応する賃金をカットすることは許されない。

（3） 労働密度の濃淡と賃金額の設定　　労働密度の濃淡によって賃金額を異

ならせる内容での定めがある場合はどうか。前掲・大星ビル管理事件最判において、ビル管理人の仮眠時間に対する対価として通常の労働時間に対する対価よりも低廉な泊り勤務手当を支給することの問題として現れている。賃金額の設定は当事者の私的自治に委ねられる場面であるともいえるが、特定の労働時間に対して低廉の賃金の定めをしている場合には、(2)の場面と同様に、労働者の理解、認識を慎重に確認する必要がある。

　この点、前掲・大星ビル管理事件最判の事案は、24時間勤務における仮眠時間は所定労働時間に算入されておらず、そもそも当事者は所定労働時間と考えていなかったからこそ、低廉な泊り勤務手当の定めをしていたとも考えられる。前掲・大星ビル管理事件最判は「本件仮眠時間に対する対価として泊り勤務手当を支給し、仮眠時間中に実作業に従事した場合にはこれに加えて時間外勤務手当等を支給するが、不活動仮眠時間に対しては泊り勤務手当以外には賃金を支給しないものとされていたと解釈するのが相当である」と判断したが、本件泊り勤務手当が、労働時間としての仮眠時間の対価性を有するのか、疑問のある事案でもあった。また、ビル代行〔宿直勤務〕事件は仮眠時間に対応する賃金請求が問題となった事案であるが、その第一審（東京地判平成17・2・25労経速1948号12頁）は、宿直1回当たり2300円の特定勤務手当につき24時間勤務に対する対価ではあるものの仮眠時間のみに対する対価ではないとし、青梅市〔宿直管理業務員〕事件（東京地八王子支判平成16.6.28労判879号50頁）は、宿日直1回当たり2300円の手当を仮眠時間に対する対価と認定した。かように手当に対する判断が分かれる原因は、そもそも所定労働時間という認識が当事者間にないこと、そのため規定自体からは労働時間の対価性が不明確であることによるものである。低廉な賃金が労働の対価であることは、対価であることにつき当事者が理解している裏付ける明確な定めがある等の事情がない限りは認定することは困難と思われる。さらに、労働密度の濃淡と賃金額とに明らかなミスマッチが生じている場合には、公序良俗に反する可能性があるといえる。

　（4）　労働時間の変更と賃金額への影響　　所定労働時間が変更された場合、それに伴って賃金額は比例的に変更するのであろうか。この点は、使用者が採用

する賃金体系にもよろうが、特段の合意等がない限り、賃金額は所定労働時間における労務提供の対価である以上、所定労働時間の増減と賃金額の増減は連動すると考えるのが合理的であり、当事者の意思に沿うといえる。

九州運送事件（大分地判平成13.10.1労判837号76頁）は、労基法改正により1週間の所定労働時間を40時間とした結果、年間所定労働日数が280日から260日に減少したことに伴い、就業規則の変更によって基本給額を280分の260に減額した事案について、「労働時間短縮と賃金の引き下げは法的に一体不可分な関係にあるとはいえず、個別に実施し得るものである」として、これが労働条件の不利益変更にあたるとするも、不利益変更の効力を認めた。また、日通岐阜運輸事件（名古屋高判平成20.5.16労経速2009号25頁）は、週40時間制を導入したことで日給制労働者の土曜日分の出勤日の減少に伴う賃金の減少の不法行為性が争われた事案について、「勤務日数の減少に伴い、その分労働の提供をしないことによるものであって、そもそも賃金が労働の提供の対価であることからしても、日々の労働の提供とこれに対応する賃金が密接に結びついている日給制においてはやむを得ないものであり、賃金カットというべき性質のものではない」として、不法行為性の主張を排斥している。

Ⅲ 所定外労働に対する賃金請求権

1 賃金請求権の発生

（1） 二重の根拠　　所定労働時間を超えて労働者が労務提供をした場合に、超過労働時間に対応する賃金請求権が発生する根拠は何か。所定労働時間に対応する賃金請求権が発生する根拠といかなる部分に相違が生ずるのか。

前述のように、所定労働時間に対応する賃金請求権が発生する根拠を、所定労働時間における指揮命令とそれに対する労務の提供に求める以上、所定外労働についても同様に、所定労働時間を超える時間帯に、使用者の指揮命令が存し、労働者がこれに対応した労務の提供をすることによって発生するものといえる。

しかし、所定外の労働であることから包括的指揮命令を認めることはできな

いため、使用者の個別具体的な指揮命令に対して労働者が労務を提供したという関係にあることが、所定内労働と異なる。個々の所定外労働における指揮命令の存在を労働契約そのものから導くことはできないため、労働者が時間外労働に対する賃金請求をするには、当事者間の労働契約等の存在に加えて、個別具体的な指揮命令の存在、およびこれに対する労務の提供を主張立証する必要がある。

さらに、この超過労働時間が労基法32条を超える場合には、労基法37条1項の規制に服し、法定の割増賃金の支払いが使用者に義務づけられる。それゆえ、労基法37条1項が適用される法定外労働の場合には、労基法13条の強行的直律的効力が当事者間の労働契約に及ぶことになるため、法定外労働の賃金請求権は、労働契約のみならず労基法にもその法的根拠を求めることとなる。

他方で、所定労働時間が休憩時間を除いて7時間で、更に1時間だけ残業をするといった、所定外労働ではあるものの労基法の規制内におさまるいわゆる法内超勤の場合には、労基法の規制の対象外となるため、労働契約のみが法的根拠となる。

（2） **法内超勤に対する賃金額**　法内超勤には労基法の規制が及ばないため、労基法37条により割増賃金が発生することはなく、法内超勤に対する賃金額については当事者間の合意等によって定まることとなる。

そうすると明確な合意等によって法内超勤に対して賃金を支給しないと定めることも有効であるが、明確な合意等がない場合には、事実関係にもよろうが、当事者の合理的意思解釈として「通常の労働時間」に相応する賃金を支払うとの合意等があったものと判断されよう。

この点、1日の所定労働時間が6時間45分であった場合に、8時間に達するまでの1時間15分までの法内超勤に対する対価が問題となったセントラル・パーク事件（岡山地判平成19.3.27労判941号23頁）は、「法定労働時間内の労働についての賃金は所定の給与に含まれていると解することが不合理であるともいえない」として、労働者の賃金請求を棄却した。法内超勤分に関する明示の定めがないにもかかわらず法内超勤に対する賃金請求権の発生を認めなかった理論的な理由はなお不明であり、結論の妥当性のみを追求したものと評価

せざるを得ず、支持できない。

　他方、実際には、法内超勤についても法定外労働と同じ割増賃金が支給されることが多く、使用者が法内超勤に限定した取扱いについて明示の定めを設けている場合は多くないと思われる。法内超勤と法定外労働とを区別しないで割増賃金を支払う旨の就業規則の規定がある場合には、労基法37条1項に従って法内超勤に対しても割増賃金を支払う趣旨と判断した千里山生活協同組合事件（大阪地判平成11.5.31判タ1040号147頁）があるが、当事者の意思解釈としては合理的といえる。

2　割増賃金制度

（1）　**時間外労働等と割増率**　　時間外労働とは、休憩時間を除いて1週間につき40時間を超える労働、または休憩時間を除いて1日につき8時間を超える労働（労基法32条）、休日労働は法定休日における労働、深夜労働とは午後10時から午前5時までの労働である。

　使用者は、労基法33条または36条に基づいて、労働者をして時間外労働、休日労働、及び深夜労働をさせた場合には、その時間またはその日の労働に対して割増賃金を支払わなければならない（労基法37条1項ないし3項）。割増賃金における割増率は、時間外労働につき2割5分以上、休日労働につき3割5分以上（労基法37条1項・2項、割増賃金令）、深夜労働につき2割5分以上（労基法37条3項）である。時間外労働と深夜労働とが重複する場合の割増率は5割以上（労基則20条）とされる。時間の長さと深夜という時間の位置という割増原因が重複すると考えられるからである。他方で、時間外労働と休日労働とが重複する場合の割増率は、行政解釈において、深夜業に該当しない限り3割5分以上とされている。[10]

（2）　**通常の労働時間または労働日**　　労基法37条は、使用者が時間外労働等をさせた場合には、「通常の労働時間または労働日の賃金の計算額」の割増賃金を支払わなければならないとする。ここで「通常の労働時間または労働日の賃金の計算額」とは、労基則19条1項各号が定める以下の方法で計算した1時間あたりの賃金額に時間外労働等をした時間数を乗じた金額である（労基

則19条1項)。

　1号：時間によって定められた賃金については、その金額

　2号：日によって定められた賃金については、その金額を1日の所定労働時間数（日によって所定労働時間数が異なる場合には、1週間における1日平均所定労働時間数）で除した金額

　3号：週によって定められた賃金については、その金額を週における所定労働時間数（週によって所定労働時間数が異なる場合には、4週間における1週平均所定労働時間数）で除した金額

　4号：月によって定められた賃金については、その金額を月における所定労働時間数（月によって所定労働時間数が異なる場合には、1年間における1月平均所定労働時間数）で除した金額

　5号：月、週以外の一定の期間によって定められた賃金については、前各号に準じて算出した金額

　6号：出来高払制その他の請負制によって定められた賃金については、その賃金算定期間（賃金締切日がある場合には、賃金締切期間、以下同じ）において出来高払制その他の請負制によって計算された賃金の総額を当該賃金算定期間における、総労働時間数で除した金額

　7号：労働者の受ける賃金が前各号の2以上の賃金よりなる場合には、その部分について各号によってそれぞれ算定した金額の合計額

（3）　**算定基礎からの除外賃金**　　他方で、労基法37条4項は、割増賃金の算定にあたり除外できる賃金として、「家族手当、通勤手当その他厚生労働省令で定める賃金」を挙げる。「その他厚生労働省令で定める賃金」については、労基則21条が、別居手当、子女教育手当、住宅手当、臨時に支払われた賃金、および1か月を超える期間ごとに支払われる賃金と定めている。各賃金は、以下のように実質的にその該当性が判断される。

　第一に、「家族手当」とは、扶養家族またはこれを基礎とする家族手当額を基準として算出した手当をいい、たとえその名称が物価手当、生活手当などであっても、これに該当する手当であるか、または扶養家族数もしくは家族手当額を基礎として算出した部分を含む場合には、その手当またはその部分は家族

手当として取り扱われる[11]。名称のみではなく、手当の計算方法等の実質に着目して判断されるわけである。

　第二に、「通勤手当」とは、労働者の通勤距離または通勤に要する実費に応じて算定される手当である。通勤手当のうち通勤距離に関係なく支給される一定額は除外賃金とならないとされ[12]、労働者毎の通勤距離、通勤費用等によって実質的に判断される。

　第三に、「別居手当」、「子女教育手当」については、行政解釈等はないようであるが、名称に相応しい実質を有する手当か否かの判断がされよう。

　第四に、住宅手当とは、住宅に要する費用に応じて算定される手当をいう。住宅の賃料額やローン月額の一定割合を支給するもの、賃料額・ローン月額が段階的に増えるに従って増加する額を支給するものなどがこれに該当し、住宅に要する費用にかかわらず一定額を支給するものはこれに該当しないとされている[13]。

　第五に、「臨時に支払われた賃金」とは、臨時的・突発的事由に基づいて支払われたもの、及び結婚手当等支給条件は予め確定されているが、支給事由の発生が不確定であり、かつ非常に稀に発生するものとされる[14]。それゆえ、「臨時に支払われた賃金」は後述の「1箇月を超える期間ごとに支払われる賃金」とともに、通常の賃金に該当しないことを確認した規定といえる。

　最後に、「1箇月を超える期間ごとに支払われる賃金」とは、賞与やそれに準ずる以下の賃金がこれに当たる。すなわち、1か月を超える期間の出勤成績によって支給される精勤手当、1か月を超える一定期間の継続勤務に対して支給される勤続手当及び1か月を超える期間にわたる事由によって算定される奨励加給または能率手当である（労基則8条）。

　上記七つの賃金は制限的に列挙されており、これら以外の賃金についてはすべて割増賃金の算定基礎となる賃金に加えなければならない。なお、時間外労働等に対する割増賃金と同じ性格の手当については算定基礎に含まれないが、これは労基法37条4項の除外賃金に該当するからではなく、「通常の労働時間……の賃金」は所定内労働に対する賃金を意味することに基づく。

　（4）　労基法37条の「割増賃金」の範囲　　労基法37条は、同条により計算

した「割増賃金」を支払わなければならないと定めるも、この範囲が問題となる。これは、時間外労働を例にとると、「割増」となる25％部分という趣旨なのか（25％説）、それとも通常の労働時間に対する賃金及び「割増」をあわせた125％という趣旨なのか（125％説）という問題である。

　25％か125％かの問題は、第一に、時間外労働をした場合の通常の労働時間に対する賃金について当事者間で労基法37条とは異なる合意をした場合の効力の解釈に影響する。25％説による場合には、100％の部分にあたる通常の労働時間に対する賃金については労基法37条の効力は及ばないこととなるため、当事者間で所定労働時間に対する賃金よりも低く合意することも可能となりそうだが、125％説による場合には当事者間の合意内容が労基法37条の基準に達しない場合には無効とされよう。第二に、労基法114条は、「裁判所は……第37条……の規定により使用者が支払わなければならない金額についての未払金のほか、これと同一額の付加金の支払を命ずることができる」として付加金制度を設けているが、この付加金を命じうる範囲は25％の部分か125％全体かの解釈にも影響する。さらに100％部分の対価として代休の付与は可能かといった派生的な論点の結論にも影響を与えよう。

　裁判例・行政解釈において、この点の解釈は分かれていた。古い行政解釈[15]、および下級審判例は、「割増賃金」の範囲について125％説を採用する。例えば、前掲・セントラル・パーク事件は、「労基法37条は、割増部分ではなく、通常の賃金と割増部分を合わせた割増賃金の支払いを義務づけている」と判示している。また、裁判実務において、労働者が付加金請求をする場合は25％ではなく125％が多いといえる[16]。他方で、100％部分は一般の賃金債権として24条によって支払いが強制されるため、「割増賃金」の範囲は25％であるとする25％説もあり、かかる解釈は労基法37条の文言に忠実である[17]。

　この点、前掲・大星ビル管理事件最判は、仮眠時間を労基法上の労働時間であるとした上で、時間外労働割増賃金の算定にあたって、25％説を採用した。即ち、「上告人らは、本件仮眠時間中の不活動仮眠時間について、労働契約の定めに基づいて既払の泊り勤務手当以上の賃金請求をすることはできない。しかし……労働契約において本件仮眠時間中の不活動仮眠時間について時間外勤

務手当、深夜就業手当を支払うことを定めていないとしても、本件仮眠時間が労基法上の労働時間と評価される以上、被上告人は本件仮眠時間について労基法13条、37条に基づいて時間外割増賃金、深夜割増賃金を支払うべき義務がある」と判示した。これは、通常の賃金である100％部分には労基法37条は適用されずに労働契約の定めにより、通常の労働時間に対する対価よりも低額である泊り勤務手当を支払うことで足りるが、25％部分は労基法37条が適用されるとしたのである。更に最高裁は、仮眠時間に対する時間外労働割増賃金の算定基礎となる賃金は、労働契約により支給される泊り勤務手当を「通常の労働時間」とせず、別途労基法37条に従って「通常の労働時間」を算定すべきとして、原審を破棄・差戻しした。[18]

　前掲・大星ビル管理事件最判により、最高裁は25％説を採用したことが明らかとなった。確かに25％説は文言に忠実であり、100％部分につき労働者に著しく不利な賃金が設定されたとしても労基法37条の趣旨に反する場合は無効とすること余地はなお残るといえよう[19]。しかし、付加金について125％説がとられている裁判実務との関係では、なお一貫しないといえる。

　私見としては、125％説を採用した上で、100％部分につき当事者間で合意等をする場合には、例えば不活動仮眠時間のように労働密度が通常の労働時間とは明らかに異なるといった事情がない限りは労基法37条の強行的効力により無効となるものとし、同時に付加金に関する裁判実務を正当化することが、労基法37条、114条の趣旨に沿うものと思われる[20]。

（5）　**割増賃金の端数処理**　　実際の労務実務において、法令に従って割増賃金を算定した場合には相当計算が細かくなり、端数が発生することとなる。時間外労働等の合計時間が時間単位ではなく分単位となったり、月給制における1時間あたりの賃金が1円未満の単位の金額となったりするため、使用者によっては計算の便宜上、時間外労働の単位を30分単位として30分未満を切り捨てる、1時間あたりの賃金額を100円単位にして100円未満を切り捨てる旨、就業規則等に定めたり、実際にそのような運用をすることがある。このような端数処理に関する定めや運用は有効であろうか。

　この点、かかる端数処理の定めや運用は、労働者が実際に時間外労働をして

いるにもかかわらず、使用者の計算の便宜によりその対価を支払わないものであって、労基法24条1項（賃金の全額払いの原則）および37条に違反し、無効であるといえる。

　ただし、使用者の事務手続の不都合を回避するため、端数処理について次の方法による場合は労基法24条および37条に違反しないものと扱う旨の行政解釈がある。[21] 第一に、通常の労働時間もしくは労働日の1時間当たりの賃金額または1時間当たりの割増金額に円未満の端数が生じた場合、50銭未満の端数は切り捨て、50銭以上1円未満の端数は1円に切り上げて処理することについては、労働基準法違反として取り扱わない。第二に、その月における時間外、休日または深夜の総労働時間数に30分未満の端数がある場合にはこれを切り捨て、それ以上の端数がある場合にはこれを1時間に切り上げること、また、以上によって計算したその月分の割増賃金の合計額について50銭未満の端数が生じた場合にはこれを切り捨て、それ以上の端数が生じた場合にはこれを1円に切り上げること、である。労基法上も、行政解釈においても、使用者には厳密な割増賃金の計算が求められているといえる。

3　所定外労働時間と賃金請求権との連動

　所定時間労働においては労働者の労務提供の形態をめぐって問題が生じたが、所定時間外労働をめぐる裁判例において問題となるのは、以下のように、労基法37条が定める時間外割増賃金の計算方法及び計算の結果である支払うべき賃金額とは異なった当事者間の合意または就業規則等がある場合、その合意等の効力及び取扱いである。

　（1）　不支給の合意等の効力　　当事者間において割増賃金を支給しないことの合意等がなされた場合、かかる合意等は有効であろうか。

　この点、労働者に支給される基本給の額にもよろうが、特段の事情がない限りは、割増賃金不支給の合意は労働者にとって不利益であることは明らかであるため、個別合意に基づく不支給であれば当該合意が労働者の真意に基づくものであるか慎重に判断される必要がある。また、仮に個別合意の成立が認められたとしても、かかる合意は労基法37条違反であるため、無効である。

オフィステン事件（大阪地判平成19.11.29労判956号16頁）は、「不支給の合意があったとしても、労働基準法32条、37条の趣旨に照らすと、特段の事情のない限り、上記合意は、公序良俗に反し、無効というべきである」として、不支給の合意の成立を認めるもその効力を否定した。ただし、同判決は、端的に労基法37条違反により合意の効力を否定すべきであり、民法90条に基づく法律構成を採用し、「特段の事情」があればその効力を認める余地を残したことには疑問がある。

　また、ネットブレーン事件（東京地判平成18.12.8労判941号77頁）は、使用者が、役付手当の支給及び基本給の大幅な増額を条件として、時間外割増賃金等を支給しないこととすることの合意の存在を主張した事案において、「同合意が労基法37条1項に違反するか否かは、同項の趣旨に反する合意か否かを検討する必要がある」とした上で、「差額（筆者注：基本給の増額分のこと）の9万円が時間外手当分と重くなった権限及び責任の分をも含むものとは解されない」とし、37条違反を認めて13条によりその合意を無効とした。

（２）　**時間外割増賃金を定額にする合意等の効力**　　時間外労働が恒常的安定的に発生する等の事情から、時間外労働の算定が現実的に困難であるといったことを理由に、使用者において時間外労働に対する対価を定額の手当として支給することがある。時間外割増賃金の計算方法は労基法37条によって定められている以上、当事者間の合意等をもって定額の手当という制度を設けることが許されるかが問題となる。

　この点、労基法37条は同条に基づく計算の結果一定額以上の割増賃金の支払いを命ずるのであって、割増賃金を労基法37条に定める計算方法とは別の計算方法によったとしても、具体的な計算をせずに一定額の手当を時間外割増賃金に代えて支払ったとしても、同条に基づき算定された時間外割増賃金額を下回らない限り適法であるとするのが行政解釈および裁判例であり、かかる理解は確立している（関西ソニー販売事件・大阪地判昭和63.10.26労判530号40頁、三好屋商店事件・東京地判昭和63.5.27労判519号59頁など）。

　それゆえ、当事者間において定額手当の制度を設けることは許されるが、その定額が労基法37条に基づく計算によって得られた時間外割増賃金額を下回

った場合には、その下回った部分につきなお使用者に支払義務が残ることとなる。

  (3) 基本給に時間外割増賃金を含む合意等の効力　当事者間で時間外労働の有無、金額にかかわらず基本給ないし総賃金を支払う、即ち、基本給ないし総賃金に時間外割増賃金を含むという合意等は有効であろうか。時間外割増賃金を定額にする合意等の場合は、定額の金額が労基法 37 条に従って得られた時間外割増賃金額を下回れば労基法 37 条違反でありその差額の賃金請求権が認められた。しかし、基本給等に時間外割増賃金を含むという合意等では、労基法 37 条に従った時間外割増賃金額の計算ができないのではないか、という疑問が生ずる。

  この点、小里機材事件（最一小判昭和 63.7.14 労判 523 号 6 頁）は基本給のうち割増賃金に当たる部分が明確に区分されている必要があり、その区別が不明確な場合には合意の効力が認められないとし、高知県観光事件（最二小判平成 6.6.13 判時 1502 号 149 頁）は賃金体系がオール歩合制の場合にも同様の判断をしており、最高裁の判例法理は確立しているといえる。[23] 近年でもジオス〔割増賃金〕事件（名古屋地判平成 11.9.28 労判 783 号 140 頁）や、歩合給に関する大虎運輸事件（大阪地判平成 18.6.15 労判 924 号 72 頁）が同旨の判断をしている。基本給のうち割増賃金に当たる部分が明確でなければ合意の効力が認められないという法理は、労基法 37 条による計算を不可能とする合意は同条の趣旨に反するとの判断に基づくようである。[24]

  他方で、時間外割増賃金が基本給に含まれ、割増賃金に当たる部分が明確でない合意を有効とした下級審判例もある。まず、オーク事件（東京地判平成 10.7.27 労判 748 号 91 頁）は、賃金の相対的な高さ、時間外労働の時間数が予め想定可能であったこと等から、時間外及び深夜の割増賃金を含めて 1 か月あたりの賃金を金 40 万円とすることを合意したと認定した。次に、モルガン・スタンレー・ジャパン〔超過勤務手当〕事件（東京地判平成 17.10.19 判時 1919 号 165 頁）が挙げられる。同事件は、外資系証券会社の営業社員として非常に高い報酬を得ていた労働者が原告となって、早朝ミーティングに参加した時間について時間外割増賃金の請求をした事案であるところ、東京地裁は、最高裁の

判例法理の存在を意識しながらも、「原告が所定時間外に労働した対価は、被告から原告に対する基本給の中に含まれている」と認定し、労基法37条1項との関係では、「①原告の給与は、労働時間数によって決まっているのではなく、会社にどのような営業利益をもたらし、どのような役割を果たしたのかによって決められていること、②被告は原告の労働時間を管理しておらず、原告の仕事の性質上、原告は自分の判断で営業活動や行動計画を決め、被告はこれを許容していたこと、このため、そもそも原告がどの位時間外労働をしたか、それともしなかったのかを把握することが困難なシステムになっていること、③原告は被告から受領する年次総額報酬以外に超過勤務手当の名目で金員が支給されるものとは考えていなかったこと、④原告は被告から高額の報酬を受けており、基本給だけでも平成14年以降は月額183万3333円を超える額であり、本件において1日70分間の超過勤務手当を基本給の中に含めて支払う合意をしたからといって労働者の保護に欠ける点はないことが認められ、これらの事実に照らすと、被告から原告へ支給される毎月の基本給の中に所定時間労働の対価と所定時間外労働の対価とが区別がされることなく入っていても、労基法37条の制度趣旨に反することにはならない」として、労働者の請求を棄却した。両判決は、結論の妥当性を確保するために、労基法37条および判例法理との関係では理論的な説明が困難な理由付けを行っており、かかる判断は極めて例外的なものといわざるを得ないと考える[25]。

　さらに、最初から深夜勤務を予定した業務において深夜割増賃金を基本給等に組み入れる合意は有効か。深夜労働に対しては、たとえ所定労働時間内の労働であっても割増賃金を支払わなければならない。そして、行政解釈は就業規則等によって深夜業の割増賃金を含めて所定賃金が定められていることが明らかな場合には、別に深夜業の割増賃金を支払う必要はないとしている[26]。勤務時間帯がすべて深夜である場合には、当事者は深夜割増賃金が発生することを認識する以上、特段の事情がない限りは深夜割増賃金を含んだ賃金を設定したものと捉え、かつ、その割増部分が区別できる以上は、かかる合意も有効といえる。

　近年では、千代田ビル管財事件（東京地判平成18.7.26判時1951号164頁）は、

22時から6時までの間の就労の対価として7500円が支払われる事案であったところ、22時から5時までに時間帯に対応する深夜割増賃金は含まれているものとし、5時から6時までの間の賃金額は逆算すれば計算できるものとして、労働者の深夜割増賃金の請求を棄却した。

　（4）　**別名目による手当の支給の対価性**　　使用者が時間外労働に対する対価を、基本給とは別に支払いをしていた場合、合意等によって当該対価が時間外労働に対するものである趣旨が客観的に明らかであれば、当該手当は時間外割増賃金として支払ったものと評価できる。また、合意等によって当該対価の趣旨が明らかではなかったとしても、「時間外手当」、「超過勤務手当」、「割増手当」という名称で支給していたのであれば、当事者間において、当該手当が時間外労働に対する対価であるという認識を有していたことは容易に認定できるといえる。

　しかし、時間外割増賃金請求がされた使用者は、時間外労働に対する割増賃金であることが必ずしも明確ではない手当の支払いを主張し、割増賃金の算定基礎に当該手当は含まれないこと（含まれない結果、割増賃金の基礎となる時給単価が減少することとなる）、および、割増賃金に対して既に一部ないし全部の支払いをしていることを主張することがある。裁判実務においては、使用者がかかる主張することは少なくない。

　別名目による手当の時間外労働に対する対価性が争点となった場合、裁判所は、当該手当に関する就業規則等の定めの有無・記載内容、当該手当及びその金額ないし割合が設定されるに至った経緯、当該手当の金額と労働者が主張する時間外労働割増賃金との比較、時間外手当が別途支給されているか否か、実際の運用状況等に事情から、当該手当が時間外労働に対する対価か否かの認定をする傾向にある。

　第一に、時間管理が難しいとされる営業職員に対する営業手当の趣旨が争点となる類型がある。前掲・関西ソニー販売事件は、基本給の17％とされるセールス手当について「いわば定額の時間外手当としての性質を有する」とし、ユニ・フレックス事件（東京地判平成10.6.5労判748号117頁）は、営業職員に対する営業手当に「時間外……業務に対する対価部分（残業手当部分）が含ま

れていたと認めることはできない」とした。

　第二に、当該企業内では事実上管理監督者として処遇されるも、係争の結果裁判所から労基法上の管理監督者に該当しないと判断された場合の、役職手当の趣旨が争点となる類型がある。就業規則において、「管理監督者には時間外労働手当は支給しないが、時間外労働手当の見合い分として役職手当を支給する」、「管理監督者には役職手当を支給する。ただし、裁判所等の公的機関により管理監督者ではないことの判断がされた場合には、役職手当は時間外労働の対価であるものとする」といった明確な条項があればともかく、そのような条項は現実的ではなく、裁判例で争点になったこともないと思われる。

　役職手当について時間外労働の対価性を認めたものとして、日本アイティーアイ事件（東京地判平成9.7.28労判724号30頁；営業部主任に対する役職手当）、ユニコン・エンジニアリング事件（東京地判平成16.6.25労経速1882号3頁；副部長に対する役職手当）、育英舎事件（札幌地判平成14.4.18判タ1123号145頁；営業課長に対する課長手当）、リゾートトラスト事件（大阪地判平成17.3.25労経速1907号28頁；係長に対する係責給）が、認めなかったものとして神代学園ミューズ音楽院事件（東京高判平成17.3.30労判905号72頁）がある。本類型においては、本来当事者間において労働者が企業内で管理監督者である、時間外割増賃金の支給はされないという認識のもと役職手当を受領しているという実態を踏まえると、これらの裁判例は当事者の意思とはやや乖離した認定がされているともいえるが、裁判所としては、役職手当には時間外割増賃金の性質が織り込まれていることを事実認定して、当事者間の利益調整をしている。ただ、本類型は、労基法上の管理監督者性という争点から派生したにすぎず、使用者は管理監督者性の問題に対処することに注力すべきである。

　上記二つの典型的な類型以外では、管理人に対する管理職手当について、「その趣旨が不明確であり……時間外労働等に対応したものともいえない」とした共立メンテナンス事件（大阪地判平成8.10.2判タ937号153頁）、出張日当および会議手当について時間外労働に対する割増賃金の性格を持つとするには疑問があるとした日本コンベンションサービス〔割増賃金請求〕事件（大阪高判平成12.6.30労判792号103頁）、業務推進手当について時間外労働に対する割増

賃金の一部支払いと認めることはできないとしたオンテック・サカイ創建事件（名古屋地判平成17.8.5労判902号72頁）、契約社員に対する現場手当について、「残業手当として支払われていたということはできない」としたピーエムコンサルタント〔契約社員年俸制〕事件（大阪地判平成17.10.6労判907号5頁）、能力給に時間外労働割増賃金分が含まれているとはいえないとした藤ビルメンテナンス事件（東京地判平成20.3.21労経速2015号20頁）が挙げられる。

　別名目での手当の問題は、労働契約の解釈、即ち、当事者の合理的意思解釈の問題である。それゆえ、まずは当事者間の労働契約ないし就業規則の記載内容、当該手当の名称や趣旨の説明の有無・内容といった、労働者の認識内容を重視して判断すべきであって、手当額の決定や支給に関する使用者内部の事情は従たる判断要素となろう。労働者との間の労働契約締結時、あるいは就業規則作成時に使用者が明確な手当制度を設けることは可能であるため、かかる解釈は使用者側にとって大きな不利益とはいえないと思われる。

（5）　年俸制における時間外労働割増賃金　　労働者の給与体系に年俸制が採用され、年俸制に時間外割増賃金を一定程度または全て含むとする合意等がなされる場合がある。年俸制が管理監督者や裁量労働制の適用対象者に導入された場合には、管理監督者の該当性、ないし裁量労働制の要件充足という問題が生ずるが、かかる場合を除き、年俸制を採用することによって労基法上の労働時間規制を免れることはできるものではない。これまで裁判例において年俸適用労働者の時間外労働割増賃金請求における争点は以下のとおりである。

　第一に、年俸と別に時間外割増賃金を支給しないことの合意をした場合であるが、かかる合意は、時間外割増賃金の支払いを義務づける労基法37条1項に違反し、無効となる。

　システムワークス事件（大阪地判平成14.10.25労判844号79頁）は、年俸制適用者には時間外割増賃金を支給しないとする就業規則の規定について、労基法37条1項違反を理由としてその効力を否定している。

　第二に、当事者間で年俸に時間外割増賃金を含むことの合意をした場合であっても、前掲・小里機材事件最判および前掲・高知県観光事件最判により、基本給のうち割増賃金に当たる部分が明確に区分されている必要があり、その区

別が不明確な場合には合意の効力が認められない。

　創栄コンサルタント事件（大阪地判平成 14.5.17 労判 828 号 14 頁）[27]、前掲・ピーエムコンサルタント事件大阪地判は、いずれも、労働契約書において年俸に時間外割増賃金を含む合意をした事案であるが、基本給部分と割増賃金部分の区別が明確でないものとして、その効力を否定した。他方で、中山書店事件（東京地判平成 19.3.26 労判 943 号 41 頁）は、個別契約により導入された年俸制について、労働者は、その 10％が時間外割増賃金相当分として含まれることについて説明を受けた上での同意があったとして、当該年俸制は、その 10％が時間外割増賃金相当分として含まれる制度であるとした。年俸制に時間外割増賃金を含む方式について、具体的な金額ではなく割合をもって区分した合意に対する判断であるが、最判の判断基準に従えば、一応区別が明確であるといえるため、合意の効力を認めたと思われる。基本給と割増賃金の区別の明確性については、裁判例は厳格に判断する傾向にあったが、今後は区別の明確性の判断基準ないし判断要素につき検討を要するといえる。

（6）　賃金相当額を損害とする賠償請求の可否　　労働者が時間外労働をした場合には、究極的には、時間外労働割増賃金相当の金銭の交付を受けることを希望する。通常は、これを実現するために、労働契約に基づきその履行を求めて時間外労働の割増賃金を請求することとなる。それでは、労働者が、時間外割増賃金を請求しないで、あるいは時間外割増賃金を請求した上で選択的に、賃金相当額をもって不法行為に基づく損害賠償を請求することは可能であろうか。

　不法行為構成によることの議論は、第一に、消滅時効との関係で実益がある。即ち、労働者の賃金請求権は、退職手当請求権につき 5 年間、退職手当請求権以外の賃金請求権につき 2 年間の消滅時効期間に服する（労基法 115 条）。時間外割増賃金請求権は各支払日から 2 年間の経過をもって消滅時効が完成するため、労働者が使用者に対して訴訟等の法的手段において時間外割増賃金の請求をする場合には、時効の中断（民法 147 条以下）、民法 153 条の催告等の事情がない限り、消滅時効が成立していない 2 年間分の時間外割増賃金を請求する傾向にある。

　時間外割増賃金をめぐる紛争において、使用者が、労働者の時間外割増賃金

請求権につき消滅時効が成立している旨主張をして争うことは少なくないところ、裁判例は、使用者による消滅時効の主張について、個別事情に応じた対応をする傾向にある。日本セキュリティシステム事件（長野地佐久支判平成11.7.14労判770号98頁）は、「請求者を明示し、債権の種類と支払期を特定して請求すれば、時効中断のための催告としては十分である」として時効中断の催告の効力を認めるとともに、訴訟に至る経緯を踏まえて、「提訴後2年4か月を経て、たまたま時効期間が経過したことを理由に時効を援用することは信義にもとる」として権利濫用として消滅時効の主張を排斥した。使用者の行為態様の悪質性に着目して、消滅時効の主張自体をアンフェアとする価値判断に基づくものといえる。他方で、前掲・日本コンベンションサービス事件は、使用者がタイムカードの提示を拒み、労働者の訴え提起を困難にしたということを認定しながらも、消滅時効の援用は信義則違反及び権利の濫用とはならないとした。しかし、かかる判断は、当事者にとって予測可能性に乏しいものともいえる。

　ところで、不法行為構成による請求が可能であれば3年間分の時間外割増賃金相当分の金銭請求が可能となり、賃金債権の消滅時効を2年間と定める労基法115条に基づく、時間外割増賃金請求は2年間分とする定着した実務に大きな影響を与えることとなる。これは第二の実益といえる。これは、労働者が時間外労働をした場合に、使用者にいかなる注意義務違反ないし違法性が認められるのかという理論的な問題である。

　ここで参考となる杉本商事事件は、時間外割増賃金請求であれば消滅時効が成立した期間に対応する時間外割増賃金相当額を損害として不法行為に基づく損害賠償請求をした事案である。第一審（広島地判平成19.3.30労判952号43頁）は原告の請求を棄却したが、控訴審（広島高判平成19.9.4判時2004号151頁）は、「同営業所の管理者は……部下職員の勤務時間を把握し、時間外勤務については労働基準法所定の割増賃金請求手続を行わせるべき義務に違反した」、「被控訴人代表者においても、広島営業所に所属する従業員の出退勤時刻を把握する手段を整備して時間外勤務の有無を現場管理者が確認できるようにするとともに、時間外勤務がある場合には、その請求が円滑に行われるような制度を整え

るべき義務を怠った」として、請求を認容した。同判決は、使用者に労働時間の適正管理義務を認め、支払うべき時間外割増賃金を支払わなかったことをもって義務違反としている。例えば、長期間サービス残業が常態化している、時間外労働時間を故意に支払わない意図で労働時間の管理が全くされていないという、使用者に強い悪質性が見られる事案であれば不法行為の成立は認容される可能性が高くなるといえるが、同判決はそこまで使用者の悪質性が強くはない事案においても不法行為の成立を認めたのであった。同判決の法理が直ちに実務に定着するわけではないと思われるが、同判決のいう使用者による労働時間の適正管理義務違反の法的根拠の所在、同義務違反と不法行為上の注意義務違反との関係が明らかになった場合には、現在の時間外労働は２年間分という実務が変更される可能性があるといえよう。

Ⅳ　おわりに

　労働時間をめぐる裁判例においては、所定内外の労働時間を問わず、まず、当事者間において労働時間に対応する賃金請求権に関する明確な合意等の有無を検討し、明確な合意等がない場合には、裁判所は、不明確な合意等と労務実態とに基づく合理的意思解釈の手法により、不明確な合意等を明確なものとする作業を行う傾向にあるといえよう。そして、労働時間をめぐる諸問題それぞれについて、概ね判例法理ともいうべき裁判所による判断の傾向が定着しつつあるが、結論の妥当性に目を奪われた、支持できない裁判所の判断がなされることも稀にある状況にある。

　これまでの裁判例は、不明確な合意等をいかに明確にするかをめぐって発展していたが、労働条件明示義務や労働時間把握義務等が意識されるようになれば、今後当事者間で予め明確な合意等をすることによって、紛争時の予測可能性が確保されることを期待したい。また、時間外割増賃金を３年分請求するという不法行為構成は、現在の実務に多大な影響を及ぼすものと思われ、今後の動向を注視したいと考えている。

第 6 章　賃金請求権との連動

1) 平成 20 年 10 月 24 日厚生労働省発表参照。
2) 山口幸雄ほか編『労働事件審理ノート〔改訂版〕』(判例タイムズ社、2007 年) 111 頁参照。
3) 盛誠吾「賃金債権の発生要件」日本労働法学会編『講座 21 世紀の労働法〔5〕賃金と労働時間』(有斐閣、2000 年) 63 頁参照。使用者が労務提供を実際に受領したか否か、労働者が現実に労働したかどうかは賃金債権の発生とは無関係であるとするのが労働力説である。
4) 菅野和夫『労働法〔第 8 版〕』(弘文堂、2008 年) 210 頁以下、土田道夫『労働契約法』(有斐閣、2008 年) 213 頁以下参照。
5) 菅野・前掲注 4) 書 211 頁参照。
6) 毛塚勝利「賃金・労働時間法の法理」日本労働学会編・前掲注 3) 書所収、この場合も広い意味で履行不能による債務消滅による反対給付請求権の帰趨問題、つまり危険負担の問題とみることもできるとして、債務不履行に関しては当然解釈なり民法 536 条 1 項の類推適用とする。
7) 盛・前掲注 3) 論文 74 頁は、「たとえ不完全な労務提供であれ、使用者の指揮命令を完全に排除するものではなく、本来の労務の履行自体は可能である場合 (リボン闘争など) には、労務の提供自体はあったことになり、使用者が明確に受領を拒否し、そのことが使用者の帰責事由 (民法 536 条 2 項) に該当しないと評価されることによってはじめて賃金請求権は発生しないことになる」とする。
8) 土田・前掲注 4) 書 216 頁参照。
9) 荒木尚志『労働時間の法的構造』(有斐閣、1991 年) 202 頁参照。
10) 昭和 22.11.21 基発外。
11) 昭和 22.11.5 基発 231 号、昭和 22.12.26 基発 572 号。
12) 昭和 23.2.20 基発 297 号。
13) 平成 11.3.31 基発 170 号。
14) 昭和 22.9.1 発基 17 号。
15) 昭和 23.3.17 基発 461 号。
16) 野田進＝加茂善仁＝鴨田哲郎「労働時間・時間外労働をめぐる諸問題について――平成 17 年以降の判例を素材にして」労判 946 号 26 頁参照。
17) 東京大学労働法研究会編『注釈労働基準法下巻』(有斐閣、2003 年) 632 頁参照。
18) 石橋洋「労基法上の労働時間と賃金請求権」労判 828 号 5 頁参照。
19) 東大・前掲注 17) 書 632 頁参照。
20) 125 % 説を支持するものとして、木南直之「事後的に認定された労働基準法上の労働時間について支払うべき金銭の計算方法」季労 214 号 95 頁。
21) 昭和 63.3.14 基発 150 号・婦発 47 号。
22) 昭和 24.1.28 基収 3947 号。
23) 徳島南海タクシー〔割増賃金〕事件 (最三小決平成 11.12.14 労判 775 号 14 頁) も同旨である。
24) 前掲注 16) 鼎談 21 頁において、鴨田弁護士は、「使用者側で、すでにこれだけ払い

ましたという立証ができていないではないかと。いくら払ったということが検算できないと、どうしようもないではないですかということなのではないでしょうか。」とコメントをしている。
25) 前掲注16) 鼎談26頁参照。
26) 昭和63.3.14基発150号。
27) 大阪高判平成14.11.26労判849号157頁、最二小決平成15.5.30はこれを支持した。

第7章

労働時間の決定・変更方法

斉藤　善久

I　はじめに

1　本章の目的

　本章では、労働条件としての労働時間の重要性を確認したうえで、その決定・変更にかかる諸手続および関連判例を、労働者意思の反映という観点から検討する。

2　労務評価基準としての労働時間

　労働契約とは、労働者が労務の提供を約し、使用者がその対価の支払いを約する、継続的な双務契約である。では、労働者が提供すべき《労務》とは何か。
　一つのあり得る説明として、労務とは成果可能性であると考えることができる。使用者は、指揮命令権を行使することでこの可能性から具体的成果を導き、利潤を得る。この場合、賃金額の主要部分は、労働者が提供する可能性の内容と職務専念義務に服する時間の長さとに基づいて合意されると考えるのが自然である。
　このような説明に親和的な時給制度は、実際には、パートやアルバイトといういわゆる非正規雇用の現場において多用されている。その多くは、比較的単純で、時間あたりの成果について個人差の生じにくい職種である。他方、正規雇用者に典型的な月給制度では、月毎の所定労働時間数が異なるなど、説明が困難な部分も生じる。しかし、たとえば長期雇用を前提とした月単位での概

算払いと解することも、一応可能である。

　これに対し、近年急速に普及している成果主義的賃金制度は、達成された成果を参考にして労務の価値を逆算する労働評価手法と言える[1]。成果の多寡という経営上のリスクを労働者に転嫁するものであることに加え、労働者が労務を提供した時間の長さをむしろマイナスに評価する（費用対効果）側面を有する点に注意が必要である[2]。

　このように、労働の現場において、労働評価基準としての労働時間の意義・取り扱いは変質しつつある。また、裁判所もその流れに合理性を追認する傾向にある[3]。

3　労働条件としての労働時間と労働者の意思

　労働評価基準としての労働時間の意義・取り扱いには上述のような傾向が認められるが、労働者にとって、労働時間は依然、極めて重要な労働条件に他ならない。たとえば、労働時間の短縮は、賃金と労働時間の間に対応関係が残っている限り、賃下げの理由とされやすい[4]。また、仮に賃金と労働時間の対応関係が失われた場合でも、時短はノルマや成果主義的労働評価との関係で事実上の労働強化につながりやすい。他方、所定労働時間の延長は、それが賃金に反映されない場合は実質的な賃下げを意味するし、反映される場合でも法定内残業手当の減少を導く場合がある。さらに、長時間労働は労働者の健康やワーク・ライフ・バランスの観点からも問題がある（深夜労働や休日労働、休憩・休暇などについても同様の問題が指摘できよう）。

　すなわち、労働条件としての労働時間は、所得や健康とも複雑に絡み合った、個々人の《働き方》、ひいては本人（およびその家族）の《生き方》の問題という側面を有し、それ故、客観的な有利・不利の判定には馴染みにくい性質のものであると言える。したがって、その決定・変更については個別同意によることが理想的である。しかし、使用者における統一的処理の必要性も極めて大きい事項であるため、両者の兼ね合いが問題となる。具体的には、労働時間に関していわゆる就業規則変更法理（労働契約法10条）を適用することの可否や、具体的な適用方法が問題となる。また、労働協約による場合にもやはり、この

ような個別労働者の《働き方》《生き方》にかかわる事項の、組合内部における集団的な意思決定の方法について、考察が必要となるだろう。

　なお、少なくとも長時間労働に関してはさらに、公衆衛生やワーク・シェアリング、ソーシャル・ダンピング規制など、個別労働者の直接的利害とは別個の政策的観点からも一定の規制が必要となる。法は、割増賃金制度等を通じて長時間労働を抑制しつつ、法が用意する労働時間算定方法のオプションの適用や上限規制の解除について、当事者たる当該職場の労働者の意思を反映させるシステムを設定している。いわゆる法定労働時間制度である。長時間労働が労働者およびその家族に及ぼす影響を考えれば、その具体的各制度の適用に当たっては、法定内の労働時間に関する労働条件決定・変更における場合以上に、集団的意思決定などにおける個別労働者の実質的な意思反映方法の確保が求められるべきだろう。

　以下では、このような観点から、法定内および法定の労働時間に関する労働条件決定・変更システムと、その運用にかかる裁判例の動向を概観する。

Ⅱ　法定内労働時間にかかる労働条件の決定・変更

1　基本認識

　法定内の所定労働時間に関する労働条件の決定・変更について、法は特別の方法を規定していない。したがって、その決定・変更は、その他の労働条件事項と同様、個別的には労働契約、集団的には労働協約により行うことになる。また、就業規則による集合的な決定・変更についても、その他の労働条件事項と同様、一定の要件の下で許される（就業規則変更法理ないし労働契約法10条の適用対象となる）との理解が支配的である。

　なお、労働時間に関する労働条件の集団的ないし集合的な決定・変更の可否およびその方法を考えるに際しては、客観的な有利・不利の判定に馴染まない個々人の《働き方》《生き方》にかかわる事柄であることに留意した慎重な検討が必要と思われるが、学説・判例において、そのような発想は希薄である。

2　労働協約による決定・変更

　法定内労働時間に関する労働条件が団交事項であることに異論はない。裁判例としては、LA（ライフ・アドバイザー）の就業時間の変更問題について、過半数に満たない労働組合との団体交渉に応じるべき義務を使用者である農業協同組合に認めた兵庫県・兵庫県労委〔みのり農協労働組合〕事件・神戸地判（平成19.9.11 労判950号31頁）があるが、当然の判断である。ただし、一般に法定内労働時間の変更は就業規則変更によって行われている。そして、当該変更過程における団交応諾義務・誠実交渉義務の履践状況いかんは、就業規則変更法理における合理性判断の一要素（「労働組合等との交渉の経緯」）としてしか評価されていないのが実情である。

　このことは、就業規則変更に際しての意見聴取手続において、過半数組合が存する場合は当該組合が労働者代表となること、および、意見聴取手続があくまで意見を聴く手続にすぎず、合意手続ではないことに一因があると思われる。すなわち、たとえば過半数組合が労働者代表である場合は、当該組合が労働組合として交渉しているのか、労働者代表として意見を述べているのかが判然としない（あるいは、裁判所がこれを積極的に分離して評価しようとしない）場合が少なくない。しかし、当該組合が協約の締結を目指して団交を継続ないし要求していると評価し得る場合は、集団法的観点から、少なくとも当該組合の組合員については当該就業規則変更による具体的労働条件の変更を否定すべき場合があるだろう。

　なお、法定内労働時間に関する労働協約と当該組合員の具体的労働条件との関係が正面から争われた事案は見当たらない。また、学説も特にこの点を詳細に検討したものは現れていないようである。しかし、労働条件としての労働時間の重要性や、客観的な有利・不利の判定の困難さに鑑みれば、その集団的意思決定において求められるべき組合民主主義や公正代表義務のあり方および個別組合員の労働条件に対する拘束力については慎重な検討が必要と思われる。

3　就業規則による決定・変更

（1）　**法定手続の形式的要件性**　　労働条件としての労働時間は、就業規則の

絶対的必要記載事項（始業および終業の時刻など）とされている。就業規則の変更によって労働時間を変更できるか、すなわち就業規則変更法理（および労働契約法 10 条）の妥当性および射程の問題については検討が必要だが、少なくとも、使用者が就業規則の変更すら行わず一方的に当該職場における労働時間を決定・変更することは許されない（前掲・兵庫県・兵庫県労委〔みのり農協労働組合〕事件・神戸地判）。

　一般に、就業規則に定めた労働条件内容が本来の最低基準効を発生するための手続要件については、周知のみで足りるとする説が有力である。他方、就業規則変更法理を適用する場合については、その前提条件として届出・意見聴取を含む法定の就業規則作成・変更手続のすべてを履践すべきとの立場が支配的であり[7]、同法理を法文化した労働契約法もまた、周知を手続要件として明示（第 10 条）するとともに、届出・意見聴取も行うべき旨規定した（第 11 条）。ところが、労働契約法の定める届出・意見聴取の履践については、「変更された就業規則が労働契約を規律するための絶対的要件ではな」く、「合理性判断におけるプラスの材料になる」にとどまると理解する立場が有力に主張されている[8]。しかし、就業規則変更法理（および労働契約法第 10 条）によって導かれる結果の重大性に鑑みれば、少なくとも労働時間のような重要な労働条件については、その適用に慎重を期す観点から、より厳格な運用が求められるべきである。

　（2）　**法定手続の実質的要件性**　　まず、意見聴取義務について見ると、法文上、同義務は同意義務ではなく、あくまで労働者代表の意見を聴く義務に過ぎないことなどから、その実質的要件性は学説・判例において大きな論点とはなっていない。

　しかし、就業規則変更法理（および労働契約法 10 条）は一般の契約法理からは説明困難な特殊な効力（使用者による一方的な労働条件不利益変更）を就業規則に認めるものであることに鑑みれば、同法理のもとでの意見聴取手続については、労働者が自らの意思を就業規則の内容に反映させる重大なチャンスとして重視されるべきと思われる。使用者には、誠実な聴取態度が求められよう。また、このような観点からは、就業規則の草案段階からの詳細な情報開示や、過

半数組合ないし過半数代表者が当該就業規則の適用対象従業員全体に対して負うべき公正代表義務、過半数組合が存しない場合の過半数代表者の具体的選出方法なども問題となるはずである。

なお、過半数組合の公正代表性を考えるに際しては、歩合給制度に関する第一小型ハイヤー事件・最二小判（平成 4.7.13 判時 1434 号 133 頁）が参考になる[9]。同判決は、「多数組合との団交決定は通常使用者と労働者の利益が調整された内容のものであるという推測が可能である」とする一方、並存組合の組合員との関係ではそのような推測が成り立たない可能性を指摘し、同事件を原審に差し戻している（もっともこれは、本来的には少数組合の団結権保護の観点から論じられるべき問題と言うべきだろう）。

他方、周知手続については、懲戒規定に関するフジ興産事件・最二小判（平成 15.10.10 判時 1840 号 144 頁）が当該規定の効力要件としたことなどを受けて、学説においても比較的関心を集める論点となっている。ただし、議論の内容は、主として周知を法所定の方法に限定することの妥当性に集中している。すなわち、周知手続に関する規制緩和という意味での、「実質的」周知論である。

しかし、意見聴取手続が労働者の意思反映手続として十分に評価されていない現状に鑑みても、また、周知手続が、事後的にではあれ労働者が就業規則の内容に関して自らの意思を形成し、団体交渉などのアクションを起こしていくための最も基本的な条件を提供するものであることからも、法所定の周知方法を形式的に履践するだけでなく、労働者個々人に確実に周知しうる形で履践することを求める方向での、周知手続の「実質化」論が追求されていくべきだろう。特に、労働時間のように労働者個々人の《働き方》《生き方》と密接な関係を有する重要な労働条件を変更しようとする場合には、このことが重視されるべきである。

（3） **合理性判断**　第四銀行事件・最二小判（平成 9.2.28 民集 51 巻 2 号 705 頁）以降、就業規則変更法理における合理性判断は、基本的に、就業規則の変更によって労働者が被る不利益の程度、使用者側の変更の必要性の内容・程度、変更後の就業規則の内容自体の相当性、代償措置その他関連するほかの労働条件の改善状況、労働組合等との交渉の経緯、他の労働組合又は他の従業

員の対応、同種事項に関するわが国社会における一般的状況、およびその他の事項という各判断要素の総合考慮によって行われている。なお、大曲市農業協同組合事件・最三小判（昭和63.2.16民集42巻2号60頁）以降、賃金・退職金など重要な労働条件事項については不利益変更に「高度の必要性」を要求する判断枠組みが確立しているが、労働時間に関する変更事案について「高度の必要性」要件が適用された例は見当たらない。

　就業規則変更法理のもとで、労働者意思の反映いかんは、もっぱら上記「労働組合等との交渉の経緯」として検討されることになる[10]。ただし、しばしば指摘されるとおり、同法理の適用における各合理性判断要素のウェイト付けは不明確である。たとえば、前掲・第一小型ハイヤー事件最判および前掲・第四銀行事件最判は、組合の同意やそれとの協約締結は労使間の利害調整の結果であり合理性判断の重要なファクターになるとしたのに対し、みちのく銀行事件・最一小判（平成12.9.7民集54巻7号2075頁）は、当該変更の不利益性が大きい場合は過半数組合の同意を大きな考慮要素とは評価できないとした。

　労働時間に関する労働条件の変更事案にかかる代表的な裁判例としては、週休二日制の導入にともない平日の労働時間が延長された事案である北都銀行〔旧・羽後銀行〕事件および函館信用金庫事件の各判決がある（ともに、銀行法施行令の改正を背景とする事案である）[11]。

　北都銀行事件は、平日の勤務時間を10分、特定の日には60分延長することについて、従業員の約8割を組織する多数組合が当該変更に同意する一方、少数組合がこれに反対していた事案である。第一審（秋田地判平成4.7.24民集43巻4号662頁）は少数組合の反対という事実の評価についてなんら判示することなく、当該変更の合理性を肯定した。他方、控訴審（仙台高秋田支判平成9.5.28民集48巻3号186頁）は、同行の経営陣と多数組合（による「企業体の多数意見」）と少数組合（少数意見）との対立関係を直視し、少数者の権益保護の要請、および不利益の大きさの観点から、多数組合の同意は当該変更の合理性を支える決定的な理由にはならないとした（結論も合理性否定）。以上に対して、上告審（最三小判平成12.9.12労判788号23頁）は、「従組（少数組合）がこれに強く反対していることや羽後銀行における従組の立場等を勘案しても、本件就

業規則変更は、右不利益を被上告人らに法的に受忍させてもやむを得ない程度の必要性のある合理的内容のものであると認めるのが相当である」として、当該変更の合理性を肯定した。

　また、函館信用金庫事件は、労働条件変更に際しての組合との協議を規定する旧就業規則のもとで、平日勤務時間を 25 分延長することについて従業員の約 7 割を組織する多数組合が反対していた事案である。第一審（函館地判平成 6.12.22 民集 48 巻 4 号 433 頁）は、「被告は、本件就業規則の変更に当たり、労基署の指導に従い組合との団体交渉の機会を持ってはいるものの、当初から組合と誠実に交渉する意図を有していなかったものであり、そのため被告と組合との交渉が十分尽くされなかったことが認められる」とし、「本件就業規則の変更に際しての手続（組合との交渉経過）にはかなりの問題があったといわざるを得ない」としながら、本件変更による不利益は極めて軽微であり、必要性も肯定されるとして、変更の合理性を肯定した。これに対して、控訴審（札幌高判平成 9.9.4 民集 48 巻 4 号 362 頁）は、多数組合との協議がなされなかった事実を当該変更の合理性を否定する重要な要素と解して、当該変更の合理性を否定した。しかし、上告審（最二小判平成 12.9.22 労判 788 号 17 頁）は、多数組合が当該変更に強く反対していることや、会社と多数組合との協議が十分なものであったとはいい難いこと等を勘案してもなお、本件就業規則変更は合理的内容のものであるとして、当該変更の合理性を肯定している。

　このように、労働時間に関する労働条件変更事案においても、当該変更の合理性判断に際しての労働者意思の反映程度に関するウェイト付けは一定していない。

　私見によれば、労働時間のような基本的で重要な労働条件を、このような予見可能性に乏しい法理（および労働契約法 10 条）の適用対象とすることは望ましくない。また、仮にその適用対象とする場合には、少なくとも、賃金などと同様の「高度の必要性」要件を課すべきである。さらに、客観的な利害判定の困難性に鑑みて、その他の労働条件における場合以上に「労働組合等との交渉の経緯」を重視すべきである。

Ⅲ 法定労働時間制度の適用

1 法定労働時間制度の概要

労働時間の外枠については、1日8時間、1週40時間が上限として設定されている（労基法32条各項）。ただし、その具体的適用方法についてはいくつかのオプションが用意されている（変形労働時間制）。また、いわゆる三六協定制度により、上記の上限労働時間数を超過して労働者を使用することもできる。超過分については法定割増率による賃金の支払いが必要となり（労基法37条）、違反には罰則が適用される。休日労働についても同様である。[13]

他方、使用者による労働時間の把握が困難な事業場外での業務に従事する者（労基法38条の2）や、業務の性質上その遂行の方法を大幅に労働者の裁量にゆだねる必要のある業務に従事する者（労基法38条の3、38条の4）については、いわゆる「みなし労働時間制度」が用意されている。いずれも、使用者における労働時間把握義務を緩和するものであるが、特に後者（裁量労働制）については、近年問題となっている「みなし管理職」とならび無制限の労働搾取を導きやすい制度であり、厳格な運用が求められよう。

これら法定労働時間各制度の詳細については、本書第3章を参照されたい。以下では、その適用に際して求められる労働者意思の反映方法を中心に、代表的な各制度の基本的特徴と問題点を概観する。

2 労働者意思の反映方法

（1） 上限の適用方法に関するオプションの活用（変形労働時間制） 　　変形労働時間制には、①1か月単位（労基法32条の2）、②1年単位（労基法32条の4）および③1週間単位（労基法32条の5）の3類型がある。なお、いわゆるフレックスタイム制も用意されているが（労基法32条の3）、①～③が「事業の繁閑等の事業経営上の事情に対応するための制度であるのに対して、フレックスタイム制は、労働者に自己の都合に合わせて労働時間の管理を行えるようにする制度である点で異なる」。[14]

上記3類型のうち最も多用され紛争も集中する1か月単位変形制は、労基法制定当初からの4週間単位変形制が、昭和62年の労基法改正で1か月単位となったものである。同制度の導入については、当初、「就業規則その他これに準ずるもの[15]」により実施を定めることが要件とされていた。しかし、「労使の話合いによる制度の導入を促進するため」、および、その後法定された1年単位[16]および1週間単位[17]の変形労働時間制については過半数組合（存しないときは過半数代表者）との協定・届出が導入要件とされたことなどから[18]、平成10年改正により、労使協定・届出による導入も認められることとなった。

　労使協定の効果については、「使用者が変形制を採用しても労基法違反とはならないという違法性阻却効果をもつにとどまり、これに従って労働することを労働者に義務づけるには、労働契約や就業規則など別の根拠が必要になる」と解する立場が一般的であるが[19]、そのような私法上の義務づけ根拠としては、個別同意までは必要なく、「就業規則や労働協約において、本条に従った変形制労働時間の内容とそれに従って労働すべきことが定められていれば足りるとの見解が有力となっている[20]」[21]。

　このような変形労働時間制度については、以下の諸点の妥当性につき検討が必要と思われる。

　第一に、1か月単位変形制についてのみ、「就業規則その他これに準ずるもの」による導入が認められていること、および、労使協定によるか「就業規則その他これに準ずるもの」によるかは「最終的には使用者が決定できる」と解されていることである[22]。つまり、①1か月単位変形制については、②③の類型とは異なり、適用対象労働者の集団的ないし集合的な合意を要しないということであるが、合理的とは思えない。少なくとも、法定内所定労働時間についてみたのと同様の、意見聴取の実質化（確実化）が求められよう。

　第二に、過半数組合が存しない場合の、過半数代表者による代替の妥当性についてである[23]。情報収集能力や意思集約能力、使用者との交渉能力の面で、両者間の落差はあまりに大きいと言うべきだろう。

　第三に、そもそも過半数組合に適用対象労働者の全体を代表させることの妥当性についてである。非組合員に対する代表可能性はもちろん、組合員との関

係においても、個別労働者の《生き方》と密接に関わる問題の特殊性に応じた公正代表性・組合内部自治に関する検討が必要だろう。

（2）　上限の変更・適用除外（三六協定）　　いわゆる三六協定制度においても、前述の変形労働時間制と同様、当該事業場の過半数労働組合との協定が導入要件とされ、過半数組合が存しない場合については過半数代表者による代替が規定されている。したがって、この点については、変形労働時間制について述べたのと同様の問題が指摘できる。ただし、三六協定は法定労働時間の上限の適用を除外（し、当該事業場独自の上限を労使間の合意により設定）するものであるから、労働者意思の反映手続については、変形労働時間制における場合以上に厳密かつ実質的（確実）な方法によることが求められよう。

代表的な裁判例としては、役員を含む全従業員からなる親睦団体の過半数代表性を否定（したがって三六協定の効力も否定）したトーコロ事件・東京高判（平成9.11.17労民集48巻5＝6号633頁）がある。また、三六協定が締結された場合の、個別労働者における労働契約上の時間外労働義務の有無について判断した例として、日立製作所武蔵工場事件・最一小判（平成3.11.28民集45巻8号1270頁）がある。これは、三六協定を踏まえた就業規則所定の実施条件の曖昧さが問題とされた事案に対する判決である。同判決は、「生産目標達成のため必要のある場合」や「業務の内容によりやむを得ない場合」という就業規則所定の実施条件がいささか概括的であるとしながら、当該時間外労働の必要が生じた原因が当該労働者にあったという事案の特殊性なども勘案して、時間外労働義務の存在を肯定した。同判決においては就業規則変更法理に類似の合理性判断が行われているが、同法理（および労働契約法10条）の適用における周知手続の実質化（確実化）が必要と考える本稿の立場からは、このような曖昧な実施条件のもとで労働者に法定労働時間の上限を上回る労働義務を肯定した同判決には賛成できない。

（3）　労働時間把握義務の緩和（裁量労働制）　　いわゆる裁量労働制には、デザイナー、システムエンジニアなど専門的な業務に就く者を対象とする専門業務型裁量労働制（労基法38条の3）と、事業運営の企画、立案、調査及び分析の業務を行うホワイトカラー労働者を対象とする企画業務型裁量労働制（労基

法38条の4）の2種類が用意されている。

　この二つの制度について特筆すべきは、当該事業場における各制度の導入手続に大きな違いがあることである。すなわち、昭和62年施行の専門業務型裁量労働制の導入要件は当該事業場の過半数組合（存しない場合は過半数代表者）との書面による協定、および所轄労基署長への届出であるのに対し、平成12年施行の企画業務型裁量労働制[26][27]については、企画業務型裁量労働制にかかる労使委員会[28]の決議および所轄労基署長への届出が要件とされている。この労使委員会のメンバーの半数（労側委員）は、当該事業場の過半数組合（存しない場合は過半数代表者）に任期を定めて指名された者である（労基法38条の4第2項第1号）。

　両制度の手続要件にこのような違いが設けられている理由については、専門業務型裁量労働制では適用対象業務が限定されているのに対し、企画業務型裁量労働制では適用対象業務が広範囲に及ぶことから、その導入について専門業務型よりも厳格な要件が課されたものと解する立場が一般的である[29]。しかし、上記のような理解の妥当性には、特に労働者意思の反映可能性の観点からいくつかの疑問がある。

　第一に、労使委員会制度においては、労使協定制度におけるよりもさらに、当該制度およびその適用対象労働者と労働者代表との距離が大きい。すなわち、労使委員会制度における労側委員は過半数組合（存しない場合は過半数代表者）から「指名」された者であって、しかも、企画業務型裁量労働制の導入・内容の問題に特化した委員として「指名」されるわけではない。したがって、適用対象労働者の意思を適切に集約・代表することは、労使協定制度における場合以上に困難であると思われる。労側代表者としての正統性の問題に他ならない。この問題につき、従前は労側委員に対する信任手続が規定されていたが、平成15年の労基法改正で廃止された。

　第二に、労使委員会制度の下で過半数組合に「指名」された労側委員については、労使協定制度における過半数組合よりさらに、労働者の団結（権）を背景とした力強い交渉を行うことが期待しにくいと思われる。これは、一つには、第一でもみたように過半数組合の関与方法がより間接的だからであり、一つに

は、労使委員会における議決が多数決方式（5分の4以上の賛成による）だからである。後者については、従前は全会一致方式が採られていたが、平成15年の労基法改正で上記のように変更された。この結果、労使協定制度における労使間合意としての協定の成立に比べて、労使委員会における賛成の決議はむしろ容易になったと言えるだろう。なお、このことはもちろん、過半数組合が存しない場合の労働者意思の反映可能性にも大きな影響を及ぼしている。

　なお、企画業務型裁量労働制にかかる上記労使委員会決議の内容には、当該裁量制の適用について「当該労働者の同意を得なければならないこと及び当該同意をしなかつた当該労働者に対して解雇その他不利益な取扱いをしてはならないこと」を含むべきことが法定されているが（労基法第38条の4第1項6号）、このような特殊な規定方法の下で、個別労働者の労働契約上ないし労働基準法上の権利性は不明確である。また、本稿が重視する周知の問題に関しては、労使委員会の議事について議事録を作成・保存するとともに当該事業場の労働者に周知すべきことが法定されているが（労基法第38条の4第2項2号）、その具体的な要件性は必ずしも明らかでない。

　他方、労使協定制度についても労働者意思の反映可能性の観点から問題の多いことは、変形労働時間制等について前述したとおりである。

　（4）　労使委員会による代替　　上述のとおり、企画業務型裁量労働制にかかる労使委員会制度は、労働者意思の反映という観点から問題の多いものである。特に、平成15年の労基法改正の結果、当該システムにおける労働者意思の反映可能性は、労使協定制度（それ自体、労働時間という労働者の「働き方」・「生き方」にかかわる重大な労働条件の決定・変更方法としては問題が多い）よりもむしろ低下したとさえ評価しうるものになり果てた。

　ところが、この問題は、企画業務型裁量労働制の導入における労働者意思の反映いかんに止まるものではない。なぜなら、当該労使委員会の決議には、これまで見てきた労働時間に関係する各労使協定制度のもとでの協定に代替する効力が付与されているからである（労基法38条の4第5項）。

　そして、このような実質的規制緩和はその後さらに加速し、平成18年4月施行の「労働時間等の設定の改善に関する特別措置法」7条1項が、労働時間

等設定改善委員会[30]の決議につき同様の代替機能[31]を規定した。さらに、同条2項は、一定の要件のもとで、安衛法上の衛生委員会（安全衛生委員会）を労働時間等設定改善委員会とみなす旨規定した。企画業務型裁量労働制にかかる労使委員会の労側委員が過半数組合（存しない場合は過半数代表者）に任期を定めて指名されるのに対し、これら各労使委員会の労側委員は、過半数労働組合（存しない場合は過半数代表者）の推薦を受けて事業主（使用者）が指名することとされている。また、衛生委員会などは、そもそも労働時間に関する労働条件の決定・変更を主目的として設置されるものですらない。当該各労働時間制度の導入およびその内容に対する労働者意思の反映の可能性は、企画業務型裁量労働制にかかる労使委員会制度と比べてもさらに小さくなると思われる。

　このような無原則的な規制緩和の進行には、わが国における労働組合の弱体化もさることながら、労働条件としての労働時間の重要性、また、労働条件決定における労働者意思の反映の重要性に対する軽視の傾向が大きく影響していると思われる。労働と契約の基本概念を再確認する作業を通じて、労働条件としての労働時間の意義とあるべき決定・変更方法について再検討することが必要である。

1）　経済のグローバル化などにともなう競争の激化により企業経営が近視眼化し、正規雇用者についても雇用が不安定化する一方、その職務内容は複雑・高度であり、成果に個人差の生じやすいものであることから導かれた傾向である。多くの場合、賃金原資総額は一定であるためパイの奪い合いが生じ、労働者は「自発的」な労働強化スパイラルに追い込まれる。
2）　労働時間と賃金の間に対応関係が残っている場合。これに対し、期間と成果だけに着目する究極的な成果主義の下では、労働時間と関連付けた形での成果可能性論にはもはや妥当の余地がなく、労働時間は（最低賃金規制にかかる側面を除き）賃金算定要素から外れることになる。
3）　たとえば、ノイズ研究所事件・東京高判（平成18.6.22労判920号5頁）など。同事件評釈である拙稿・法時992号99頁を参照。
4）　40時間労働制に対応した時短導入を理由とする基本給減額（就業規則不利益変更）に合理性が認められた例として、九州運送事件・大分地判（平成13.10.1労判837号76頁）がある。
5）　なお、就業規則変更を行わないまま就業時間が変更された事案であり、また、過半数組合は存在しなかった事案である。

6) なお、労働協約による労働条件の不利益変更における組合内部での適正な意思決定に関する問題の全般について論じたものとして、道幸哲也「労働協約による労働条件の不利益変更と公正代表義務(1)〜(4完)」判評851号5頁／853号5頁／855号5頁／857号5頁（2003年）、同「労働組合の公正代表義務」日本労働法学会誌69号（1987年）5頁参照。
7) 菅野和夫『労働法〔第7版補正版〕』（弘文堂、2006年）113頁。
8) 菅野和夫『労働法〔第8版〕』（弘文堂、2008年）119頁。
9) さらに、羽後銀行事件（仙台高秋田支判平成9.5.28労判716号21頁）も参照。
10) 多数組合の合意を合理性判断要素とすることの問題を指摘するものとして、青野覚「判例における合理性判断法理の到達点と課題」日本労働法学会誌92号135頁以下参照。また、西谷敏教授は、「労働協約による変更についてさえ、組合全体と組合員との利害対立が生じ、組合員が組合全体の決定に〈納得〉するとは限らない」のであって、「就業規則の場合には、それに加えて、多数組合の同意が、非組合員や少数組合の組合員などを〈納得〉させうるとは限らないという問題もある」とする（西谷「不利益変更と労働者の〈納得〉」季労210号（2005年）6頁）。
11) 同様の事案にかかる裁判例として、伊達信用金庫事件・札幌地室蘭支判（平成7.3.27判タ891号120頁）参照。
12) 協議条項がある場合の合理性判断において「労働組合等との交渉の経緯」のウェイトを加重した例として、大輝交通事件・東京地判（平成7.10.4労判680号34頁）参照。
13) 時間外割増賃金の支払いおよび法定割増率は最低労働基準であり、当事者間で不支給を合意しても無効である（オフィステン事件・大阪地判平成19.11.29労判956号16頁）。
14) 柳屋孝安『労働法判例総合解説〔20〕休憩・休日・変形労働時間制』（信山社、2007年）104頁。なお、フレックスタイム制の導入については、「就業規則その他これに準ずるもの」により対象労働者を特定したうえで、清算期間・総労働時間につき当該事業場の過半数組合（存しない場合は過半数代表者）との協定を締結することが要件となる。
15) 「その他これに準ずるもの」とは、就業規則作成義務のない常時10人未満の労働者を使用する事業場や地方公務員についてのあり方を示したものである（昭和63.1.1基発1号）。
16) 昭和62年に定められた3か月単位変形制が、平成5年に改正されたもの。
17) 昭和62年に定められたもの。
18) 平成11.1.26基発45号。
19) 1か月単位変形性について、東京大学労働法研究会編『注釈労働基準法下巻』526頁（山川隆一）。同旨の行政解釈として、昭和63.1.1基発1号。
20) なお、たとえば1か月単位変形制については労働時間の総枠の定め、変形期間内の労働時間の特定および変形期間の起算日の明示が実施要件として定められている。
21) 東大労研・前掲注19)書554頁以下（山川隆一）。なお、これに続けて執筆者は、「労基法36条のもとでの時間外労働についても、最高裁は、労働者の個別的合意までは必要でないとの立場をとっているうえ（略）、時間外労働義務につき別個の見解をとる場

合でも、変形労働時間制は制度的・集団的な性格を強く有するものであるので、就業規則や労働協約上の根拠規定でも足りると解さざるを得ないであろう。」との見解を示している。

22) 平成11.1.29基発45号。
23) 過半数代表者の要件は、「①法第41条第2号に規定する監督又は管理の地位にある者でないこと。②法に基づく労使協定の締結当事者、就業規則の作成・変更の際に使用者から意見を聴取される者等を選出することを明らかにして実施される投票、挙手等の方法による手続により選出された者であり、使用者の意向によって選出された者ではないこと。」である（平成11.1.29基発45号）。
24) 労規則16条の定める必要記載事項（①時間外労働をさせる必要のある具体的事由、②業務の種類、③労働者の数、④延長することができる時間）を明記した書面の形で締結されなければならない。
25) この判断は上告審でも維持された（最二小判平成13.6.22労判808号11頁）。
26) 協定の締結は事業場毎に行うべきことにつき、ドワンゴ事件・京都地判（平成18.5.29労判920号57頁）。
27) 運用に関する指針として、平成11.12.27労働省告示149号。
28) 改正以前の通達であるが、平成12.1.1基発1号「企画業務型裁量労働制に係る施行通達」および平成12.1.1基発2号「企画業務型裁量労働制に係る労使委員会の設置に当たってのモデル手順」についてを参照。
29) 企画業務型における労使委員会制度が専門職型における労使協定制度よりも「厳格な手続的要件」であると評価する例として、東大労研・前掲注19）書665頁（水町勇一郎）など。
30) 「労働時間の短縮の促進に関する臨時措置法」が平成18年4月の法改正により「労働時間等の設定の改善に関する特別措置法」へと改められたことに伴い、従前の労働時間短縮推進委員会は労働時間設定改善委員会となった。
31) ただし、企画業務型裁量労働制にかかる労使委員会の決議に比べると、その代替の範囲はやや狭い。たとえば、企画業務型裁量労働制にかかる労使委員会の決議は労基法39条6項（有給休暇の期間）の労使協定にも代替するが、労働時間等設定改善委員会の決議は同協定に代替しない。

第8章

労働時間規制と生命・生活

大石　玄

I　はじめに

　長時間労働の制限は、労働者の生命・健康を守ることを使命とする労働法制の根幹に位置づけられる課題である。1911（明治44）年公布の工場法では、最長労働時間の設定、休日の確保、深夜業の禁止を講じようとしていた。また国際的に観ても、ILO（国際労働機関）が1919年に採択した第1号条約は、1日8時間、1週48時間労働を謳うものであった。

　ところが長時間労働問題は過去のものとはなっておらず、今日の日本においても重要な政策課題であり続けている。ただ、問題とされているコンテクストはかなり異なる。

　歴史的に俯瞰すれば、第一の波は1980年代の後半、貿易摩擦を背景として日本がソーシャル・ダンピング（低賃金・長時間労働による生産コストの切り下げ）を行っているとの批判を受けて展開された時短政策である。1988（昭和63）年には「年間1800時間」を目指すことが閣議決定され、1992（平成4）年には時短促進法が制定された。1994（平成6）年には労働基準法の改正が行われて週40時間制が導入される。これにより週休2日制が広まるなどしたこともあって、1988年には2111時間に達していた年間総実労働時間は、2003（平成15）年には1840時間前後にまで減少している。時短促進法は、2006（平成18）年には労働時間等設定改善法とその名を変えており、ひとまずの役割を終えている。

ところが近年、労働時間は長短二極化が進行したことで第二の波が生じている。1990年代の後半、バブル経済の後に巻き起こった不景気の中でリストラが行われ、労働者を取り巻く環境は大きく変化した。その象徴ともいえるのが日経連が1995年に発表した『新時代の日本的経営』である。そこでは労働者を三つのグループに分け、基幹労働者のみは常用雇用で遇する一方、〈高度専門能力活用型〉や〈雇用柔軟型〉の労働者については有期雇用として雇用の弾力化・流動化を推し進めることが提案されている。

　そして今日、労働者の階層分化は現実のものとなり、契約社員、派遣社員、パートタイマーなどの（いわゆる）非正規雇用が占める割合は3割にまで上昇している。先に掲げた年間総労働時間の減少にしてもパートタイム労働者の割合が増加したことが寄与したものであり、一般労働者だけを取り出してみれば年間2000時間前後で推移している状況にある。週35時間未満の労働に従事する者が増大している（平成5年：18.2％→平成19年：24.9％）一方、週60時間以上の労働に従事している労働者はここ15年間およそ10％を保ち続けている[3]。労働時間をめぐる今日的課題の筆頭に挙げられるのは、特定の労働者層に集中する長時間労働をいかにして減らしていくか、である。いわゆる〈過労死〉〈過労自殺〉を無くすにはどうすればよいか、と言い換えても良い。

　さらに21世紀を迎えてから、労働時間を考える第三の波が起ころうとしている。少子高齢社会がもたらした変動である。2005（平成17）年に日本の出生率は1.27にまで低下し、総人口も減少を始めた。また、1985（昭和60）年に雇用機会均等法が制定されてからは女性の働き方も大きく変化している。かつての高度経済成長期には顧みてこられなかったライフスタイルへの関心が、社会構造の変化に伴い、使用者も配慮しなければならない労働環境の規律要素になりつつある。

　以下、本章では労働時間と労働者の生命・健康、さらに生活との関わりについて考察を試みるものである。

II 長時間労働と過労死の関係

1 これまでの経緯

　脳・心臓疾患は職業活動に従事していなくとも発症しうるものである。血管病変は生活の営みの中で形成されるものであって加齢とともに徐々に進行し、増悪するという経過を辿るものと理解されている。しかしながら、職業生活上の行為もまた脳・心臓疾患の発症に関与していることも指摘されるようになったことから、昭和62年に発出された認定基準（通達）によって脳・心臓疾患についても労災として認定されるよう取扱いが変更されたものである。すなわち、業務による明らかな過重負荷が加わることによって血管病変等がその自然経過を超えて著しく増悪して脳・心臓疾患が発症した場合については、これを労働基準法施行規則別表第1の2第9号にいう「その他業務に起因することの明らかな疾病」として位置づけることにしたものであった。

　だが、かかる認定基準については厳しすぎるとの批判が学説・裁判例から繰り返し投げかけられ、これまで数度に渡って基準の変更（緩和）が行われてきた経緯がある。その際に焦点とされてきたのは主に過労死の問題であり、長時間労働が脳・心臓疾患を引き起こすリスクを（医学的因果関係ではなく）法的因果関係としてどのように把握するかが議論されてきたものである。

　労災の行政認定に対して大きな影響を与えたのは、平成12年7月に出された横浜南労基署長〔東京海上横浜支店〕事件（最一小判平成12.7.17判時1723号132頁）と西宮労基署長〔大阪淡路交通〕事件（最一小判平成12.7.17日労判786号14頁）の二つの最高裁判決であった。前者は、支店長付き運転手であった労働者（54歳）が運転中にくも膜下出血を発症して休業したものである。当該労働者の時間外労働は、発症の半年前から1日平均7時間を上回っていた（発症前日の睡眠時間は3時間30分）。これは、一般乗用旅客自動車運送事業に従事する自動車運転者について定める基準（平成元年2月9日付け労働省告示第7号）が示す1か月の拘束時間の最高限度「325時間」に近いかこれを超えるものであり、1日についての拘束時間の最高限度「13時間」を大幅に超えるものであ

ったし、勤務終了後の休息期間の最低限度「継続8時間」に満たないものであった（もっとも、拘束時間は長いが待機時間も多く、所定の休日はすべて確保されていた）。控訴審が業務起因性を否定していたのに対し、上告審は「それまでの長期にわたる……過重な業務の継続と相まって、Aにかなりの精神的、身体的負荷を与えたものとみるべきである」として業務起因性を肯定した。つまり、それまで行政解釈で用いられてきた基準（平成7年2月1日付け基発第38号、平成8年1月22日付け基発第30号）と比較すると、(i)業務の過重性の評価に際し、労働時間の長さ等の過重性に加えて、相当長期間にわたる業務による負荷を評価していることと、(ii)精神的緊張、業務の不規則性、拘束時間の長さ等の具体的な就労態様による影響を考慮していることが大きな特徴である。

2　過重負荷と〈疲労の蓄積〉

かかる最高裁判決を受けて厚生労働省は、臨床・病理学・衛生学の医師らを中心とする「脳・心臓疾患の認定基準に関する専門検討会」を立ち上げ、同検討会は平成13年11月15日に検討結果を発表した。そこでは、長期間にわたる過重負荷の考え方について、以下のように述べている。

> 疲労の蓄積の最も重要な要因である労働時間に着目すると、
> (1) 発症前1か月間におおむね100時間を超える時間外労働が認められる場合、発症前2か月間ないし6か月間にわたって、1か月当たりおおむね80時間を超える時間外労働が認められる場合は、業務と発症との関連性は強いと判断される。
> (2) 発症前1か月間ないし6か月間にわたって、
> 　a　1か月当たりおおむね45時間を超える時間外労働が認められない場合は、業務と発症との関連性が弱く、
> 　b　1か月当たりおおむね45時間を超えて時間外労働時間が長くなるほど、業務と発症との関連性が徐々に強まると判断される。

また、労働時間以外の要因としては「不規則な勤務、拘束時間の長い勤務、出張の多い業務、交替制勤務・深夜勤務、作業環境（温度環境、騒音、時差）、

精神的緊張（心理的緊張）を伴う業務を挙げている。

そして、検討会の報告を踏まえて策定されたのが現行の解釈基準である平成13年12月12日付け基発第1063号「脳血管疾患及び虚血性心疾患等（負傷に起因するものを除く。）の認定基準について」である。長期間にわたる過重負荷の考え方については、検討会報告と同様である。

基発第1063号は労災保険政策に位置づけられるものであるが、ここで示された数値が労働安全衛生政策と労働時間政策にも影響を及ぼすことになる。翌年、厚労省は「過重労働による健康障害防止のための総合対策について」（平成14年2月12日基発第0212001号）を発し、月100時間を超える時間外労働があった場合には産業医の面接による保健指導を受けさせることを求めている。

専門検討会が掲げた《月80時間の時間外労働》であるが、これは〈週休2日は確保されているが、毎日4時間の時間外労働を行っており、睡眠は6時間〉という就労状況をモデルにしたものである。長期間の過重業務で労災認定を受けた件数は、平成19年度には392件に上っているが、月60時間未満である場合に支給決定されたものはゼロ、60～80時間の場合が28件、80時間以上の場合が332件である。これはすなわち、先に掲げた専門検討会の報告書を労災認定に携わる行政機関では「月80時間以上の時間外労働が継続して行われた場合」に業務と発症の間に法的因果関係があったものと推定するべきである、と読み取っているということである。

Ⅲ 業務起因性についての裁判例

1 行政認定と司法判断のずれ

ところが裁判所の示した判断をみると、労災認定基準を参照しつつも過労の蓄積をより緩やかに解している例が多い。公刊されている裁判例を概観すると、月45～80時間の時間外労働を行っていた場合においても、専門検討会の報告書を参照しつつ、業務と発症の間の法的因果関係を肯定する例が見られる。現行認定基準が策定されるまでは、司法判断に際して裁判所は行政認定基準にはよらないことを明言し、独自に過重労働であったと認定するものも多くあった。

それが平成15年以降になると、栃木労基署長〔レンゴー〕事件（宇都宮地判平成15.8.28判時1849号113頁）のように基発1063号に依拠して過重労働であったと裁判所が認定する例が多くなる。すなわち、月80時間に満たない程度の時間外労働であっても、裁判例ではその他の素因を加味して業務起因性を認める傾向が強い。

　例えば、発症前2か月間における時間外労働が約57時間で推移していた京都上労基署長〔大日本京都物流システム〕事件では、第一審（京都地判平成14.10.24判タ1117号270頁）は労働者が作業中に急性心筋梗塞により死亡したのは基礎疾患（不安定狭心症）の自然的経過によるものとして業務起因性を否定していたが、控訴審（大阪高判平成18.4.28労判917号5頁）では夜勤を含む交替制勤務に長時間従事していたことから「専門検討会報告書がいうところの〈疲労の蓄積〉状態ないしこれに近い状態にあった」として業務起因性を肯定している。

　現行認定基準を参照する裁判例の傾向は業務上外認定（労災事案）に限られず、中の島〔ホテル料理長〕事件（和歌山地判平成17.4.12労判896号28頁）のような損害賠償請求（労災民訴）事案においても見られる。現行認定基準が示した判断手法は、裁判所においても支持を得られているといってよい。採用している基準が同じであるにもかかわらず行政と司法とで判断を異にしている理由であるが、行政認定では判断の統一性を担保するという観点から客観的な指標である時間外労働の量を重視してしまうのに対し、訴訟では弁論を通じて就労状況を詳細に認定することができることによるものであろう。

　珍しいものとしては、労災民訴事案において三六協定の上限に関する告示（1週15時間、4週45）を参照して、被災者の時間外労働時間は極めて長時間であったとの判断手法を用いるするジェイ・シー・エム〔アルバイト過労死〕事件（大阪地判平成16.8.30判時1886号143頁）がある。

　また、トラック・バス・タクシーの運転手については『自動車運転者の労働時間等の改善のための基準』（平成元年2月9日労働省告示第7号）を使うものも多い。岡山労基署長〔東和タクシー〕事件（広島高岡山支判平成16.12.9労判889号62頁）、金港交通事件（横浜地判平成17.2.22労判890号83頁）、和歌の海運送

事件（和歌山地判平成16.2.9労判874号64頁）といった裁判例がこれに当たる。同告示は労働時間の総量だけではなく、連続運転時間の上限を定めたり、勤務と勤務の間にまとまった休息期間（8時間以上）を設けるなどして、運転手が休憩・休息を取れるよう配慮することを求めている。なお、自動車運転手の労働時間において《休息》の概念が盛り込まれているのは、ILO第153号条約「路面運送における労働時間及び休息期間に関する条約」（1979年、日本は未批准）を参考にして当該基準が作られたことによるものである[6]。

労災民訴事案で決定的に異なるのは、被災労働者の寄与が過失として考慮されることである。特に喫煙については発症への寄与があったとして賠償額が減額されている。毎日20本の喫煙習慣があったハヤシ〔くも膜下出血死〕事件（福岡地判平成19.10.24判時1998号58頁）、毎日20～30本の喫煙習慣があった前掲・ジェイ・シー・エム〔アルバイト過労死〕事件は、いずれも20％が減額されている。

2 不規則労働の過重性

交代制勤務・深夜労働については認定基準においても発症要因として挙げられているところである。

国・国立循環器病センター〔看護師・くも膜下出血死〕事件（大阪地判・平成20年1月16日・労判958号21頁）は所定外労働が月平均52時間22分に留まっていた事案であるが、夜勤も発生する交代制労働であり、勤務と勤務との間に十分な休息を確保できるだけの時間的間隔があいていなかったことに着目して業務起因性を肯定したものである。総労働時間のみならず休息の取り方についても考慮されている点は重要であろう[7]。地公災基金三重県支部長〔伊勢総合病院〕事件（名古屋高判平成14.4.25労判829号30頁）においても、深夜勤務が平均して月5回発生していたことから、休日の日数は確保されていたとしても、従事していた看護業務は負担の重いものであったとの判断が示されている。

鉄道電気設備工事に従事していた労働者がくも膜下出血を発症した事案である中央労基署長〔電化興業〕事件（東京地判・平成15年4月30日労判851号15頁）も、実労働時間は長くなかった事案である。発症前6か月における時間外

労働は最大でも27時間に過ぎなかったが、昼間勤務に引き続いて夜間勤務にも従事することが頻発して睡眠時間が1日6時間以下となる日が多く、不規則な生活であるために「睡眠の質」も悪かったと評価されることから、裁判所は業務上災害であると判断したものである。

　出張も不規則労働をもたらす要因であり、リスクファクターと評価される。中央労基署長〔三井東圧化学〕事件（東京高判平成14.3.26労判828号51頁）は、13日間の勤務のうちに鹿児島／宇都宮／福山／大分／台湾へと出張していたところ急性心筋梗塞を発症して労働者が死亡した事案である。労働基準監督署長は、死亡前1週間についてみると業務に関連する時間は1日あたり7時間16分（うち実労働時間3時間5分、移動時間3時間26分）に過ぎないことから、業務外であるとの行政認定を行っていた。しかし裁判所は「出張業務は、列車、航空機等による長時間の移動や待ち時間を余儀なくされ、それ自体苦痛を伴うものである上に、日常生活を不規則なものにし、疲労を蓄積させるものというべきである」として、業務起因性を肯定する判断を示した。

　不規則労働については、実労働時間の長さを把握していただけでは足りず、労働者の生活リズムについても考慮しなければならない。夜勤を含む就労形態であれば、休息の取り方は重要な関心事となる。出張に伴う移動時間は一般的には賃金支払いの対象となる労働時間とは算定されていないが、労働者の健康確保という観点からは出張の長さ・回数・頻度についても配慮することが必要となる。[8]

3　職場滞在時間と持ち帰り残業

　長時間労働の発生を防止するよう努める配慮義務が使用者にあるとして、具体的にはどのような対策を講じればよいのであろうか。

　裁判例を見ると、在社時間は長いが実際には労働に従事していないような場合にも、安全配慮義務違反が生じるとしているものがある。前掲・ハヤシ事件は社内で三番目の役職にあった者が、部下からの報告を待つ間にDVDを観たり本を読んだりしていたために在社時間が長くなり、所定時間外に約74～168時間在社していたという事案であるが、裁判所は損害賠償請求を肯定している。

また、この労働者は管理監督者に位置づけられる地位にあったが、それでも安全配慮義務は生じるとされている。この場合、みなし労働時間制を採るなどして時間外割増賃金の支払いを免れることはできたとしても、どれだけの時間を職場で過ごしているのかについても使用者が把握しておくことが必要となる。

　そうすると、安全配慮義務を免れたい使用者は、労働者が職場に滞留することのないように努めようとすることになる。ところが、使用者が在社時間の短縮に努めて「ノー残業デー」を設けるなどしたとしても、やるべき仕事が残っているならば労働者は仕事を家に持ち帰って処理しようとする。俗に「風呂敷残業」と称されている行為である。

　裁判例では、持ち帰り残業も労働時間に算入されるとしているものが見受けられる。

　月平均5日程度の休みしかとらず恒常的に1日10時間以上の実労働に従事していた調理師がくも膜下出血を発症して死亡した事案である前掲・中の島事件では、新作料理を考案すべく自宅で献立を作成した時間についても業務遂行時間に含められている。もっとも、労災民訴事案であるこの事件では、被災労働者は副支配人という立場にあり、調理課長として自身の「労働時間等の労務管理の状態を把握すべき立場にあり、かつ、把握できる立場にありながら」労務管理を怠っていたという点において過失があったとされ、賠償額が減額されている。使用者（会社）のみならず取締役個人についても《適正な労働条件を確保すべき注意義務》が課せられているといえよう。

　札幌東労基署長〔北洋銀行〕事件（札幌地判平成18.2.28労判914号11頁）は、銀行支店の営業課長がくも膜下出血を発症して死亡した事案である。発症前1か月間における時間外労働は17時間40分に過ぎないものであったが、合併に伴うシステム統合対応のためマニュアルを自宅に持ち帰って毎日2時間ほど学習していたことには「業務性が認められる」とし、かかる持ち帰り残業を併せ考慮すると「1か月当たりおおむね45時間を超える時間外労働があったものと推認でき」るとして、業務と発症の間に相当因果関係を肯定している。ただし、この事件は労災行政認定事案であり、労災民訴において使用者の安全配慮義務を追求しうるかどうかについては不明である。

結局、安全配慮義務の観点からは、在社時間の長さが第一に着目すべき点と言える。しかし、それだけでは使用者が義務を尽くしたものとは評価されない。労基法上の労働時間とは「労働者が使用者の指揮命令下に置かれている時間」であるが、これは業務に関する指示の有無によって判断される。使用者が労働者の在社状況をコントロールするのはもちろんのこと、業務量を適切にコントロールすることも使用者の責務に含まれる。

Ⅳ　ホワイトカラー・エグゼンプションをめぐって

　自宅等での業務従事を労働時間として算入するとなると、裁量性の高い労働者についてはグレーゾーンが現れてくる。例えば、企画会議に向けたプレゼンテーション資料を自宅に帰ってからも作成するといった作業であれば、裁量性が高い活動とはいえても労働力の投入量に成果が比例するような行為であるから、業務との関連性が強いといえるだろう。ところがMBA（経営学修士号）の取得を目指したりTOEICのスコア向上を目論んで独学に励んだりといった活動になると、業務と自己啓発との境界があいまいになってくる。先に挙げた札幌東労基署長〔北洋銀行〕事件などは、銀行合併という背景事情が存在しなければ自宅学習については業務性が低いと判断されそうな態様であろう。

　日本経団連が2005年6月に発表した『ホワイトカラーイグゼンプションに関する提言』では、「裁量性が高い業務を行い、労働時間の長さと成果が一般に比例しない頭脳労働に従事するようなホワイトカラーに対し、一律に工場労働をモデルとした労働時間規制を行うことは適切とはいえない」ことを理由に挙げて、「労働時間にとらわれない自由な働き方」の導入すべきだ、としている。ある企業の労務担当者は、サービス残業が行われている理由として多くの労働者が「自分が納得する成果を出すために残業している」と回答していることを挙げ、労働者の側にサービス残業へのインセンティブがある以上は行政による監督指導が強化されてもサービス残業が解消される効果は薄いとして、ホワイトカラー・エグゼンプションの導入を強く促している。実際にも、リゾートトラスト事件（大阪地判平成17.3.25労経速1907号28頁）では、「業務の遅れ

を取り戻すため」という理由に加えて「仕事のやり方に慣れるため」「業務改革を検討するため」という理由で休日に出勤しており、休日労働分の賃金を請求していた。この事件で裁判所は、前任者も同僚も休日出勤をしていなかった事実からすれば当該労働者の担当していた業務をこなすために休日出勤が必要であったとは認められないとしている。

　業務遂行に関する《黙示の指示》であっても賃金を支払うべき労働時間とされていることからすれば、使用者にしてみればどのような措置を講じていれば賃金請求を免れることができるのかは重大な関心事であろう。極めて裁量性が高い労働者を処遇するためにホワイトカラー・エグゼンプション制度を導入しようという機運は今後も出てくるものと思われる。とりわけ高額な報酬を得て非常に裁量性の強い業務に従事している労働者も少なからず存在するのは事実である[11]。だが、長時間労働が生じる原因としては、成果主義人事の下、求められるアウトプットを産み出すために非常に長い労働時間を費やしている人が多い[12]。就労時間のみならず業務量そのものをコントロールしなければ適正な労働環境を整えることができないのである[13]。

　なお、裁量性の強い仕事に就いているということは、必ずしも高額の報酬が支払われていることを意味しない（この点は、ホワイトカラー・エグゼンプションを導入するとした場合における要件をめぐる論点になっている）。業務と自発的活動との境界が曖昧である働き方は、学校の教員に典型的にみられる。京都市〔教員・勤務管理義務違反〕事件（京都地判平成 20.4.23 労判 961 号 13 頁）は旧給特法下における事案であるが、義務教育諸学校の教育職員による時間外勤務が「自由意思を極めて強く拘束するような形態で行われていた」とはいえないとしながらも、「教育職員についても生命及び健康の維持や確保（中略）の観点から勤務時間管理をすべきことが求められている」のであって、週休日の振替等がなされず、時間外勤務が常態化している場合には国家賠償法上の責任が生じる余地がある旨判示している。

　もし仮にホワイトカラー・エグゼンプション制度が日本において導入され、これにより賃金と労働時間の連関を裁ち切る働き方を許すことになった場合においても、労働者の健康に対する配慮が欠けるようなことは決してあってはな

らない。むしろ、がむしゃらに働こうとする労働者にこそ健康を害さないように休息を確保させる必要が出てくる。そのためには、これまで日本の労働時間法政策が主眼を置いていた《どれだけ働いたか》の計数よりも、《きちんと休んでいるか》のチェックの方が重要になると思われる。すなわち、賃金算定の基礎となる労働時間とは別に、労働安全衛生上の労働時間を観念しておく必要が高まってくることになろう。

V　うつ病と長時間労働

　近時、メンタルヘルス（精神保健衛生）が広く問題として取り上げられている。法律問題としては、長時間労働に従事していた労働者が自殺した事件において「業務の遂行に伴う疲労や心理的負荷等が過度に蓄積して労働者の心身の健康を損なうことのないよう注意する義務」を使用者に課してうつ病による自殺も労働災害として扱うこととされ、かかる安全配慮義務の不履行があった場合には会社に損害賠償の支払いが命じられている（電通事件・最二小判平成12.3.24 民集 54 巻 3 号 1155 頁）。

　これと前後して、行政機関において「精神障害等の労災認定に係る専門検討会」が立ち上げられ、その報告を踏まえて『心理的負荷による精神障害等に係る業務上外の判断指針について』（平成 11 年 9 月 14 日基発第 544 号）が策定されるに到っている。

　現在の認定実務は《ストレス―脆弱性理論》という考え方に依っており、そこでは、環境からくるストレスが非常に強ければ個体側の脆弱性が小さくても精神障害が起こるし、逆に脆弱性が大きければストレスが小さくても破綻が生ずると説明される。うつ病を引き起こすであろう出来事については『職場における心理的負荷評価表』という別表にまとめられているところであるが、そこでは「仕事内容・仕事量の大きな変化があった」「勤務・拘束時間が長時間化した」ことは中程度の心理的負荷と評価され、それが「恒常的な長時間労働」であったならば強度な心理的負荷があったものと修正される。また、「数週間にわたり生理的に必要な最小限度の睡眠時間を確保できないほどの長時間労

働」があった場合には、それのみで強度な心理的負荷があったものと評価されている。

スズキ〔うつ病自殺〕事件（静岡地浜松支判平成18.10.30判時1970号82頁）では、自殺する直前3か月には平均して104時間を超える時間外労働に従事させておきながら中間管理職（課長）として処遇していたために出退勤管理をしていなかった事件では、被災労働者に活気がなくなったり意味不明の発言をするなど、うつ病の発症をうかがわせる事実を使用者が認識していながらも業務負担を軽減させるための措置を何ら採っていなかったことから安全配慮義務違反があったと判断されている。また、約5か月間に渡って月70時間の時間外労働に従事していた技術者がうつ病を発症した東芝〔うつ病・解雇〕事件（東京地判平成20.4.22労判965号5頁）でも、使用者の安全配慮義務違反が認められた。他にも、富士通四国システムズ事件（大阪地判平成20.5.26判例集未登載）において、発症前6か月間にわたり月100時間に達する時間外労働に従事していたシステムエンジニアがうつ病を発症したことにつき、精神疾患の発症と業務との間の因果関係が肯定されている（ただし、仕事がないのであれば帰宅するよう指導がなされていたにもかかわらず原告労働者が当該指導に従わずに深夜に及ぶ勤務をしていたことから、原告労働者は自らの意思であえてこのような勤務形態を取り続けていたものと判断され、過失相殺の類推適用により損害の3分の1が減額されている）。

もっとも、うつ病については、発症直前には異常な長時間労働が抑えられて身体的負荷が軽減されていたとしても、それが必ずしも心理的負荷の解消とは捉えられない場合がある。労働時間の長さが発症と直結しやすい脳・心臓疾患と比較した場合の特徴と言える。

地公災基金高知県支部長〔南国市役所〕事件（高知地判平成18.6.2労判926号82頁）は、市役所の税務課に配置されていた職員Kに関する事案である。確定申告がある2月から4月にかけての3か月には87～107時間の時間外勤務に従事していたものの、5月には31時間、6月には3時間にまで減少していた。このような就労状況であったにもかかわらず7月22日に自殺したということで、行政認定では公務外と判断されていた。しかし裁判所は、「賦課事務作業自体が、一般的にみてもその心理的負担は相当に大きい」「Kの公務から受け

る心理的負担は、市民税係の他の職員と比しても、相当過重であった」ことから公務の過重性を肯定している。もっともこの事件では、従事していた業務は同じ職場の同僚に比べれば負担の重い仕事であったという捉え方をしており、それが一般的にみてうつ病の発症を招来するような心理的負荷のかかる業務であったとまで評価できるのか疑問の残る事案である。

　ただ、労働時間が長ければうつ病の発症を引き起こしやすいであろうということは言えても、労働時間が短ければうつ病にはならないと言うものでもない[14]。長時間労働という実態は以前から存在していたにもかかわらず近年になって心の健康問題が浮上してきたことにつき、メンタルヘルスに関わる山本晴義医師は「世の中の流れが速くなり、仕事のやり方などの変化も激しい時代で、いろいろな面で便利になったからではないだろうか。メンタルヘルスの悪化は丁度、携帯電話が普及したのと時を同じくしている。」とのコメントを寄せている[15]。職場におけるメンタルヘルス対策としては、長時間労働の抑制もさることながら、労働者の不調を早期に発見し、実効的な事前介入を講じるなどの対策を採ることが重要と言えよう。

Ⅵ　休み方から考える働き方のルール

　平成12年から13年にかけての最高裁判例が登場するまでは、電通事件の第一審判決が言うように「社会通念上許容される範囲をはるかに超え」「常軌を逸した長時間労働をしていた」ような場合が「過重労働」として捉えられていたところである。しかし、疲労の蓄積についても着目する現在の判例法理（より具体的には、平成13年の労災認定基準）の下では、過重労働と評価される基準のハードルは下がっている。徹夜で仕事をさせたわけでもなく、さらには法定休日が確保されていたとしても、裁判所で争われれば過重労働との評価を受け得るのである。

　総務省統計局が行った平成19年度の労働力調査によると、週60時間以上就業（＝月80時間以上の時間外労働）する労働者の数は10.1％（554万人）であり、これを30歳代の男性に限ってみれば20.0％（178万人）にも達しており、現行

認定基準に照らしても過労死が危惧されるラインを超えて就労している労働者は相当数に上る。

　長時間労働の問題を考えるうえでは、現行認定基準が設定した過重労働のラインは妥当なものとして捉え、あとはいかにしてこのラインを超えさせないようにしていくかの施策を検討し実行していくことが焦眉の課題である。

　では、多くの労働者が生命・健康を害するほどの就労実態が蔓延しているにも関わらず、長時間労働に歯止めがかからないのは何故なのだろうか。これは、現在の労働時間法政策に有効な上限規制が存在していないことに理由がある。

　確かに労働基準法では《1日8時間、1週40時間労働》を原則としているが、これは三六協定の締結によって容易に解除しうる。1998年の労基法改正で第36条2項ないし3項が設けられ、時間外労働規制を設定する法的根拠となる条文が盛り込まれたが、これはソフトロー型の規制にとどまる[16]。現在、所定時間外労働の行政的上限として「月45時間」というラインが提示され（平成10年12月28日労働省告示154号）、三六協定の締結当事者は「基準に適合したものとなるようにしなければならない」とされているものの、これは国が強行的に遵守させるべき規範ではないと解されている[17]。だが、行政告示によって設定される限度時間を超えて時間外労働を定める三六協定については、超過部分につきその民事的効力が否定されるという解釈は十分に成り立ちうる。日立製作所武蔵工場事件最判（最一小判平成3.11.28民集45巻8号1270頁）は、労働者に時間外労働の義務を負わせるにあたっては「就業規則の規定の内容が合理的なものである」ことを必要としている。告示による限度時間を越える時間外労働命令は合理性を有しないものと考え、労働者を拘束しないものと捉えるべきであろう[18]。もっとも、労働者が（半ば）自発的に長時間労働に勤しんだ場合には、三六協定も限度基準も過労死を食い止める手だてにはならない。

　業務と脳・心臓疾患発症との間に因果関係が強く肯定されるようになるのは所定時間外労働が《月80時間》を超えた場合と目されていることからすれば、現状ではこのラインを超えた場合には安全配慮義務に基づく使用者の責任が発生することが強く推認されると解される。

　平成18年4月1日に労働安全衛生法が改正され、労働時間等が月に100時

間を超える労働者から申し出があった場合には医師による面接指導を行うよう努めるべきことが法定された。面接指導制度は、長時間労働が当該事業場において行われていることを使用者に認識させるという意味では一定の抑止効果は期待できるものの、医師による事前介入（長時間労働の中止）が必ずしもなされるわけではないので、労働者の生命と健康を直接的に保護することはできずにいる。例えば、前掲・東芝〔うつ病・解雇〕事件や前掲・富士通四国システムズ事件では、産業医による面談が複数回なされていたにも関わらず長時間労働を抑制する具体的方策は指示されず、結果として労働者はうつ病を発症するに至っている。

　現行の労働時間法制における長時間労働の抑制策は、割増賃金の支払いという間接的規制であるが、これは有効に機能していない。

　まず第一に、残業代の不払い（サービス残業）が横行していること。このような悪質な態様は、実労働時間の把握を徹底することによって縮減が期待できよう（本書第5章を参照）。第二は、管理監督者の範囲を拡大して残業代の支払い義務を免れる例が多いこと。これは昨今、いわゆる「名ばかり管理職」問題としてマスコミに取り上げられたことで、変化の兆しがみられる。第三に、日本では割増賃金率が「25％〜」と低いため、残業をさせないのは損であって、残業させてこそ割に合うという構造になっている[19]。既存の労働者に残業をさせるよりも新たに労働者を雇い入れた方が経済合理的になるのは、割増率が「68％〜」であると試算されている[20]。

　法定労働時間を超える残業そのものを制限しようという動きが鈍かったのは、日本においては残業量を加減することによって雇用調整が図られているということが関係している。そうした状況下で、2008（平成20）年11月の臨時国会において月60時間を超える時間外労働の賃金割増率を25％から50％に引き上げる労基法改正案が可決された。しかし、これが施行されても第4の問題点は残る。時間外労働の割増率を過重部分についてのみ引き上げるということにしたのでは、使用者は長時間労働を抑制することはないと考えられるからである。これについては、カリフォルニア州における実証研究がある[21]。その意味するところは企業が労働分配率を引き上げない限り賃金原資の総額は同一のまま

保たれ、長時間労働者に多くの賃金を支払うことになった分は他の労働者への分配を減らすことで調整が行われる、ということである。すなわち、労働者の間での分配を調整する（残業の少ない労働者の取り分を減らして長時間労働者へまわす）ことで使用者は経済的負担を負わずとも解決できてしまうため、使用者には長時間労働を抑制しようというインセンティブ（動機）が生じることはない。結論としては、割増賃金を通じた間接的な手法では過重労働の発生している現状を変革しうるような効果は期待しがたい。

もし、労働安全衛生の観点から長時間労働を抑制しようと望むのであれば、労働時間の上限を定める直接的な規制の方が実効的なのではないだろうか[22]。このような政策を選択すると、使用者のみならず労働者についても個別主体の自由な意思決定が妨害されることになるが[23]、ここで保護しようとしている対象が国民の心身の安全であることに鑑みれば、過労で倒れるまで働くという自己決定を認める余地はないと考える。

先に挙げた国・国立循環器病センター〔看護師・くも膜下出血死〕事件や中央労基署長〔電化興業〕事件などからは、労働者の健康確保としては《働き方》に加えて《休み方》についても考慮すべきだということがいえる。日本の労働時間規制において欠落しているのは、越えることを絶対に許さない最高限度の設定である[24]。

この点、EUの労働時間指令では「休息期間」を設定し、24時間ごとに少なくとも継続11時間の休息期間をとる権利を労働者に付与していることが参考になろう[25]。なお、休息時間を中心に考える労働時間制度を日本で構築するための論拠は、何も比較法的に諸外国に求める必要はなく、日本国憲法に基礎を置くことが可能である[26]。日本国憲法の第27条第2項では「賃金、就業時間、休息その他の勤労条件に関する基準は、法律でこれを定める。」と謳われている。憲法では「休息（rest）」の語が用いられていたところ、労働基準法の制定時には労働時間の一時中断を意味する「休憩（break）」へと置き換えられているわけである[27]。長時間労働を考えるにあたっては憲法に立ち返り、《休息》のあり方から働き方を考え直してみる必要があるのではないだろうか。

Ⅶ　ワーク・ライフ・バランスをめぐって

1　仕事と家庭生活の調和

　平成19年12月18日、官民トップ会議により「仕事と生活の調和（ワーク・ライフ・バランス、以下WLB）憲章」が策定されたが、この中で労働時間の抑制についても一項目が設けられた。

　過重労働によって引き起こされる健康被害の最たるものが過労死であるが、長時間労働によってもたらされる影響には「疲労、心身の不調、睡眠不足、家庭生活の阻害等」もあり、これらは時間外労働が月40〜80時間の範囲おいても表れていることが指摘されている[28]。

　日本における労働時間政策は、生命に危険が及ぶほどの長時間労働を解消することが緊急の課題であり、これはWLBを持ち出すまでもないような問題である。次いで社会的必要性が高いのは育児・介護である。残業がない所定時間内の就業であったとしても、育児・介護に携わっている労働者については、仕事と家庭生活を両立させるために払う負担は大きなものがある。もっとも、これは《男女共同参画社会》の延長線上に位置づけられる課題であろう。男女共同参画社会基本法が制定されたのは平成11年のことであるが、その第6条で「家庭生活における活動と他の活動の両立」が既に謳われている。

　労基法施行規則12条の6では、育児・介護等に必要な時間を確保できるような「配慮をしなければならない」ことが示されている。使用者が為すべき〈配慮〉の具体的内容を法令は明らかにしていないが、思うに①所定時間外労働が発生する状況でも残業をせずにすむようにする、②柔軟な労働時間配分によるしわ寄せを受けないようにする、③所定労働時間よりも労働時間を減らす——といったものが挙げられよう。育児・介護に関わっている労働者には家庭生活による負担が増している状態にあるから、①や③のように労働による負荷自体を軽減することについては理解が得られやすいだろう。わかりにくいのは②である。柔軟な労働時間制度の中でもとりわけ変形労働時間制は、特定の時季には負担を重くするわけであるし、労働と生活のリズムを不規則にする

というデメリットがある。中長期的にみれば労働時間の総量は変わらない状態であっても、家庭生活との関係では不都合を生じさせることがある。配慮が必要な労働者については変形労働時間制そのものの適用免除を講じる必要がある[29]。さらに、特定日における労働時間の長さや休みの配置によって家庭生活に負担をかけないようにすることに加え、所定労働時間の確定時期に余裕を持たせることで予定を立てられるようにすることも配慮といえるだろう[30]。

なお③のアプローチは、一種のワークシェアリングとも位置づけられるものである。育児介護休業法23条は、「勤務時間の短縮等の措置」を使用者が講ずべきものとして挙げている。しかしながら、かような時間短縮制度が設けられていたとしても、実際には使いにくいところがある。ワークシェアリング導入の機運は2002年前後に高まったものの[31]、急速に萎んでしまった。日本における導入失敗の理由は、短時間労働を希望する者のみについて選択的に適用しようと試みたことが挙げられる[32]。チームで仕事をしている場合には、短時間勤務労働者は「肩身の狭いおもい」をすることになるし、そのぶんの仕事を肩代わりすることになる同僚に「しわよせがくる」ということになる。しかも日本においては正規雇用労働者の担当する職務の内容が曖昧であるために短時間労働を選択しても仕事の量は減らないということが起きかねない[33]。WLBを考えるにあたっては、翻ってフルタイム労働のあり方そのものを変えていかなければならない[34]。

2　仕事と私生活の調和

日本におけるWLBは産業保健の視点から出された政策ではなく、労働人口の減少に歯止めをするべく少子化対策として打ち出されてきた、という経緯がある[35]。

だが、WLBという理念は、企業が必要とするときに必要とする時間を投入する働き方ができる者を想定してきた高度経済成長期の働き方を改め、家庭生活や地域生活に参画できる時間を確保できることにもつながりうる視点であろう[36]。WLBは《ファミリー・フレンドリー施策》から出発したものであるが[37]、これを「男性か女性か、未婚・既婚にかかわらず」[38]仕事と私的な生活をともに

充実させることを目標としたところにWLBを独自に論ずる意義がある。今あえてWLBを唱えるのであれば、過重労働の抑制や男女共同参画社会の構築とは別の視点を提供するものとして捉えるべきであり、そうでなければ看板の掛け替えに終わってしまう。WLBとは「男性を含めた働き方そのものを変えよう」とするものである[39]。

WLBという視座からは、キャリア形成にかかわる自己啓発、生涯教育（リカレント）、地域活動といった自発的諸活動にも時間を配分できるよう使用者に配慮を求めることも十分可能であると考えられる（その効果としては、残業命令に応じなくても解雇・懲戒等の不利益を課されないようにすること等があろう。本書第4章参照）。

しかしながら、これら自発的諸活動は家族関係の存在を媒介にしていないため、育児・介護に比べれば社会的要請は低いのが現状である[40]。いささか迂遠な道筋ではあるが、フルタイム労働者の標準的な労働時間そのものを減らすことが結果としてWLBの実現をもたらすことに鑑み、改めて時短に取り組むことの意義・方法を論ずるべきであろう[41]。

Ⅷ　おわりに

3歳の児童を保育園に預けて働いていた共働きの女性に対し、東京都目黒区の本社から八王子市への事業所に異動命令が発せられたケンウッド事件（最三小判平成12.1.28判時1705号162頁）では、通勤時間が長くなって保育園への送迎ができなくなるとの主張がなされたが、当該異動命令には業務上の必要性があり、労働者が負うことになる不利益は「必ずしも小さくはないが、なお通常甘受すべき程度を著しく超えるとまではいえない」として、配転命令権の濫用には当たらないと判示された。

同じ会社で働く夫婦のうち、夫に対して東京の営業所から名古屋営業所への配転命令が出され、妻および3人の子供と別居せざるを得なくなり単身赴任を強いられた帝国臓器製薬事件（最二小判平成11.9.17労判768号16頁）も転勤命令が有効とされているが、その原審（東京高判平成8.5.29労判694号29頁）では

「家族生活を優先すべきであるとする考え方が社会的に成熟しているとはいえない」現状にあるとして、当該単身赴任が「家族生活を営む権利」を侵害しているとの主張を斥けていた。

両事件は、仕事を中心に考える働き方の弊害が表れた最たるものといえよう。業務命令に関する使用者側の事情と労働者の家庭生活上の利益とを適切に調和させる判断枠組みを欠いていたと言わざるをえない[42]。「仕事上の責任を果たそうとすると、自分が仕事以外でやらなくてはいけないこと、やりたいことがやれなくなる」、すなわち《ワーク・ライフ・コンフリクト》[43]が発生した状態である。私的領域に属する事項に関して、労働者は使用者の干渉を排して自ら自由に決定できなければならないことは憲法13条に基づく自己決定権の理念が要請するところである[44]。

2007（平成19）年に制定された労働契約法では、その第3条3項に「労働契約は、労働者及び使用者が仕事と生活の調和にも配慮しつつ締結し、又は変更すべきものとする」との規定が置かれた。このことが象徴するように、あまりにも仕事に重きを置いていた社会状況は変化の兆しを見せている。日本の社会がWLBを広く受け容れることになれば、労働をめぐるパラダイム（概念的枠組み）も自ずと変化していくことになろう。

だが、労働者の家庭生活についても多種多様な配慮を為すべきことを使用者に求めるということは、裏を返せば労働者が使用者に対して負う義務を拡大させるおそれがあるし[45]、労働者に対してプライヴァシーの開示を迫るということにも繋がりかねないという問題がある[46]。WLBを踏まえた新しいワーク・ルールの検討が次なる課題である。

1） 田中洋子「長時間労働の歴史・現在・未来」社会政策学会誌15号（2006年）68頁。
2） 厚生労働省「毎月勤労統計調査」による。
3） 厚生労働省・労働政策審議会労働条件分科会（平成20年3月7日）提出資料より。
4） 和田攻「労働と心臓疾患——"過労死"のリスクと要因」産業医医学レビュー14巻4号（2002年）193頁。
5） 厚生労働省「脳・心臓疾患及び精神障害等に係る労災補償状況（平成19年度）について」

6) 田中清定『概説労働基準法〔第14版〕』(2006年、労働法令協会) 207頁。
7) この事件は行政認定のほかに民事訴訟も提起されているが、就労状況についての認定は同一でありながら損害賠償請求については否定されている（大阪高判・平成19年2月28日・労判958号93頁）。
8) 日本工業検査事件（横浜地川崎支判昭和49.1.26 労民集25巻1 = 2号12頁）
9) 三菱重工業長崎造船所事件（最一小判平12.3.9民集54巻3号801頁
10) 荻野勝彦「人事労務管理に関する政策と実務の落差」日本経済研究センター『人事経済学と成果主義』（日本評論社、2006年）
11) 例えば、モルガンスタンレー〔割増賃金〕事件（東京地判平成17.10.19判時1919号165頁）に登場する労働者は、外資系証券会社において外国為替商品を販売し、月額184万を得ていた。
12) 小倉一哉『エンドレス・ワーカーズ』(日本経済新聞社、2007年) 第2章。
13) 佐藤厚「仕事管理と労働時間」日本労働研究雑誌575号 (2008年) 27頁。
14) 石井保雄「従業員の自殺と民事責任」労判847号 (2003年) 5頁。
15) 労働政策研究・研修機構『ビジネス・レーバー・トレンド』2005年12月号11頁。
16) 和田肇「労働時間規制の法政策」日本労働法学会誌110号 (2007年) 66頁。
17) 島田陽一「労働時間短縮と労基法改正」ジュリスト1153号 (1999年) 45頁。
18) 浅倉むつ子『均等法の新世界』(有斐閣、1999年) 141頁。
19) 久本憲夫『正社員ルネサンス』(中公新書、2003年)。
20) 久本憲夫「今こそ、割引労働としての残業をなくすべき」労働調査2003年8月号4頁以下。
21) 佐々木勝「割増率の上昇は残業時間を減らすか？」日本労働研究雑誌573号 (2008年) 14頁。
22) 梶川敦子「日本の労働時間規制の課題」日本労働研究雑誌575号 (2008年) 23頁。
23) 樋口義雄「経済学から見た労働時間規制」日本労働法学会誌110号 (2007年) 84頁。
24) 濱口桂一郎「EU労働政策における労働時間と生活時間」社会政策学会誌15号 (2006年) 36頁。
25) 濱口桂一郎「ホワイトカラーエグゼンプションの虚構と真実」世界762号 (2007年) 83頁以下。
26) 小林良暢「〈休息時間〉なくして〈ワーク・ライフ・バランス〉なし」季刊現代の理論2008年秋号122頁以下。
27) 田中・前掲注6）書25頁。
28) 岩崎健二「労働時間とその健康・生活影響」日本労働法学会誌110号 (2007年) 93頁以下。
29) 武井寛「深夜業・交替制勤務・変形労働時間制の法的規制」日本労働法学会編『講座21世紀の労働法〔7〕 健康・安全と家庭生活』(有斐閣、2000年) 206頁。
30) 蛯原典子「職場環境の変容と労働法」西谷敏＝奥田香子＝中島正雄編『転換期労働法の課題――変容する企業社会と労働法』(旬報社、2003年) 122頁以下。
31) 熊沢誠『リストラとワークシェアリング』(岩波書店、2003年)。

32) 熊沢誠『格差社会ニッポンで働くということ』（岩波書店、2007年）180頁以下。
33) 大沢真知子『ワークライフシナジー』（岩波書店、2008年）41頁以下。
34) 熊沢・前掲注32)書181頁以下では、「〈精鋭〉会社員」が週50～60時間働いているなかで短時間労働を選択した者は「正社員身分を失わないまでも、基幹労働者になることはできず、職場の第二軍とされることになりがち」であると指摘する。
35) 島悟「ワーク・ライフ・バランスと健康管理」中央労働災害防止協会『心とからだのオアシス』1巻4号（2008年）8頁以下。
36) 佐藤博樹「ワーク・ライフ・バランスと企業の人材活用」中央労働災害防止協会『心とからだのオアシス』1巻4号（2008年）3頁。
37) 日本労働研究雑誌503号（2002年）では「ワーク・ライフ・バランスを求めて」という特集が組まれているが、そこに収められた論文の中では「ファミリー・フレンドリー」を表題に用いているものが複数ある。
38) 林弘子「日本におけるワーク・ライフ・バランス推進上の課題」日本ILO協会『世界の労働』2008年6月号8頁。
39) 大沢真知子『ワークライフバランス社会へ』（岩波書店、2006年）7頁。
40) 高畠淳子「ワーク・ライフ・バランス施策の意義と実効性の確保」季刊労働法220号（2008年）24頁。
41) 熊沢・前掲注31)書ならびに同・注32)書は、一国の労働者全体の労働時間を一律に短縮する「連帯型・一律型のワークシェアリング」の必要性を説いている。
42) 和田肇「業務命令権と労働者の家庭生活」日本労働法学会編『講座21世紀の労働法〔7〕健康・安全と家庭生活』（有斐閣、2000年）213頁。
43) 佐藤博樹「過程と職場のありかたとワーク・ライフ・バランス」山口一男＝樋口美雄編『論争日本のワーク・ライフ・バランス』（日本経済新聞社、2008年）110頁。
44) 西谷敏『労働法における個人と集団』（有斐閣、1992年）78頁。
45) 西谷敏『規制が支える自己決定』（法律文化社、2004年）35頁。
46) 道幸哲也『職場における自立とプライヴァシー』（日本評論社、1995年）141頁以下。

第9章

労働時間法理における《休むこと》のあり方

國武　英生

I　はじめに

　近年、仕事と生活の調和（ワーク・ライフ・バランス）を実現することが重要な政策課題となっている[1]。そこで念頭におかれている問題意識は論者によって異なるが、これまでの典型的な働き方、すなわち私生活や家庭生活を代償にしながら職場に長時間にわたって拘束されるという仕事中心の働き方を見直す必要性が、広く認識されるようになったのは否定しえない事実といえよう。

　しかし、この点に関するわが国の議論をみると、労働時間の短縮が重要な政策課題として論じられることが多く、労働時間と表裏の関係にある休暇等については、あまり積極的に論じられてこなかったように思われる[2]。そのことが、仕事中心の文化を継続させ、仕事と生活の調和を困難にさせる一つの原因となっているともいえる。また、仕事と生活の調和という観点からは、労働基準法上の休憩、休日、休暇だけでなく、育児介護休業、傷病休職なども含めて《休むこと》のあり方を捉える必要がある。

　論ずべきことはきわめて多いが、ここでは、主要な検討課題を念頭におきながら議論を進めていくことにしたい。第一は、年次有給休暇制度は何を目的としたものであり、なぜ年次有給休暇は積極的に利用されないのかである。第二は、傷病休職をめぐってどのような法的問題が生じているのかである。第三は、休暇・休業等を取得した労働者に対する賃金等の処遇の取扱いをどのように考えるべきかである。

以下では、まずⅡにおいて、《休むこと》をめぐる法政策がどのように展開してきたのかを明らかにする。続いてⅢにおいて、《休むこと》をめぐる現行法のシステムがどのような目的に基づいており、裁判例においていかなる問題が争われているのかを検討する。最後にⅣにおいて、《休むこと》の今後の方向性と課題について、若干の考察を行う。

Ⅱ 《休むこと》をめぐる法政策の歴史

まず、わが国の《休むこと》をめぐる法政策の歴史を簡単にみていくことにしたい。わが国の法政策は、大きく三つの段階を踏んで歴史的に推移してきた。

1 戦前における休憩時間・休日等の保障

過酷な長時間労働を強いられている労働者の実態を考慮して、戦前においても労働時間に関する労働保護法令が立法化されている。戦前の代表的な法令は、1911（明治44）年に制定された工場法であり、その他には、鉱夫労役扶助規則（1916年）、商店法（1938年）、工場就業時間制限令（1939年）などが存在していた。[3]

戦前では、工場法、鉱夫労役扶助規則、商店法において、女子と年少者に対する休憩時間・休日の規制がなされている。たとえば、工場法は、1日11時間労働制のもと、女子および16歳未満の者を対象として、1日の就業時間が6時間を超えるときは少なくとも30分、10時間を超えるときは少なくとも1時間の休憩時間を設定するように規定していた。休日については、工場法は、女子および16歳未満の者を対象として、月2日休日制を定めていた。

また、産前産後の就業禁止に関する規制も戦前の段階でなされている。工場法は、主務大臣が産前産後の者に対する就業禁止制限規定を設けることができるとの規定にとどまっていたが、鉱夫労役扶助規則では産後35日の就業が禁止された。

このように、《休むこと》に関する戦前の労働保護法令の特徴は、女子と年少者に対する休憩時間・休日等の保障を中心としていた点にある。もっとも、

成人男子に対する休憩時間・休日の規制がなかったわけではない。国家総動員法に基づいて1939年に制定された工場就業時間制限令は、16歳以上の男子職工について、6時間を越えるときは30分、10時間を越えるときは1時間の休憩を付与することを規定し、休日については、毎月2回以上の付与を定めていた。しかし、1943年の工場法戦時特例によって同令の効力が停止され、終戦を迎えることになる。

戦前には年次有給休暇に関する規定は基本的に存在していなかった。例外的に、官史については、「賜暇」として、許可制による休暇が認められていた[4]。また、民間企業の労働者については、年次有給休暇を規定する法律は存在しなかったものの、実態としては、慰労休暇などの名称に基づいて恩恵的に休暇を付与されるという状態であった[5]。

2 1947年の労働基準法制定

終戦後に制定された憲法27条2項は、「就業時間、休息その他の勤労条件に関する基準」を法律で定めると規定し、これを受けて、1947（昭和22）年に労働基準法が制定された。労働基準法の制定により、女子と年少者に限らず、労働者一般を対象とした労働条件の最低基準を保障する仕組みが確立するに至った。

では、労働基準法は《休むこと》についてどのように規定したのか。その基本的特徴は次のとおりである。

第一に、年次有給休暇が労働基準法において初めて明文化された。その後の1952年の改正において、年休手当の算定方式に関する規定が追加され、現行制度の基本形が完成した。年次有給休暇について定める労働基準法39条は、1936年に採択されたILO第52号条約（「年次有給休暇に関する条約」）を参考にして立法化されたものである[6]。

第二に、休憩時間・休日・産前産後休業については、工場法のモデルに基づいて拡充が図られた。労働基準法は、一般男子についても休憩時間を保障するとともに、休憩時間も延長されることとなった。また、休憩時間自由利用の原則も法律上明文化された。

第三に、生理日の休暇、公民権の保障等が新たに規定された。生理日の休暇は、労働運動において女子労働者の主要な問題として取り上げられ、労働基準法に規定されることになったが、諸外国には例にないものであり、わが国独自の規定となった。

ここで指摘しておきたいのは、わが国の年次有給休暇の特殊性である。わが国の年次有給休暇は、諸外国とは異なる独自の制度を採用している。その特殊性は、立法の際に参考とされたILO第52号条約や諸外国の動向と比較しても明らかである。すなわち、ILO第52号条約は、最低6日間は分割付与を認めておらず、また、出勤率を年次有給休暇の要件に含めていない。また、年次有給休暇の取得時期については、諸外国では使用者が決定権限を有し、その際に労働者の希望を考慮しなければならないとする仕組みが一般的である[7]。これに対し、労働基準法39条は、①1日単位での休暇の分割を認め、②全労働日の8割以上の出勤率を要件とし、③時季の決定を労働者に委ねる制度を採用した[8]。

こうした日本独自の修正は、多くの労働者が日々の食料確保のために、買出しを目的として休暇を取得していたという戦後の労働者の実態、及び、労働意欲が低下していった経済状況を反映したものであった[9]。また、出勤率の要件は、諸外国では他に例をみないものであり、年休休暇の付与を功労報償と結びつける考え方に基づいたものといえる[10]。

さらに、年次有給休暇の利用目的についても、たとえば、ILO第52号条約2条は、疾病に基づく欠勤は年次有給休暇に含まないと規定していたのに対し、労働基準法は、年次有給休暇の利用目的を限定せず、疾病に基づく欠勤の場合にも年次有給休暇を利用することが可能な制度となった。

3 年次有給休暇・育児介護休業制度の拡充

休暇・休業等に関する労働基準法の規定は大きな改正もなく運用されてきたが、1987（昭和62）年に年次有給休暇に関する規定が改正されている。取得率の低さを解消することを目的としており、主要な改正点は、①6日から10日に年休の最低付与日数の引き上げ、②パートタイマー等の労働時間の少ない労働者への比例付与、③計画年休制度の新設、④年休取得に伴う不利益取扱いの

禁止である。

　また、1993年には、年次有給休暇の継続勤務要件が1年から6か月に短縮され、1998年には、年次有給休暇の逓増のペースが1日から2日に増加される改正が行われた。その後、連続休暇の促進策として、政府は、1990年に「連続休暇取得促進要綱」、1995年には「ゆとり休暇推進要綱」を策定して、長期連続休暇を推進する政策を示した。さらに、2005年に施行された「労働時間等の設定の改善に関する特別措置法」2条は、使用者に対し、年次有給休暇を取得しやすい環境の整備を努力義務として規定した。

　このように、1987年以降、年次有給休暇の取得を促進する試みが数多く行われてきた。わが国において有給休暇として与えられている日数は、国際的にみて際立って低水準というわけではなく、祝日等の休暇日も含めて考えるならば、諸外国と遜色のない休暇日数であると評価することもできる。[11] もっとも、世界の趨勢と比較すると、ILOが1970年に第132号条約（「年次有給休暇に関する条約」）を採択し、3労働週の年次有給休暇（うち2労働週は分割不可）を規定するに至っているのに対し、わが国は、ILO第132条約に批准できないまま現在に至っている。

　次に、近年の大きな改革としては、育児介護休業制度の拡充があげられる。ILOが1981年に第156号条約（「家族的責任を有する男女労働者の機会及び待遇の均等に関する条約」）を採択したのを受けて、わが国でも、1992年に育児休業法を立法化し、男女の労働者が育児休業を申し出ることができる規定を新設した。その後、1995年の育児休業法改正により、新たに介護休業制度が設けられ、名称も育児介護休業法に変更された。これにより、わが国もILO156号条約を批准するに至っている。さらに2004年に育児介護休業法の改正が行われ、期間雇用の労働者に対する適用拡大、育児休業の延長、子の看護休暇などが盛り込まれた。

　また、2003年には、少子化対策の観点から少子化社会対策基本法が制定され、この法律を具体化する労働立法として、次世代育成支援対策推進法が成立した。同法は、常時301人以上の労働者を雇用する事業主に次世代育成支援対策行動計画の策定・届出を義務づけている。そして、指針として示された「行

動計画策定指針[12]」は、事業主に対し、①子の出生時の父親の休暇取得の促進などの子育てを行う労働者の職業生活と家庭生活の両立支援のための雇用環境の整備、②年次有給休暇取得の促進等の働き方の見直しに資する多様な労働条件の整備などを求めている。

Ⅲ 《休むこと》をめぐる現行法と判例法理

　以上見てきたように、わが国の《休むこと》の立法過程は、まず労働を中断して肉体的な疲労から回復させるための休憩と休日の設置にはじまり、それがやがて、産前産後休業等の休日以外の休業を保障する制度に拡がった。その後、労働基準法の制定により年次有給休暇が保障され、労働者一般を対象とした現行法システムの基本が確立するに至った。そしてその保障は、家族生活を支える育児介護休業制度にまで拡大している。
　では、現行法のシステムは、何のために《休むこと》を保障しており、裁判例においてどのような問題が争われているか。以下では、まず《休むこと》の種類と目的を確認し、続いて、《休むこと》をめぐる裁判例を検討したい。さらに、《休むこと》の実態についても併せて検討する。

1 《休むこと》の種類と目的

　現行法システムは、多様な制度に基づいて、労働者に《休むこと》を保障している。ここでは、その種類と目的を明らかにしながら、その概要を確認しておきたい。
　第一は、労働時間規制と連動して実施される「休憩時間」と「休日」の規制である。
　休憩時間を付与する目的は、労働がもたらす精神的・肉体的疲労を回復させることにある。行政解釈は、休憩時間について、「単に作業に従事しない手待時間を含まず労働者が権利として労働から離れることを保障されている時間」と定義している。裁判例は、「現実に労働者が自由に利用できる時間」と理解している[13]（関西警備保障事件・大阪地判平成16.3.31労判876号82頁）。使用者は、

労働者に対し、労働時間が6時間を超える場合は少なくとも45分、8時間を超える場合は少なくとも1時間の休憩時間を労働時間の途中に、原則として一斉に与え、それを自由に利用させなければならない（労基法34条）。

次に、休日を付与する目的は、労働者が労働から生ずる疲労を回復し、自由に活動できる時間を保障することにある。休日とは、「労働者が労働契約において労働義務を負わない日」である[14]。使用者は、労働者に毎週少なくとも1回の休日を与えなければならないとされており、週休制が原則となる（労基法35条1項）。ただし、4週間を通じ4日以上の休日を与える場合には、この週休1日原則は適用されない（労基法35条2項）。労働基準法上は4週間に4日間の休日を与えればよいのであり、その規制は極めて緩やかである。

第二は、長期的な休暇を付与する「年次有給休暇」である。年次有給休暇の目的は、休息や余暇を享受するためにまとまった時間を保障することにある[15]。休日が労働者の身体的・精神的な疲労からの回復を主眼としているのに対して、年次有給休暇は、本来的な意味における「余暇」を保障したものであると理解されている[16]。休暇の概念については、労働者が何らかの権限に基づいて、その主体的な意思により権利として休みをとり、その法的効果として労働日から非労働日に転換が生じるものと解されている[17]。

使用者は、雇入れ日から起算して6か月以上継続勤務し、全労働日の8割以上出勤した労働者に対して、継続または分割した10労働日以上の有給休暇を与えなければならない（労基法39条1項）。また、その後勤続年数を増すに従って、20日を上限に加算される（同条2項）。さらに、所定労働日数の少ない労働者については、所定労働日数に比例して算定された日数が付与される（同条3項）。

具体的な取得時期については、労働者が時季指定権を行使することによって特定される（同条4項）。ただし、労働者の請求した時季に年次有給休暇を与えることが事業の正常な運営を妨げる場合には、使用者は時季変更権を行使できる（同条4項但書）。また、使用者が事業場の過半数代表と労使協定を締結し、時季に関する定めをしたときは、日数のうち5日を越える部分については、計画年休に基づいて年次有給休暇を付与することができる（同条5項）。

第三は、特定の事由に応じて付与される「休業」と「休職」である。

休業には、①産前産後休業、②業務上疾病による療養のための休業、③育児介護休業法における育児休業・介護休業がある。これらの休業は、「権利として」労働から解放されるものである。なお、労働基準法26条は、使用者の責めに帰すべき「休業」を規定しているが、この場合の休業とは、「労働日を労働日としたまま、労働者に就労させない場合」であり、前述の「権利として」労働から解放される「休業」とは性質が異なる[18]。

では、休業の内容を確認しておこう。まず、①の産前産後休業は、女性の母性保護を目的としている。使用者は、6週間以内に出産する予定の女性が請求した場合には、その者を就業させてはならず、また、産後8週間を経過しない女性を就業させてはならない（労基法65条）。産前産後休業中の賃金は就業規則等に定めがない限り無給であるが、健康保険に基づき、産前42日、産後56日を限度として標準報酬日額の60％が出産手当金として支給される（健保102条、同138条）。

②の業務上疾病による療養のための休業については、労災補償の観点から、労働することができないために賃金を受けない場合には、療養中平均賃金の60％の休業補償を使用者に課している（労基法76条、労災法14条）。また、療養のための休業期間及びその後30日間について解雇が制限されている（労基法19条）。

③の育児介護休業は、仕事と育児・介護を両立の困難さを改善することを目的としている。具体的には、1歳未満の子を養育する労働者に対しては、育児休業の取得（育休法5条1項）、1歳以上1歳6か月の子を養育する労働者に対しては、育児休業の延長（同法5条3項）、要介護の家族を介護する労働者に対しては、通算93日を限度として介護休業の取得（同法11条）が認められている。また、3歳未満の子を養育する者は短時間勤務等の措置を利用することができる（同法23条1項）。さらに、小学校就学前の子を養育する労働者は、5日を限度として子の看護休暇を取得できる（同法16条の2）。育児介護休業中の賃金は、就業規則等に定めがない限り無給であるが、雇用保険制度により、育児休業については休業前賃金の50％相当額、介護休業については40％相当

額が原則として支給される（雇用保険法61条の4、61条の5、61条の7）。

　次に、休職とは、労働者を就労させることが適切ではない場合に、労働者の就労を一時的に禁止または免除する使用者の措置をいう。休職は、使用者の解雇回避措置としての側面を有する。休職の種類としては、①労働者の私傷病等を理由とする傷病休職、②事故による欠勤を理由とする事故欠勤休職、③刑事事件で起訴された者を一定期間または判決確定時まで休職させる起訴休職、④海外留学や公職就任のためにとられる自己都合休職、⑤出向期間中の出向休職などがある。

　休職制度に関しては、公務員については法律上の根拠規定があり、心身の故障のため長期の休養を要する場合、刑事事件に関し起訴された場合には、休職を命ずることができる（国公法79条、地公法28条2項）。他方、私企業においては、休職制度に関する法律上の定めがなく、就業規則や契約上の合意などに基づいて休職が認められている。

　私傷病を理由とする労働不能については、使用者が特段の制度を設けていない限り、民法536条1項により賃金債務が消滅することになる。こうした場合に備え、健康保険法は、療養の日の4日目から標準報酬日額の60％を傷病手当金として保障している（同法45条）。

　この他に、生理日の休暇、公民権の行使がある。生理日の休暇は、就業が著しく困難な女性を保護することを目的としており、使用者は、生理日の就業が著しく困難な女性が休暇を請求したときは、その者を生理日に就業させてはならない（労基法68条）。他方、公民権の行使については、労働者が請求した場合には、労働者の公民権を行使する権利が保障される（労基法7条）。いずれの場合も、その期間中の賃金は、就業規則等に別段の定めがない限り無給である。

2　判例法理の基本的特徴

　では、《休むこと》をめぐって、どのような判例法理が形成されているのか。《休むこと》をめぐる論点は多岐にわたるが、ここでは、年次有給休暇、休業、傷病休職に対象を限定して、その基本的な論点について検討しておきたい。

(1) 年次有給休暇　　年次有給休暇をめぐる主要な論点としては以下のものがある。

第一は、年次有給休暇の法的性質である。労働基準法 39 条に基づき、労働者はいかなる時期にどのような権利を取得するのか。この問題について最高裁は、法定の要件が充足されることによって法律上当然に発生する権利であり、労働者が時季指定をしたときは、使用者が時季変更権を行使しない限り年休の効果が発生すると判示している（白石営林署事件・最二小判昭和 48.3.2 民集 27 巻 2 号 191 頁、国鉄郡山工場事件・最二小判昭和 48.3.2 民集 27 巻 2 号 210 頁）。これは、年休をとる権利そのものと年休の時季を指定する権限とを区別してとらえる二分説と呼ばれる考え方であり、学説・判例において通説的な見解となっている[21]。

第二は、年次有給休暇の利用目的である。最高裁は、年次休暇の利用目的は労働基準法の関知しないところであり、休暇をどのように利用するかは、使用者の干渉を許さない労働者の自由であると述べている（前掲・白石営林署事件）。ただし、年次有給休暇を争議に利用することは、年次有給休暇の趣旨に反し、許されない（津田沼電車区事件・最三小判平成 3.11.19 民集 45 巻 8 号 1236 頁）。また、裁判例には、夜勤業務を回避する目的で行われた時季指定を時季指定権の濫用と解したうえで、その目的を問うことについても自由原則利用に違反しないと判断したものもある（日本交通事件・東京高判平成 11.4.20 判時 1682 号 135 頁）。

第三は、使用者の時季変更権の行使である。使用者は、労働者の請求した時季に年次有給休暇を与えることが事業の正常な運営を妨げる場合には、時季変更権を行使できる（労働基準法 39 条 4 項但書）。多くの裁判例においてこの使用者の時季変更権が争われており、以下に述べるように、使用者の配慮義務に関する法理が形成されている。

最高裁は、使用者に対して、「できるだけ労働者が指定した時季に休暇を取れるよう状況に応じた配慮」を行うことを求めている（弘前電報電話局事件・最二小判昭和 62.7.10 民集 41 巻 5 号 1229 頁）。使用者の配慮がなされたか否かは、従来の勤務割の変更の方法・頻度、時季指定に対する使用者の従前の対応の仕方、当該労働者の作業の内容・性質、代替要員の作業の繁閑、代替要員確保のための時間的余裕、週休取得者を代替要員とする可能性の有無等を総合して判

断される（電電公社関東電気通信局事件・最三小判平成 1.7.4 民集 43 巻 7 号 767 頁）。

　こうした使用者の配慮義務は、主に代替要員の確保との関係において議論されている。具体的には、通常の配慮をもってすれば代替要員の確保が可能な状況であるにもかかわらず、配慮をしないことにより代替要員が配置されないときは、事業の正常な運営を妨げる場合にあたるということはできない（前掲・弘前電報電話局事件、横手統制電話中継所事件・最三小判昭和 62.9.22 判時 1264 号 131 頁）。また、要員不足が常態化している場合は、労働者の時季指定により業務の一部が遂行できないおそれがあったとしても、事業の正常な運営を妨げる場合にあたらない（西日本ジェイアールバス事件・名古屋高金沢支判平成 10.3.16 労判 738 号 32 頁）。もっとも、代替人員の確保が困難であったと認められる場合には、他の課まで代替要員の確保を求める配慮をなす必要はないと判断されている（東京市外電話局ほか事件・最二小判平成 3.12.13 労判 602 号 6 頁）。

　その他に、使用者の時季変更権については、次のようなケースが争われている。

　その一は、労働者が長期の休暇を時季指定した場合である。労働者が事前の調整を経ないで 1 か月の長期休暇を請求した事案につき、最高裁は、事前の調整を経ることなく、長期かつ連続の時季指定をした場合には、これに対する時季変更権の行使には、使用者にある程度の裁量的判断の余地を認めざるをえないと判断し、結論として時季変更権の行使を適法としている（時事通信社事件・最三小判平成 4.6.23 民集 46 巻 4 号 306 頁）。

　その二は、技術研修などの特別の業務期間中に時季指定をした場合である。最高裁は、「訓練中の年休取得の可否は、当該訓練の目的、内容、期間及び日程、年休を取得しようとする当該職員の知識及び技能の程度、取得しようとする年休の時期及び期間、年休取得により欠席することになる訓練の内容とこれを補う手段の有無等の諸般の事情を総合的に比較考量して、年休取得が当該訓練の所期の目的の達成を困難にするかどうかの観点から判断すべき」としたうえで、事業の正常な運営を妨げる場合に該当するとして時季変更権の行使を適法としている（NTT〔年休〕事件・最二小判平成 12.3.31 民集 54 巻 3 号 1255 頁）。

　第四の論点としては、年次有給休暇の行使に対する不利益取扱いである。こ

の点については、労基法39条ではなく、附則136条が、有給休暇を取得した労働者に対して、賃金の減額その他不利益な取扱いをしないようにしなければならないと規定している。タクシー運転手の年休取得に対する皆勤手当の不支給措置が争われた事案につき、最高裁は、附則136条それ自体は、努力義務を定めたものであって、私法上の効果を否定するまでの効力を有するものではなく、年次有給休暇の趣旨を実質的に失わせるものと認められる場合には、公序に反して無効となるとしたうえで、結論として公序に反しないとしている（沼津交通事件・最二小判平成5.6.25民集47巻6号4585頁）。他方、賞与の算出において年次休暇の取得日を欠勤日として扱うことについては、労働基準法39条4項の趣旨から許されないと判断されている（エス・ウント・エー事件・最三小判平成4.2.18労判609号12頁）。

　最後の論点として、計画年休制度に労働者が反対した場合の取扱いが問題となる。裁判例は、年休の計画的取得を定めた労使協定により、労使協定の適用がある職場の全ての労働者に及ぶと解したうえで、反対する労働者にも計画年休の効力が及ぶと判断している（三菱重工業長崎造船所〔計画年休〕事件・福岡高判平成6.3.24労民集45巻1＝2号123頁）ただし、同事件判決は、少数組合の組合員に過半数組合の締結した計画年休に従わせることが、著しく不合理となるような特別の事情が認められる場合や、協定の内容が著しく不公正であって、計画年休制度の趣旨を没却する場合には、例外的に、計画年休の効果が及ばないと判示している。

（2）休　業　　休業を取得した際に問題となるのは、休業期間を欠勤扱いとし、賞与や皆勤手当などを減額・不支給とすることが許されるか否かである。産前産後休業や育児・介護休業については、その申し出や取得を理由とする解雇その他の不利益取扱いの禁止が規定されているが（均等法9条、育児介護休業法10条、16条）、賃金の処遇については、労使自治に委ねられるべきものであり、法的な介入は原則として控えるべき事柄といえる。しかし他方において、不利益取扱いを無制限に認めると、権利として休業等を保障する法令の趣旨を没却することから、その調整が問題となっている。

　この点につき、判例は、不利益取扱いの趣旨・目的、労働者が被る経済的不

利益の程度、権利行使に対する事実上の抑制力を総合して、労働者の権利行使を抑制し、法の趣旨を失わせる程度のものであるか否かで判断し、肯定されれば公序（民法90条）に違反して違法・無効になると判断している。具体的には、産前産後休業、生理休暇、育児時間等の欠勤日を賃金算定の欠勤日数に含めて算定する取扱いについては、実質的に労働者に対し権利を行使して休暇を取得することを抑制する機能を有しているものというべきであるとして、公序に反して無効であると判断されている（日本シェーリング事件・最一小判平成元.12.14民集43巻12号1895頁）。

また、産前産後休業と育児時間を取得した日数を賞与算定の欠勤日数に含めて算定し、賞与全額を不支給とした事案につき、育児時間の取得を労働者の責めに帰すべき事由による不就労と同視して、労働者に同様の不利益を被らせることは、法が育児時間を保障した趣旨を没却させるものであり、公序良俗に違反して違法・無効になると判断している（東朋学園事件・最一小判平成15.12.4労判862号14頁）。しかし同事件判決は、他方において、賞与の算定において、産前産後休業と育児短時間勤務の短縮時間分を欠勤扱いにし、その分の賞与を減額することは、労働者の権利行使に対する抑制は無効とはいえないと判断している。また、同事件の差戻審では、育児時間の取得を減額の対象とすることについては、前もって周知されるべきであって、規定がなかったときに取得した従業員に不利益を及ぼすことは信義誠実の原則に反して許されないと判断している（高宮学園〔東朋学園・差戻審〕事件・東京高判平成18.4.19労判917号40頁）。

この他の事例として、皆勤手当支給に関して生理休暇を欠勤扱いとすることは、休暇日の賃金と同様に当事者間の取決めに委ねられた問題であって、生理休暇の取得を著しく抑制しないかぎり労基法上も私法上も違法でないと判断したものもある（エヌ・ビー・シー工業事件・最二小判昭和60.7.16民集39巻5号1023頁）。

（3）　傷病休職　　休職をめぐる裁判例では主に、傷病休職からの復職の可否が争われている。労働者がどの程度の健康状態に回復すれば、復職が可能と判断すべきかが問題となる。

この点については、原則として、従前の業務を遂行できる程度に回復してい

第 9 章　労働時間法理における《休むこと》のあり方

るかどうかを基準に判断されている（アロマカラー事件・東京地決昭和 54.3.27 労経速 1010 号 25 頁）。また、復職の判断にあたっては、使用者は、労働者に医師の診断あるいは医師の意見を聴取するよう指示することができ、労働者としてもこれに応じる義務がある（大建工業事件・大阪地決平成 15.4.16 労判 849 号 35 頁）。

　もっとも、最近の裁判例では、休職期間満了時に従前の業務に復帰することは困難であっても、現実に配置可能な業務がある場合には、使用者は当該労働者をその業務に復帰させるべきであると判断する傾向にある。たとえば、労働者の職種や業務内容が特定されていない事例において、配置替え等により現実に配置可能な業務があるときには、当該労働者に右配置可能な業務を指示すべきであり、配置換えの可能性を考慮しないまま退職扱いとすることは無効であると判断されている（JR 東海〔退職〕事件・大阪地判平成 11.10.4 労判 771 号 25 頁）。また、長時間の残業を伴う業務に従事していた事案では、負担軽減措置をとるなどの配慮をすることも事業規模からして不可能ではなく、また、他部門での就労可能性を考慮した事情も窺えないとして、休職期間満了時には債務の本旨に従った労務の提供があったと判断している（キヤノンソフト情報システム事件・大阪地判平成 20.1.25 労判 960 号 49 頁）。

　一方、労働者の職種や業務内容が特定されている場合においては、労働者が従前の業務を通常の程度に遂行することができなくなった場合には、原則として、債務の本旨に従った履行の提供をすることができない状況にあると解されている（全日本空輸〔退職強要〕事件・大阪高判平成 13.3.14 労判 809 号 61 頁、カントラ事件・東京高判平成 14.6.19 労判 839 号 47 頁）。ただし、休職からの復帰後、直ちに従前の業務に復帰できなかったとしても、比較的短期間で従前の業務に復帰することが可能である場合には、使用者は短期間の復帰準備時間を提供したり、教育的措置をとることなどが信義則上求められ、このような手段をとらずに解雇することはできないと判断されている（前掲・全日本空輸［退職強要］事件）。また、職種が特定されている場合であっても、就業規則において職種の変更を予定していた事例においては、職場の運営を考慮に入れつつも一定の業務が可能であったといえるかどうかを判断すべきであるとして、比較的軽度

の作業に復帰を認めることが可能であったと判断している(前掲・カントラ事件)。

休職後も職場に復帰できない場合には、猶予していた解雇権を行使することも許される(独立行政法人N事件・東京地判平成16.3.26労判876号56頁)。また、使用者は、就業規則の規定に従い、退職扱いにすることも許される(日本瓦斯〔日本瓦斯運輸整備〕事件・東京高判平成19.9.11労判957号89頁)。

3 《休むこと》の実状

ここで、問題状況を把握するために、年次有給休暇、休業、傷病休職の実状について、特徴的と思われる点を指摘しておきたい。

まず、年次有給休暇については、取得率の低さはほとんど改善されておらず、近年は継続的に悪化して平均で5割を下回るような状況である。厚生労働省の2008年の調査によれば、年次有給休暇の取得率は46.7％であり、1992年の56.1％から10％近く下がっている[22]。また、取得日数も減少している。平成のピークであった1995年の9.5日から減少傾向にあり、2008年には、8.2日まで減少した。

年次有給休暇を取得しない理由としては、周りへの迷惑や職場の雰囲気などを理由に取得をためらう労働者が多く[23]、また、病気や急な用事のために年次有給休暇の取り控えが行われている[24]。また、計画年休制度の導入についても、2006年の調査によれば、計画年休制度を実際に導入している企業は全体平均で16.3％であり、極めて低い水準にとどまっている[25]。

次に、育児休業については、厚生労働省による2007年の調査によると、育児休業取得率は女性89.7％、男性1.56％であり、勤務時間の短縮等の措置を導入している事業所は49.5％となっている[26]。男性の育児休業の取得は依然として進んでいない。女性の取得率についても、結婚や出産を機に多くの人が退職していることを考慮すると、割り引いて考える必要があるだろう。

産前産後に関する休業については、法律の規定通りの休業日数が付与される傾向にある。単胎妊娠の場合は、「法定どおり(産前6週間産後8週間)」が93.5％、「法定を上回る規定あり」が5.0％となっている。産前産後休業期間中の

賃金については、有給とする割合は28.1％であり、そのうち、100％支給という割合が60.2％という結果がでている。

また、昇進・昇格の決定にあたり、約4割の事業所が休業期間を就業したものとみなしている。産前産後休業についてみると、産前産後休業期間を「就業したものとみなす」が33.4％、「一定割合を就業したものとみなす」が5.5％、「不就業期間」として取扱うが20.4％、「特に決めていない」が30.9％などとなっている。

休職制度については、約7割の企業において何らかの休職制度が設置されている。労働政策研究・研修機構の2005年の調査によれば、何らかの休職制度のある企業の割合は69.3％となっており、一定期間休職させる制度や慣行があるかどうかについては、傷病休職が69.1％、事故欠勤休職が37.4％、起訴休職が20.1％、自己啓発休職が12.5％、出向休職が7.2％、特にないが28.7％となっている[27]。

また、同調査によれば、傷病休職の期間中に賃金の支払いについては、「全額支給」が7.2％、「健康保険上の傷病手当金に加えて企業が賃金の一部を支給する」が19.4％、「傷病手当金のみ」が29.2％、「なし」が33.5％という結果になっている。

傷病休職から復帰する条件については、「従前の業務に復帰できる状態になったとき」が54.6％であり、半数以上の企業が従前の業務に復帰できることを条件としている。その他、「従前の業務に復帰できる見込みがあり、かつ、他の業務での就業ができる状態になったとき」が19.7％、「他の業務での就業ができる状態になったとき」が12.1％などとなっている。

Ⅳ　今後の《休むこと》のあり方

以上の検討を踏まえて、今後、どのような観点に留意しながら《休むこと》のあり方が模索されるべきかについて若干の指摘を行い、まとめに代えたい。

1　留意すべき基本的事項

　今後の《休むこと》のあり方を考える際に留意すべき観点として以下をあげることができる。

　第一は、仕事と生活の調和という観点である。女性の就業率の増加、高齢化などの人口構造の変化、勤労者意識の変化の進行などに対応して、仕事と生活の調和が重要な政策課題となっている[28]。2008年から施行された労働契約法は、労働と生活の調和の観点を規定しており（3条3項）、今後は、労働法学の解釈論においても重要な視点となるであろう。

　第二は、雇用平等、均等な雇用機会の実現という観点である。週60時間以上働く男性労働者の割合が増加傾向にある一方で、結婚出産を機に退職する女性が多いという実態があり、現実の社会における性別による役割分業は依然として強固である。しかし、雇用平等、均等な雇用機会を実現するためには、家族的責任を男女共通の問題として捉える視点が不可欠であろう[29]。

　第三は、均等処遇、均衡処遇という観点である。雇用の多様化に対応するため、これまでもパート労働者と正社員との均等待遇が法的課題として議論されてきた[30]。《休むこと》の今後の方向性を考える際には、育児介護等休業を取得した労働者、短時間正社員制度を利用した労働者等についても、他の労働者との均等処遇、均衡処遇を図ることが重要な課題となる[31]。

　第四は、《休むこと》の位置づけに関する。労働者は当然のことながら、家に帰れば家庭の一員であり、社会の構成員でもある。《休むこと》を保障されることが、市民としての生活を維持しながら働き続ける基盤となる。また、《休むこと》を保障することは、有能な労働者の流出を防ぐことにつながるなど、企業側のメリットも少なくない。

　第五は、労働市場との関連である。労働力人口の減少に対応するために、高齢者・女性の労働市場参入を更に促すことが予想される[32]。正社員を念頭においた硬直的な制度は、高齢者や子供と暮らす両親にとって労働市場の参入を阻害する要因となることから、個別のニーズに応じた柔軟な対応を可能とする制度を構築するとともに、制度を利用できる環境を整備することが求められている。

2　《休むこと》の今後の検討課題

　最後に、《休むこと》に関する今後の検討課題を整理することにしよう。様々な検討課題が考えられるが、ここでは次の三点を特に指摘しておきたい。

　第一に、年次有給休暇については、現行制度の見直しも含めて、年次有給休暇の取得を促進する法政策のあり方を検討する必要がある。計画年休制度の実施率は伸び悩んでおり、取得率自体も年々低下していることは既に指摘したとおりである。また、実態としては、年次有給休暇の取得をためらう労働者が多く、病気や急な用事のために年次有給休暇の取り控えが行われている[33]。さらに裁判例においても、長期休暇取得の際には事前の調整が必要とされている。こうした現在の問題状況に対応するためには、次の点を検討する必要がある。

　その一は、労働基準法の規定自体の見直しである。休暇の連続付与を義務づけなかった理由は、戦後の労働者の実態と当時の経済状況を反映したものであり、年休本来の趣旨を考慮すると、休暇の分割付与を認めることは望ましいとはいえない。また、出勤率の要件は、年次有給休暇を功労報償とする発想に基づいたものであり、廃止を含めた検討が必要であろう[34]。

　その二は、一定日数につき使用者が労働者の希望日を踏まえて具体的取得日を付与することを義務づける新たな制度の構築である。こうした方向性は、厚生労働省「今後の労働時間制度に関する研究会報告書」にも示されているところである[35]。実際に導入するのであれば、大枠としては、使用者による計画的な年次有給休暇の付与を原則とし、一定日数分を例外的に労働者の自由利用に委ねることが妥当であろう。労働者による時季指定を原則とする労働基準法の制度の前提そのものを見直すことになるが、取得率は飛躍的に向上すると思われる。

　その三は、年次有給休暇の目的を再確認する必要性である。前述のように、年次有給休暇の目的は本来、休息や余暇を享受するためのまとまった時間を保障することにある。しかし、年次有給休暇の分割を認めていることもあって、私傷病による欠勤や家事や育児、看護等の目的のために年次有給休暇が利用されている。労働者側も利便性を感じてきたという側面も否定できないが、他の休業・休職制度と連携させながら、年次有給休暇を本来の目的で利用できる仕

組みを制度的に組み込んでいくことも重要な課題となろう。[36]

　第二には、傷病休職については、立法レベルでの対応を検討する必要があるだろう。誰もが病気にかかるのであり、特に最近では、精神的疾病を患う労働者も多いことは周知の通りである。また、休職からの復帰をめぐって多くの紛争が生じており、復帰の条件についても企業によって対応が異なっている。法律上に傷病休職制度に関する規定がないこともあり、傷病休職制度を設けている企業は約7割にとどまっている状況にある。

　こうした点を考慮すると、少なくとも、努力義務規定などを設けることにより、傷病休職制度の導入を促進する立法的な措置を講ずる必要があるだろう。[37] 傷病休職制度は、労働者にとっては一定期間解雇が猶予されるメリットがあり、使用者にとっても労働者への対応が明確、容易になることから、労使双方にとって有益である。また、短期の療養のために年次有給休暇を利用することも当然許されるが、傷病休職制度の整備が促進されることにより、年次有給休暇と休職制度を労働者側で選択できることが望ましいといえる。

　また、休職からの職場復帰について判例は、配置可能な業務の有無を判断し、復職に対して一定の配慮を行うことを使用者側に求めている。こうしたルールを周知徹底することも必要であろう。さらには、こうした判例法理は、使用者に対して、負担軽減措置や短時間措置など、段階的に職場に復帰することを可能とする柔軟な仕組みを構築することも要請しているといえよう。

　第三には、労働者が休暇・休業等を取得できるためには、賃金制度も含めて、適正な処遇を確保する必要がある。昇進・昇格の決定にあたって、半数以上の企業が休業期間を不就業期間としており、労働者にとっては、その結果として適正な処遇がなされるかどうかが制度を利用できるかどうかの分かれ目となる。また、育児介護休業法は、短時間勤務制度を利用できると規定しているが、こうした制度の活用が進んだ場合には、賃金を大幅に減額するような処遇については、その適法性が問題になる。

　この点につき判例は、労働者の権利行使を抑制し、法の趣旨を失わせる程度の不利益取扱いと認められる場合には、公序（民法90条）に違反して違法・無効になると判断しており、基本的には妥当な判断基準であるといえよう。この

問題について確認しておく必要があるのは、休業等を取得したからといって、直ちにその分の賃金が無給になるわけではないということである[38]。契約論としては、休業は「権利として、労働日に労働義務が免除される」ことを意味するだけであり、休業中の賃金の処遇については、労使自治の問題として、各企業の賃金制度に委ねられるべき問題といえる[39]。

　しかし、労使自治の問題として許容されるのは不就労時間に比例して減額する場合であって、それを超えて減額する場合には、判例の基準に従って公序に違反する可能性がある。実際の企業には、短時間正社員に対して、労働時間の短縮分以上の賃金減額が行われることもあるという[40]。労働時間と賃金が必ず連動するわけではなく、これが直ちに労働者の権利行使を抑制するとして違法になるわけではないが、企業側には適正な処遇を行うことが求められる。休業等を取得した労働者に対して均等処遇、均衡処遇をどのような観点から構築・実現していくかが今後の重要な課題といえよう。

1） たとえば、2004年には厚生労働省『仕事と生活の調和に関する検討会議報告書』（2004年6月13日）が公表されている。また、2007年には官民トップ会議により『仕事と生活の調和（ワーク・ライフ・バランス）憲章』、『仕事と生活の調和推進のための行動指針』が採択され、数値目標を設定した取り組みが開始されている。仕事と生活の調和それ自体の評価については、本書第8章の大石論文を参照。
2） 休み方を総合的に検討したものとしては、野田進『「休暇」労働法の研究』（日本評論社、1999年）が代表的である。
3） 戦前の状況と労働基準法の沿革については、東京大学労働法研究会編『注釈労働時間法』（有斐閣、1990年）7頁以下、野田進「労働時間規制立法の誕生」日本労働法学会誌95号（2000年）81頁。労働保護法令と労働基準法との異同については、渡辺章「立法史料からみた労働基準法──労働基準法立法史料研究の序説」日本労働法学会誌95号（2000年）37頁以下参照。
4） 「官庁執務時間並休暇に関する件」大正11年閣令6号第3項は、「本属長官は所属職員に対し事務の繁閑を計り1年を通して20日以内の休暇を与ふることを得」と定める。
5） なお、戦前の段階において、年次有給休暇は労働者の権利として確立していたものもあったという見方もある。東大労研・前掲注3）書604頁。
6） 東大労研・前掲注3）書604頁以下、野田・前掲注2）書182頁以下。
7） たとえば、フランスでは、労働者の希望を考慮しながら、使用者の権限に基づいて休暇時期が決定される仕組みが発達している。野田・前掲注2）書198頁以下参照。また、山口浩一郎＝渡辺章＝菅野和夫編『変容する労働時間制度──主要5カ国の比較研究』

（廣済堂、1988 年）、野田進・和田肇『休み方の知恵』（有斐閣、1991 年）も参照。
8) 野田・前掲注 2）書 219 頁以下参照。
9) 野田・前掲注 3）論文 108 頁。寺本廣作『労働基準法解説』（時事通信社、1950 年）248 頁。
10) 法案審議のために作成された厚生省労政局労働保護課「労働基準法案の解説及び質疑応答」においても、「一定の出勤率を年次有給休暇の要件としたのは、多分に報償的性質を加味したものである」という解説がなされている。渡辺章編『日本立法資料全集 53 労働基準法［昭和 22 年］〈3 上〉』（信山社、1997 年）160 頁参照。また、野田・前掲注 2）書 180 頁、220 頁も参照。
11) 野田進「長期休暇の法的課題」日本労働研究雑誌 540 号（2005 年）30 頁。
12) 関係 7 大臣連名告示第 1 号「行動計画策定指針」（2003 年 8 月）。
13) 昭 22.9.13 基発 17 号。
14) 東京大学労働法研究会編『注釈労働基準法〈下〉』（有斐閣、2003 年）696 頁〔奥山明良執筆〕。
15) 野田・前掲注 2）書 180 頁、220 頁参照。
16) 東大労研・前掲注 3）書 591 頁
17) 休暇の概念については、野田・前掲注 2）書 3 頁以下、蓼沼謙一「休暇法の現状と課題」季労 198 号（2002 年）68 頁、東大労研・前掲注 14）書 697 頁参照。
18) 休業には性格が異なる 2 つの種類があることを指摘するものとして、野田・前掲注 2）書 4 頁以下、土田道夫『労働契約法』（有斐閣、2008 年）408 頁。このように解すると、「権利として」労働から解放される「休業」は、「休暇」概念と同じになる。こうした概念上の問題が生じるのは、違う性質のものを同じ用語で規定しているためである。
19) 東大労研・前掲注 14）書 698 頁参照。
20) これらには「休業」という言葉が使われていないが、法的性格としては「権利として」労働から解放される「休業」に属すると考えられる。
21) 年次有給休暇の法的構造については、菅野和夫「年次有給休暇の法理論」労働法文献研究会編『文献研究労働法学』（総合労働研究所、1978 年）45 頁、山口浩一郎「年次有給休暇の法的構造」伊藤博義他編『労働保護法の研究』（有斐閣、1994 年）269 頁参照。
22) 厚生労働省「平成 20 年就労条件総合調査結果の概況」（2008 年 10 月）。
23) 「長期休暇制度に関する調査研究」（平成 12 年、三和総合研究所）の調査結果では、7 割の労働者が年次有給休暇の取得にためらいを感じているという。
24) 連合総合生活開発研究所「年次有給休暇の計画的付与等の実態に関する調査研究報告書」（2003 年 3 月、厚生労働省委託調査）では、年次有給休暇を残す理由は、「病気など何かあった際に使いたいから」（61.2％）が多く、その利用目的についても、「休養」（28.5％）と「病気の療養・体調不良」（24.2％）が多くなっている。
25) 厚生労働省「平成 18 年就労条件総合調査結果の概況」（2006 年 10 月）。
26) 厚生労働省「平成 19 年度雇用均等基本調査」（2008 年 8 月）。
27) 労働政策研究・研修機構『労働条件の設定・変更と人事処遇に関する実態調査——労働契約をめぐる実態に関する調査（Ⅱ）』（2005 年 5 月）。

28) 労働法学の立場から「仕事と生活の調和」を検討したものとして、浅倉むつ子「労働法と家族生活——『仕事と生活の調和』政策に必要な観点」法律時報78巻11号（2006年）25頁、大内伸哉「労働法学における『ライフ』とは——仕事と生活の調和（ワーク・ライフ・バランス）憲章を読んで」季労220号（2008年）4頁、高畠淳子「ワーク・ライフ・バランス施策の意義と実効性の確保」季労220号（2008年）15頁。

29) 仕事と育児の両立支援策に関する諸外国の動向については、山崎隆志「主要国における仕事と育児の両立支援策——出産・育児・看護休暇を中心に」国立国会図書館調査及び立法考査局『少子化・高齢化とその対策　総合調査報告書』（2005年2月）44頁。

30) 2007年にパートタイム労働法が改正され、通常の労働者と同視すべきパート労働者に対する差別的取扱いを禁止する（法8条）とともに、正社員との均衡を考慮しつつ賃金を決定すべき努力義務が規定されている（法9条）。パートタイム労働の均等待遇については、西谷敏「パート労働者の均等待遇をめぐる法政策」日本労働研究雑誌518号（2003年）56頁、土田道夫「パートタイム労働と『均衡の理念』」民商法雑誌119号4・5号（2000年）547頁参照。

31) 短時間正社員の均等処遇・均衡処遇のあり方については、土田道夫「『仕事と生活の調和』をめぐる法的問題」手塚和彰＝中窪裕也『変貌する労働と社会システム——手塚和彰先生退官記念論集』（信山社、2008年）200頁以下、笹島芳雄「時間正社員制度と賃金」これからの賃金制度のあり方に関する研究会編『企業における多様な働き方と賃金制度：ワークライフバランスへの対応』（雇用情報センター、2006年）9頁参照。

32) 社会構造の変化と労働法の関係については、荒木尚志「雇用システムの変化と労働法の再編」手塚＝中窪・前掲注31）書147頁。

33) 労働者が年休の取得しないその他の要因については、小倉一哉『日本人の年休取得行動——年次有給休暇に関する経済分析』（日本労働研究機構、2003年）187頁以下参照。

34) 野田進「年休制度の見直しの方向——付与日数拡大から取得日数拡大へ」季労214号（2006年）47頁は、全労働日8割以上出勤の要件の廃止、分割付与の文言削除、他の休業・休職制度との連携、年次有給休暇の繰り越しの禁止、年休の買い上げ等を提案する。

35) 厚生労働省「今後の労働時間制度に関する研究会報告書」（2006年1月）は、一定日数につき年次有給休暇を取得させることを使用者に義務づけること、1週間程度以上の連続休暇の計画的取得や取得率の低い者に計画的に取得させる方策、未消化年休についての手当請求権の制度を設けることなどを提案する。同報告書の問題点については、浜村彰「労働時間政策の変容と時間規制の多様化」季労214号（2006年）4頁参照。

36) 厚生労働省・前掲注1）報告書、同・注35）報告書は、通院や子の看護等に対応するために、時間単位での年次有給休暇の取得について前向きに検討する必要があると指摘している。しかし、こうしたニーズは本来的には休業・休職制度で対応すべき問題であり、時間単位の年次有給休暇の取得を安易に認めることは、年次有給休暇が本来の利用目的から更に遠のくことになるであろう。

37) 傷病休職の立法的対応について言及するものとして、水島郁子「疾病労働者の処遇」日本労働法学会編『講座21世紀の労働法〔7〕健康・安全と家庭生活』（有斐閣、2000

年）127 頁。
38) ノーワーク・ノーペイの原則が任意法的原則であることを指摘するものとして、野田進「休暇・休業と労働契約」季労167号（1993年）10頁以下、土田・前掲注31) 論文204頁参照。
39) 野田・前掲注38) 論文11頁。行政解釈は、「休業期間中の賃金の支払いは義務づけられておらず、労使の任意の話し合いに委ねられている」としている（平成3.12.20基発第712号）。労働時間と賃金請求権の関係については、本書第6章の開本論文を参照。
40) 笹島・前掲注31) 論文17頁参照。

終　章

《労働》のあり方を考える

道幸　哲也

　なぜ労働時間を法的に問題にするのか。労働時間については、労基法上のそれと労働契約上のそれがある。多くの紛争は、所定外に仕事をした場合にそれが「労働時間」に当たり一定の（割増）賃金請求をしうるかをめぐるものである。したがって、実際の就労をどう評価するかが争点となり、判例法において労基法上の客観的な労働時間概念が用いられている。「賃金請求権発生ルール」といえる。

　労働契約上は、業務命令発出の前提として労働時間内でなされる労務であることが要件となる。業務命令の「外枠規制」であり、業務命令が有効とされるのはあくまで約定の労働時間内でなければならないわけである。「業務命令権行使の前提的な制約ルール」といえる。ここではこの側面についてやや原理的に考えてみたい。

I　労働契約論との関連

1　業務命令権

　まず、「前提的な制約ルール」とはなにか。これは業務命令の外枠を設定することを意味し、その範囲内でのみ使用者は業務命令を発することができる。労働時間の確定こそ契約内容特定の鍵となる。

　ところで、外枠設定の仕方として、合意に基づく所定内（たとえば1日7時間）労働が基礎になる①。それ以上の労働を命じる業務命令に対しては原則として従う義務はない。ただ、所定外労働につき明確な合意があれば、使用者は

業務命令を発することはできる。それが労基法の範囲内ならば「合意」によって②、労基法の基準（32条）を超える場合には緩和・修正規定に基づくとともにやはりその旨の「合意」が必要とされる③。この③のレベルについては労基法独自の規制をも受け、その制約に反したならば当該労使合意は無効となる。

では、②③の合意をどう考えるか。外枠規制は業務命令権に対する基本的な制約となる。その範囲外ということになると業務命令権自体が認められないので命令内容の適否を判断する必要がない。契約内容の明確化において最も基本的なルールといえるわけである。

そこで労基法は、契約内容を明らかにするために使用者に労働条件の明示を義務づけており（15条）、労働時間等の主要な労働条件については書面によるとされている（施行規則5条3項）。また、始業及び終業の時刻等は就業規則の必要的記載事項となっており（労基法89条1号）、それが契約内容になるためには周知が必要とされている（労働契約法7条）。

このような要請は労働契約の解釈レベルでも貫徹されるべきものと考える。つまり、②③についての合意内容が明確でなければならない。「業務上必要があれば残業を命じうる」旨の抽象的な規定では足りず、時間外労働事由の明示や命令を遵守しなくともよい命令拒否事由の例示等が必要と思われる。このレベルの合理性審査が不可欠であろう。

同時に運営レベルにおいても使用者に労働契約上の付随義務として「労働時間管理義務」が課せられるべきである。労基法により最低基準として労働時間の規制が厳格になされていること、時間外労働命令は実質的に強制力があること、労働時間は業務命令の外枠を決定するという労働契約上重要な機能があること等からである。もっとも、使用者の義務に対応する労働者の権利をどう具体的に構想するかという難問は残されている。

2　賃金請求権

つぎに賃金請求権との関連については、基本的に所定内労働と所定外労働に区分して論じられる。所定内の労働に対する賃金請求権については、労働者が労働したことを個別具体的に立証する必要はなく、労働しなかったことを使用

者が立証した場合には、賃金額がその割合に応じて「カット」される。他方、所定外の労働に対する賃金請求権については、労働したことを労働者が立証する必要があり、当該労働に対する賃金額は、①所定外労働が労基法の規定を越えない場合には対応する賃金額は労使の合意により、②労基法の規定を越える場合には割増賃金の支払い義務が生じる（37条）。また、なんらかの事由により労働がなされなかった場合には、危険負担の問題とされ、民法536条により処理されている。

全体としては概ね　就業規則①→合意②→業務命令③→就労④→賃金⑤という関連になる。これを所定外就労につき検討すると。①②③との関連では、②において明確な合意の存在が必要になる。実際には①内容の合理性が問われることが多い。③④⑤との関連では、④がポイントとなり、それが明示・黙示的に③によることが必要になる。この点の明確化のためには適正な業務命令権行使の前提として時間管理義務が想定される。また、⑤の賃金額については、それが所定時間内の業務命令③に対応したものか所定外のそれ③に対応したものかを区分しうるものでなければならない。特に、労基法の基準を超えた場合には割増賃金の支払い義務との関係でそういえる。

II　労働時間規制について

現行の労働時間規制は、規制内容、規制方法、および賃金額との関連において多くの問題がある。

1　規制内容の問題点

労基法は労働時間について基本的に3つの視角、すなわち①労働時間の制限（最長労働時間）、②休憩時間の設定、③休日・休暇の確保、から規制している。

①については、多くの緩和規定等があり、条文の複雑さや労働者が実際に関与することの困難性から、1日8時間、1週40時間制の原則が弱体化している。また、人間の生理に反する長時間労働が認められる規定もある（特別規定）。長時間労働の規制は、それ自体が目的であり本来は割増率の増加によって対処

すべき問題ではないと思われる。

②については、長時間労働に関する規定を欠いていること以外に、翌日の労働までに必要とされる「休息時間」という発想がないのも疑問である。これは①レベルの規制の反射的効果として想定されているにすぎない。休暇権とは別の休息権ともいうべきもの確立が必要であろう。拘束時間の規制もこのような目的を持つ。

③については休日の特定につき明確なルールがないことが問題である。また、年休については、「事業の正常な運営を妨げる」という時季変更事由があまりに抽象的でありそのために多くの紛争が発生している。その事由を条文によって明確化するのは困難なので、何らかのガイドラインが必要と思われる。

2　規制方法の問題点

労働時間の規制方法として労基法は、刑事罰（119条等）、三六協定の労働基準監督署への届出等の行政的なチェック、民事的な規制として法に違反した合意を違法・無効（13条）としている。同時に割増賃金の支払い（37条）や付加金の支払い（114条）を義務付けている。さらに、労基法自体には基づかないが、慰謝料の請求も認められることもある。

制度的にはそれなりに整備したものと評価しうる。しかし、実際にはサービス残業が蔓延し、権利が適切に保障されているとは限らない。そこで労働時間法理の実現のためには、①関連規定に関する権利教育、②契約上の労働条件（労働時間）の理解・把握（労働契約法4条）、③実際の労働時間を知るための文書の作成・確保、が不可欠である。②は使用者の労働条件明示義務や周知義務、③は適正時間管理義務の問題に他ならない。

より基本的には①の実現が緊急の課題である。労働時間法の知識と権利を支える気構え・気合いの教育である。同時に、権利行使を職場でサポートする組合の存在も重要である。労基法基準の緩和の側面だけではなく、設定されたルールの実現レベルにおいても集団の力は不可欠である。労働時間紛争は集団的性質が強いので、なんらかの形のクラスアクション構想も必要といえる。

終章 《労働》のあり方を考える

3　賃金額との関連

　賃金については、支払い方法（労基法24条）や最低賃金額の定めはあるが、賃金額自体は労使の合意により決定することになっている。もっとも、最長労働時間は規制されているので、労働者サイドについてもそれ以上働くことは「許されない」。たとえ、別な使用者の下に置いてもそうである（38条）。つまり、週40時間以内の労働時間で生活することを想定しているわけである。

　このような発想は、最賃額決定において生活保護基準についても配慮すべきであるという改正最低賃金法でも示されている。生活保護基準額を1週40時間労働という基準により割り戻して最賃の時間額を算出しているからである。ここに生活保護基準、1週40時間制、最賃額という貧困パックともいうべきものが成立した。

　人間らしい生活のためにはそれを支える収入が必要であり、最賃額だけでは不十分といえる。今後、時間規制と連動した最低賃金額以上の「生活保障賃金の法理」の構築が必要と思われる。ワーク・ライフ・バランス政策としてもそういえる。貧困のためにやむなくなされる長時間労働を是正するためには、賃金額とを関連づけた労働時間政策が必要である。現行のワーク・ライフ・バランス論には、ライフの基礎となる賃金額という問題関心は皆無である（ワーク・ライフ・バランス憲章の数値目標では、この点は取り上げられていない）。

Ⅲ　労働時間と《働くこと》

1　時　間　給

　賃金の支払い方法として、月給制が一般的であるが、週休制や日給制もある。さらに最近は、非正規労働者に対しては時間給が広く利用され、正規労働者に対しては年俸制も採用されている。時間給と年俸制という両極端が一般化しつつある。いずれも「働き方」に強い影響を与えている。

　この時間給という発想は、労働の切り売りという労働実態及びコストとしての「人件費」という性質を賃金支払い方法によって見事に表現している。とりわけ、若者層はアルバイト等によりもっぱら時間給という形態で労働に直面す

ることになる。自分らしい仕事や仕事に対する責任を構想することが困難となり、労働がもっぱら「労働力」として現象することになる。労働の再生のためにはこの「時間給的」な発想法を乗り越えることが是非とも必要である（計算上は時間給的な処理が必要な場合あるが。たとえば、月給制ケースにおける賃金カットや割増賃金額決定）。

2 主体的・自律的な働き方

　労働時間の一律規制は労働をしていることが明確な工場労働や単純定型的な事務労働に適合的である。それに対し、サービス労働は、顧客等のニーズに対応しなければならないので労働時間の柔軟化を必要とする。また、裁量性のある管理労働やホワイトカラー労働になると、労働時間管理自体が困難となる。そこで、労基法は適用除外や特別の時間算定ルールを規定した。さらに、より包括的なホワイトカラー・エグゼンプション制度の導入が問題になっている。

　たしかに、個々人の能力・成果への着目は、時間規制になじまない側面がある。特に、仕事内容が専門的な場合にそういえる。労働時間規制は基本的に時間数という量的な規制が中心であり、労働内容・密度という質的規制は困難であるからである。というより不可能と言える。せいぜい賃金額によって一定の配慮ができるぐらいである。そこで、対応は直接の規制はせず、基本的に労使の自治に委ねることになる。もっとも、歯止めとして、集団的決定、対象労働者の個別合意等が想定される。主体的な働き方を重視するホワイトカラー・エグゼンプション構想に他ならない。しかし私としては、なぜことさらホワイトカラー・エグゼンプション構想を打ち出すニーズがあるかもは疑問である。管理監督者規定や企画業務型裁量労働制だけでは不十分な理由はどこにあるか。

　では、主体的な働き方という発想に問題はないのか。今後この構想が再度論議されることを想定してその問題点を確認しておきたい

　その一は、主体的といってもあくまでも使用者の指揮命令下の労働であり、その目標や仕事量、成果の評価方法等は基本的に経営サイドの決定に基づくことである。仕事内容も、個人単位ではなく、より上位のセクションの一部を担うにすぎない。[2] 営業秘密の保護の観点からは仕事の分散化・孤立化は不可避の

要請である。また、裁量といっても、仕事内容ではなくその段取り・進め方についての裁量にすぎない場合が多い。全体としてみると、「主体的」の意味は、やる気、自分らしさ、さらに自己能力への過信を助長する機能を果たす側面が強いと思われる。

その二は、主体的な働き方を支える権利主張ができるかの論点である。より高い成果が期待されるので、主体的であればあるほど長時間労働を余儀なくされ、高いストレスに直面する傾向がある。精神や健康を害することも少なくない。そのような事態を回避するのは本人の判断による。「決断」といったほうが正確かもしれない。

ではそのような決断をすることを支える仕組みは十分か。まず、法システムに関する権利教育はほとんどなされていない。また、集団的なルール設定も、適正な職場集団が結成されているケースは少ない。個別的合意となれば絶望的な状況である。制度適用を拒否することはサラリーマンにとって極めてリスキーであり、自分のキャリア形成を諦める覚悟が必要である。これは制度の運営時においても同様である。主体的な働き方をするためには会社に対しても自分の利益・権利を的確に主張しうる「社会的能力」が不可欠である。そのような権利主張を許容する企業文化も必要である。

1) 最低賃金制については、道幸哲也「最低賃金額決定手続と最低賃金法の改正」季刊労働法218号（2007年）119頁参照。
2) 職人的な裁量とは異質である。森清『町工場　もうひとつの近代』（朝日新聞社、1981年）63頁。
3) 道幸哲也「競業避止義務制約の法理」田村善之編著『新世代知的財産法政策学の創成』（有斐閣、2008年）332頁。
4) 三柴丈典「労働時間の立法的規制と自主的規制」日本労働法学会誌106号（2005年）132頁。
5) 権利教育については、道幸哲也『成果主義時代のワークルール』（旬報社、2005年）118頁参照。
6) 集団化の契機については、道幸哲也「解体か見直しか――労働組合法の行方（三）」季刊労働法223号（2008年）117頁以下。

判例索引

最高裁判所

最二小判昭和 35.3.11 民集 14 巻 3 号 403 頁〔細谷服装事件〕……………………………42
最二小判昭和 48.3.2 民集 27 巻 2 号 191 頁〔白石営林署事件〕……………………………11, 181
最二小判昭和 48.3.2 民集 27 巻 2 号 210 頁〔国鉄郡山工場事件〕……………………………181
最三小判昭和 50.2.25 民集 29 巻 2 号 143 頁〔陸上自衛隊八戸車両整備工場事件〕……………91
最二小判昭和 51.7.9 判時 819 号 91 頁〔新井工務店事件〕……………………………42
最三小判昭和 52.12.13 民集 31 巻 7 号 974 頁〔目黒電報電話局事件〕……………………………10
最三小判昭和 54.11.13 判タ 402 号 64 頁〔住友化学工業事件最判〕……………………………11
最二小判昭和 56.9.18 民集 35 巻 6 号 1028 頁〔三菱重工業長崎造船所〔家族手当カット〕事件〕
　………………………………………………………………………………………………13
最一小判昭和 57.3.18 民集 36 巻 3 号 366 頁〔電電公社此花局事件〕……………………………11
最二小判昭和 58.9.30 民集 37 巻 7 号 993 頁〔高知郵便局事件〕……………………………11
最三小判昭和 59.3.27 労判 430 号 69 頁〔静内郵便局事件〕……………………………90
最一小判昭和 59.10.18 労判 458 号 4 頁〔日野自動車工業事件〕……………………………89
最一小判昭和 60.3.7 労判 449 号 49 頁〔水道機工事件〕……………………………13, 109
最二小判昭和 60.7.16 民集 39 巻 5 号 1023 頁〔エヌ・ビー・シー工業事件〕……………………………184
最一小判昭和 61.3.13 労判 470 号 6 頁〔電電公社帯広事件〕……………………………3, 64, 75
最二小判昭和 61.7.14 判時 1198 号 149 頁〔東亜ペイント事件〕……………………………2, 76
最一小判昭和 61.12.18 判例時報 1220 号 136 頁〔夕張南高事件〕……………………………11
最二小判昭和 62.7.10 民集 41 巻 5 号 1229 頁〔弘前電報電話局事件〕……………………………11
最三小判昭和 62.9.22 判時 1264 号 131 頁〔横手統制電話中継所事件〕……………………………182
最三小判昭和 63.2.16 民集 42 巻 2 号 60 頁〔大曲市農業協同組合事件〕……………………………139
最三小判昭和 63.3.15 民集 42 巻 3 号 170 頁〔宝運輸事件〕……………………………108
最一小判昭和 63.7.14 労判 523 号 6 頁〔小里機材事件〕……………………………19, 123
最三小判平成 1.7.4 民集 43 巻 7 号 767 頁〔電電公社関東電気通信局事件〕……………………………11, 182
最三小判平成 3.11.19 民集 45 巻 8 号 1236 頁〔津田沼電車区事件〕……………………………11, 181
最一小判平成 3.11.28 民集 45 巻 8 号 1270 頁〔日立製作所武蔵工場事件〕……………………………9, 76, 90
最一小判平成 3.11.28 労判 594 号 7 頁〔日立製作所武蔵工場事件〕……………………………64
最三小判平成 4.2.18 労判 609 号 12 頁〔エス・ウント・エー事件〕……………………………41, 183
最三小判平成 4.6.23 民集 46 巻 4 号 306 頁〔時事通信社事件〕……………………………11, 182
最二小判平成 4.7.13 判時 1434 号 133 頁〔第一小型ハイヤー事件〕……………………………138
最二小判平成 5.6.25 民集 47 巻 6 号 4585 頁〔沼津交通事件〕……………………………183
最二小判平成 6.6.13 判時 1502 号 149 頁〔高知県観光事件〕……………………………19, 42, 123
最二小判平成 9.2.28 民集 51 巻 2 号 705 頁〔第四銀行事件〕……………………………138
最一小判平成 10.4.9 判時 1639 号 130 頁〔片山組事件〕……………………………18, 110
最二小判平成 11.9.17 労判 768 号 16 頁〔帝国臓器製薬事件〕……………………………168

最三小決平成 11.12.14 労判 775 号 14 頁〔徳島南海タクシー〔割増賃金〕事件〕………………131
最三小判平成 12.1.28 判時 1705 号 162 頁〔ケンウッド事件〕………………………168
最一小判平成 12.3.9 民集 54 巻 3 号 801 頁〔三菱重工業長崎造船所〔更衣時間〕事件〕……13
最二小判平成 12.3.24 民集 54 巻 3 号 1155 頁〔電通事件〕……………………………65, 160
最二小判平成 12.3.31 民集 54 巻 3 号 1255 頁〔NTT〔年休〕事件〕…………………11, 182
最一小判平成 12.7.17 判時 1723 号 132 頁〔横浜南労基署長〔東京海上横浜支店〕事件〕…151
最一小判平成 12.7.17 労判 786 号 14 頁〔西宮労基署長〔大阪淡路交通〕事件〕………151
最二小判平成 12.9.7 民集 54 巻 7 号 2075 頁〔みちのく銀行事件〕……………………139
最三小判平成 12.9.12 労判 788 号 23 頁〔北都銀行事件(旧羽後銀行)〕………………139
最二小判平成 12.9.22 労判 788 号 17 頁〔函館信用金庫事件〕…………………………140
最二小判平成 13.6.22 労判 808 号 11 頁〔トーコロ事件〕…………………………9, 86, 148
最一小判平成 14.2.28 民集 56 巻 2 号 361 頁〔大星ビル管理事件〕…………14, 64, 69, 111
最二小決平成 15.5.30〔創栄コンサルタント事件〕………………………………………132
最二小判平成 15.10.10. 判時 1840 号 144 頁〔フジ興産事件〕…………………………138
最一小判平成 15.12.4 労判 862 号 14 頁〔東朋学園事件〕………………………………184
最三小判平成 18.6.13 労経速 1948 号 12 頁〔ビル代行事件〕………………………………14
最二小判平成 19.10.19 民集 61 巻 7 号 2555 頁〔大林ファシリティーズ〔オークビルサービス〕事件〕……………………………………………………………………………13, 14, 69

高等裁判所

東京高判昭和 48.11.28 判時 725 号 46 頁〔損害賠償請求〔飾棚落下〕事件〕…………105
東京高判昭和 56.3.26 労経速 1088 号 17 頁〔青梅労基署長事件〕………………………35
東京高判昭和 61.3.27 民集 45 巻 8 号 1395 頁〔日立製作所武蔵工場事件〕………………90
大阪高判平成 1.2.21 労判 538 号 63 頁〔京都福田事件〕…………………………………95
東京高判平成 2.9.26 判時 1369 号 155 頁〔エス・ウント・エー事件〕…………………41
福岡高判平成 6.3.24 労民集 45 巻 1・2 号 123 頁〔三菱重工業長崎造船所〔計画年休〕事件〕
…………………………………………………………………………………………12, 39, 183
東京高判平成 8.5.29 判判 694 号 29 頁〔帝国臓器製薬事件　原審〕……………………168
仙台高秋田支判平成 9.5.28 労判 716 号 21 頁〔北都銀行事件(旧羽後銀行)〕……139, 147
札幌高判平成 9.9.4 民集 48 巻第 4 号 362 頁〔函館信用金庫事件〕……………………140
東京高判平成 9.11.17 民集 48 巻 5・6 号 633 頁〔トーコロ事件〕……………………9, 143
名古屋高金沢支判平成 10.3.16 労判 738 号 32 頁〔西日本ジェイアールバス事件〕……181
大阪高判平成 10.9.10 労判 753 号 76 頁〔東灘郵便局〔年休〕事件〕……………………41
東京高判平成 10.9.16 判判 749 号 22 頁〔三晃印刷事件〕………………………………20, 95
東京高判平成 11.4.20 判時 1682 号 135 頁〔日本交通事件〕……………………………181
大阪高判平成 12.6.30 労判 792 号 103 頁〔日本コンベンションサービス〔割増賃金請求〕事件〕
………………………………………………………………………………………95, 102, 126
大阪高判平成 13.3.14 労判 809 号 61 頁〔全日本空輸〔退職強要〕事件〕………………185
大阪高判平成 13.6.28 労判 811 号 5 頁〔京都銀行事件〕…………………………………16, 36
東京高判平成 14.3.26 労判 828 号 51 頁〔中央労基署長事件〔三井東圧化学〕事件〕……156

名古屋高判平成 14.4.25 労判 829 号 30 頁〔地公災基金三重県支部長〔伊勢総合病院〕事件〕……155
東京高判平成 14.6.19 労判 839 号 47 頁〔カントラ事件〕……………………………………185
広島高判平成 14.6.25 労判 835 号 43 頁〔JR 西日本(広島支社)事件〕………………………64
大阪高判平成 14.11.26 労判 849 号 157 頁〔創栄コンサルタント事件〕……………………132
東京高判平成 15.12.9 労判 905 号 72 頁〔神代学園ミューズ事件〕……………………………40
東京高判平成 16.11.24 民集 61 巻 7 号 2706 頁〔オークビルサービス〔マンション管理人割増手当〕事件〕………………………………………………………………………………………42
広島高岡山支判平成 16.12.9 労判 889 号 62 頁〔岡山労基署長〔東和タクシー〕事件〕………154
東京高判平成 17.3.30 労判 905 号 72 頁〔神代学園ミューズ事件〕……………………15, 43, 126
大阪高判平成 17.12.1 労判 933 号 69 頁〔ゴムノイナキ事件〕…………………………………95
東京高判平成 18.4.19 労判 917 号 40 頁〔高宮学園〔東朋学園〕事件〕……………………184
大阪高判平成 18.4.28 労判 917 号 5 頁〔京都上労基署長〔大日本京都物流システム〕事件 控訴審〕……………………………………………………………………………………………154
東京高判平成 18.6.22 労判 920 号 5 頁〔ノイズ研究所事件〕…………………………………146
東京高判平成 19.2.15 労判 937 号 69 頁〔東急バス事件〕………………………………………14
大阪高判平成 19.2.28. 労判 958 号 93 頁〔国立循環器病センター〔看護師・くも膜下出血死〕事件〕………………………………………………………………………………………170
広島高判平成 19.9.4 判時 2004 号 151 頁〔杉本商事事件〕……………………………20, 93, 129
札幌高判平成 19.9.27 判例集未登載〔教師：北海道教組事件〕…………………………………15
東京高判平成 19.10.30 労判 963 号 54 頁〔協和出版販売事件〕…………………………………77
大阪高判平成 19.11.30 労判 958 号 89 頁〔アイスペック・ビジネスブレイン事件〕…………13
名古屋高判平成 20.5.16 労経速 2009 号 25 頁〔日通岐阜運輸事件〕…………………20, 39, 114

地方裁判所

前橋地判昭和 38.11.14 労民集 14 巻 6 号 1419 頁〔明星電気事件〕……………………………65
東京地判昭和 44.3.10 交通民集 2 巻 2 号 304 頁〔損害賠償請求〔衝突事故〕事件〕…………105
東京地判昭和 44.5.31 労民集 20 巻 3 号 477 頁〔明治乳業事件〕………………………………90
仙台地判昭和 45.5.29 労民集 21 巻 3 号 689 頁〔七十七銀行事件〕……………………………90
横浜地川崎支昭和 45.12.28 労民集 21 巻 6 号 1762 頁〔日本鋼管事件〕………………………90
松江地判昭和 46.4.10 労判 127 号 35 頁〔島根県教組事件〕……………………………………72
横浜地川崎支決昭和 49.1.26 労民集 25 巻 1・2 号 12 頁〔日本工業検査事件〕………36, 73, 170
静岡地判昭和 53.3.28 労民集 29 巻 3 号 273 頁〔静岡銀行事件〕……………………………185
東京地決昭和 54.3.27 労経速 1010 号 25 頁〔アロマカラー事件〕……………………………122
大阪地判昭和 56.3.24 労経速 1091 号 3 頁〔すし処「杉」事件〕………………………………71
大阪地判昭和 57.3.29 労判 386 号 16 頁〔大阪淡路交通事件〕…………………………………71
京都地判昭和 62.10.1 労判 506 号 81 頁〔京都福田事件〕………………………………………95
東京地判昭和 63.4.27 労判 517 号 18 頁〔日本プレジデントクラブ事件〕…………………122
東京地判昭和 63.5.27 労判 519 号 59 頁〔三好屋商店事件〕……………………………94, 122
大阪地判昭和 63.10.26 労判 530 号 40 頁〔関西ソニー販売事件〕……………………………40
大阪地判平成 1.4.20 労判 539 号 44 頁〔北陽電機事件〕………………………………………94

東京地判平成 1.9.25 労民集 40 巻 4・5 号 510 頁〔エス・ウント・エー事件〕……………… 41
東京地判平成 2.9.26 判時 1369 号 154 頁〔エス・ウント・エー事件〕………………… 41
大阪地判平成 3.2.26 労判 586 号 80 頁〔三栄珈琲事件〕……………………………… 95
名古屋地判平成 3.4.22 労判 589 号 30 頁〔とみた建設事件〕………………………… 95
東京地判平成 4.1.21 労判 605 号 91 頁〔セキレイ事件〕……………………………… 42
京都地判平成 4.2.4 労判 606 号 24 頁〔弥栄自動車事件〕…………………………… 139
秋田地判平成 4.7.24 民集 43 巻 4 号 662 頁〔北都銀行事件(旧羽後銀行)〕…………… 140
東京地判平成 6.9.27 労判 660 号 35 頁〔横河電機事件〕……………………………… 73
函館地判平成 6.12.22 民集 48 巻 4 号 433 頁〔函館信用金庫事件〕………………… 16
東京地判平成 7.12.26 労判 689 号 26 頁〔武谷病院事件〕……………………… 95, 147
札幌地室蘭支判平成 7.3.27 判タ 891 号 120 頁〔伊達信用金庫事件〕……………… 16
東京地判平成 7.9.25 労判 683 号 30 頁〔国民金融公庫事件〕………………… 95, 126
大阪地判平成 8.10.2 判タ 937 号 153 頁〔共立メンテナンス事件〕………………… 40
大阪地判平成 8.12.25 労判 712 号 32 頁〔日本コンベンションサービス〔割増賃金請求〕事件〕
……………………………………………………………………………………… 95, 102
東京地判平成 9.1.28 労判 725 号 89 頁〔パルシングオー事件〕……………………… 39
大阪地判平成 9.1.31 労判 730 号 90 頁〔ボヘミアン事件〕…………………………… 95
東京地判平成 9.3.13 労判 714 号 21 頁〔三晃印刷事件〕……………………………… 95
大阪地判平成 9.5.28 労経速 1641 号 22 頁〔ティーエム事件〕……………………… 126
東京地判平成 9.7.28 労判 724 号 30 頁〔日本アイティーアイ事件〕………………… 64
東京地判平成 9.8.1 労民集 48 巻 4 号 312 頁〔ほるぷ事件〕………………………… 42
東京地判平成 9.9.26 労経速 1658 号 16 頁〔タオヒューマンシステムズ事件〕……… 42
大阪地判平成 9.12.24 労判 730 号 14 頁〔共同輸送〔割増賃金〕事件〕……………… 95
東京地判平成 10.2.26 労判 737 号 51 頁〔JR 東海〔新幹線減速闘争〕事件〕……… 109
東京地判平成 10.6.5 労判 748 号 117 頁〔ユニ・フレックス事件〕………………… 125
東京地判平成 10.6.12 判時 1655 号 170 頁〔JR 貨物〔超過勤務〕事件〕…………… 42
東京地判平成 10.7.27 労判 748 号 91 頁〔オーク事件〕……………………………… 123
大阪地判平成 10.12.25 労経速 1702 号 6 頁〔東久事件〕…………………………… 16, 96
大阪地判平成 11.5.31 判タ 1040 号 147 頁〔千里山生活共同組合事件〕…… 65, 84, 95, 116
長野地佐久支判平成 11.7.14 労判 770 号 98 頁〔日本セキュリティシステム事件〕…… 103, 129
名古屋地判平成 11.9.28 労判 783 号 140 頁〔ジオス〔割増賃金〕事件〕…………… 123
東京地判平成 11.10.4 労判 771 号 25 頁〔JR 東海〔退職〕事件〕………………… 185
大阪地判平成 12.4.14 労判 798 号 86 頁〔ファーシール三幸事件〕………………… 95
東京地判平成 12.4.27 労判 782 号 6 頁〔東日本旅客鉄道〔横浜土木技術センター〕事件〕…… 42, 64
東京地判平成 12.5.29 労判 795 号 85 頁〔桐和会事件〕……………………………… 95
大阪地判平成 13.3.26 労判 810 号 41 頁〔風月荘事件〕……………………………… 42
広島地判平成 13.5.30 労判 835 号 49 頁〔JR 西日本(広島支社)事件〕……………… 49
大阪地判平成 13.9.3 労判 823 号 66 頁〔北錦会事件〕……………………………… 102
福井地判平成 13.9.10 判例集等未登載〔時間外割増賃金支払請求事件〕……………… 65
大分地判平成 13.10.1 労判 837 号 76 頁〔九州運送事件〕………………… 20, 39, 114, 146
大阪地判平成 13.10.19 労判 820 号 15 頁〔松山石油事件〕………………………… 36, 95

judgment 索引

東京地判平成 14.3.28 労判 827 号 74 頁〔東建ジオテック事件〕……………………42
札幌地判平成 14.4.18 判タ 1123 号 145 頁〔育英舎事件〕…………………………42, 126
大阪地判平成 14.5.17 労判 828 号 14 頁〔創栄コンサルタント事件〕………………128
大阪地判平成 14.7.19 労判 833 号 22 頁〔光和商事事件〕…………………………65
京都地判平成 14.10.24 判タ 1117 号 270 頁〔京都上労基署長〔大日本京都物流システム〕事件〕
　………………………………………………………………………………………154
大阪地判平成 14.10.25 労判 844 号 79 頁〔システムワークス事件〕………………127
東京地判平成 14.11.11 労判 843 号 27 頁〔ジャパンネットワークサービス事件〕…42, 95
東京地判平成 15.2.21 判時 1835 号 101 頁〔中央労基署長事件〕…………………40
大津地判平成 15.3.24 判時 1831 号 3 頁〔サン・グループ事件〕…………………41
大阪地決平成 15.4.16 労判 849 号 35 頁〔大建工業事件〕…………………………185
大阪地判平成 15.4.25 労経速 1837 号 23 頁〔徳州会事件〕…………………16, 40
東京地判平成 15.4.30 労判 851 号 15 頁〔中央労基署長事件〔電化興業〕事件〕…155
東京地判平成 15.5.19 労判 852 号 86 頁〔技研製作所ほか 1 社事件〕……………64, 96
東京地判平成 15.5.27 民集 61 巻 7 号 2632 頁〔オークビルサービス〔マンション管理人割増手当〕事件〕
　………………………………………………………………………………………42
大阪地判平成 15.7.4 労判 856 号 89 頁〔エヌズ事件〕………………………………95
宇都宮地判平成 15.8.28 判時 1849 号 113 頁〔栃木労基署長〔レンゴー〕事件〕…154
和歌山地判平成 16.2.9 労判 874 号 64 頁〔和歌の海運送事件〕…………………186
東京地判平成 16.3.26 労判 876 号 56 頁〔独立行政法人 N 事件〕…………………177
大阪地判平成 16.3.31 労判 876 号 82 頁〔関西警備保障事件〕…………………40
東京地判平成 16.6.25 労経速 1882 号 3 頁〔ユニコン・エンジニアリング事件〕…113, 126
東京地八王子支判平成 16.6.28 労判 879 号 50 頁〔青梅市〔宿直管理業務員〕事件〕…154
大阪地判平成 16.8.30 判時 1886 号 143 頁〔ジェイ・シー・エム〔アルバイト過労死〕事件〕…123
大阪地判平成 16.10.22 労経速 1896 号 3 頁〔かんでんエンジニアリング事件〕…85, 95
東京地判平成 16.11.24 民集 61 巻 7 号 2705 頁〔オークビルサービス〔マンション管理人割増手当〕事件　控訴審〕
　………………………………………………………………………………………42
横浜地判平成 17.2.22 労判 890 号 83 頁〔金港交通事件〕…………………………113
大阪地判平成 17.2.25 労経速 1948 号 12 頁〔ビル代行〔宿直勤務〕事件〕………40
大阪地判平成 17.3.10 労判 933 号 82 頁〔ゴムノイナキ事件〕……………………95
大阪地判平成 17.3.25 労経速 1907 号 28 頁〔リゾートトラスト事件〕…………40, 126, 158
和歌山地判平成 17.4.12 労判 896 号 28 頁〔中の島〔ホテル料理長〕事件〕……154
名古屋地判平成 17.8.5 労判 902 号 72 頁〔オンテック・サカイ創建事件〕………20, 126
東京地判平成 17.9.30 労経速 1916 号 11 頁〔コミネコミュニケーションズ事件〕…10
大阪地判平成 17.10.6 労判 907 号 5 頁〔ピーエムコンサルタント〔契約社員年俸制〕事件〕……11
東京地判平成 17.10.19 判時 1919 号 165 頁〔モルガンスタンレー・ジャパン〔超過勤務手当〕事件〕
　………………………………………………………………………………94, 127, 170
東京地判平成 17.11.11 労判 908 号 37 頁〔クアトロ事件〕………………………65
東京地判平成 17.12.9 労経速 1925 号 24 頁〔インターネットサファリ事件〕……154
札幌地判平成 18.2.28 労判 914 号 11 頁〔札幌東労基署長〔北洋銀行〕事件〕…16
大阪地判平成 18.5.25 労判 922 号 55 頁等〔アサヒ急配事件〕…………………40

東京地判平成 18.5.26 労判 918 号 5 頁〔岡部製作所事件〕……………………… 123
京都地判平成 18.5.29 労判 920 号 57 頁〔ドワンゴ事件〕………………………… 65, 148
大阪地判平成 18.10.6 労判 930 号 43 頁〔昭和観光事件〕………………………… 15
大津地判平成 18.10.13 労経速 1956 号 3 頁〔滋賀ウチダ事件〕………………… 161
静岡地浜松支判平成 18.10.30 判時 1970 号 82 頁〔スズキ〔うつ病自殺〕事件〕……… 15
東京地判平成 18.11.10 労判 931 号 65 頁〔PE&HR 事件〕……………………… 16, 95
東京地判平成 18.11.17 労経速 1965 号 3 頁〔調理員：ニッコクトラスト〕……… 16, 83
高知地判平成 18.6.2 労判 926 号〔地公災基金高知県支部長〔南国市役所〕事件〕……… 8
大阪地判平成 18.6.15 労判 924 号 72 頁〔大虎運輸事件〕………………………… 161
東京地判平成 18.7.26 判時 1951 号 164 頁〔千代田ビル管財事件〕……………… 8, 20, 124
東京地判平成 18.8.7 労判 924 号 50 頁〔アクト事件〕…………………………… 155
東京地判平成 18.12.8 労判 941 号 77 頁〔ネットブレーン事件〕………………… 97, 122, 157
東京地判平成 19.3.22 労判 938 号 85 頁〔センチュリー・オート事件〕………… 128
東京地判平成 19.3.26 労判 943 号 41 頁〔中山書店事件〕………………………… 16
東京地判平成 19.3.26 労判 937 号 54 頁〔日本航空インターナショナル事件〕…… 39
岡山地判平成 19.3.27 労判 941 号 23 頁〔セントラル・パーク事件〕…… 40, 42, 115, 129
広島地判平成 19.3.30 労判 952 号 43 頁〔杉本商事事件〕………………………… 40
福岡地判平成 19.4.26 労判 948 号 41 頁〔姪浜タクシー事件〕…………………… 14
東京地判平成 19.6.15 労判 944 号 42 頁〔山本デザイン事務所事件〕…………… 17, 40
大阪地判平成 19.7.26 労判 953 号 57 頁〔英光電設ほか事件〕…………………… 83, 136
神戸地判平成 19.9.11 労委 950 号 31 頁〔兵庫県労委〔みのり農協労働組合〕事件〕…… 42
名古屋地判平成 19.9.12 労判 957 号 52 頁〔ビル代行〔ビル管理人・不活動時間〕事件〕……… 40
福岡地判平成 19.10.24 判時 1998 号 58 頁〔ハヤシ〔くも膜下出血死〕事件〕……… 3
大阪地判平成 19.11.29 労判 956 号 16 頁〔オフィステン事件〕…… 16, 34, 40, 81, 97, 121, 147

──── 執筆者紹介〔執筆順〕────
①所属　②肩書き　③主要著書・論文

道幸哲也（どうこう　てつなり）　　　　　　　　　　　　第1章，終章

①北海道大学大学院法学研究科
②教授
③『不当労働行為の行政救済法理』信山社，1998年／『労使関係法における誠実と公正』旬報社，2006年／『職場における自立とプライヴァシー』日本評論社，1995年

山田　哲（やまだ　てつ）　　　　　　　　　　　　　　　第2章

①東京農業大学生物産業学部
②非常勤講師
③「ドイツ企業年金法における受給権保障の構造──いわゆる「非喪失性（Univerfallbarkeit）」概念を手がかりとして──」『社会保障法』18号，2003年／「確定拠出年金法と労働法上の問題点」日本労働法学会誌99号，2002年／「2001年ドイツ企業年金法改正とその背景」年金と経済81号，2002年

戸谷義治（とや　よしはる）　　　　　　　　　　　　　　第3章

①北海道大学大学院法学研究科
②博士課程，日本学術振興会特別研究員
③「企業倒産と解雇」季刊労働法224号，2009年

淺野高宏（あさの　たかひろ）　　　　　　　　　　　　　第4章，第5章

①野田信彦法律事務所
②弁護士
③「労働時間の文書による適正管理」日本労働法学会誌110号，2007年／判例評釈「セントラル・パーク事件」季刊労働法220号，2008年／判例評釈「杉本商事事件」『速報判例解説』Vol.3，2008年

開本英幸（ひらきもと　ひでゆき）　　　　　　　　　　　第6章

①開本法律事務所
②弁護士
③「労働契約の適正履行と文書作成」日本労働法学会誌110号，2007年／「文書提出命令制度の構造と最近の決定例」労働判例873号，2004年／判例評釈「国（金沢労基署長）災害調査復命書提出命令事件」法律時報979号，2007年

斉藤善久（さいとう　よしひさ）　　　　　　　　　　　　第7章

①神戸大学大学院国際協力研究科
②准教授
③『ベトナムの労働法と労働組合』明石書店，2007年／北海道大学労働判例研究会編『職場はどうなる労働契約法制の課題』（共著）明石書店，2006年

大石　玄（おおいし　げん）　　　　　　　　　　　　　　　　　　第8章
①北海道大学外国語教育センター
②非常勤講師
③「スペインの従業員代表制度」日本労働法学会誌106号，2005年／「船員労働委員会の廃止に伴う諸問題」労働法律旬報1680号，2008年／「マンション住み込み管理員の労働時間と賃金」法律時報1001号，2008年

國武英生（くにたけ　ひでお）　　　　　　　　　　　　　　　　　　第9章
①北九州市立大学法学部
②准教授
③『コンプライアンスと内部告発』（共著）日本労務研究会，2004年／「イギリスにおける労働法の適用対象とその規制手法」日本労働法学会誌108号，2006年／ヒュー・コリンズ『イギリス雇用法』（共訳著）成文堂，2008年

2009年5月15日　初版第1刷発行

変貌する労働時間法理
―≪働くこと≫を考える―

編者　道幸　哲也（どうこう　てつなり）
　　　開本　英幸（ひらきもと　ひでゆき）
　　　淺野　高宏（あさの　たかひろ）

発行者　秋山　泰

発行所　株式会社　法律文化社
〒603-8053　京都市北区上賀茂岩ヶ垣内町71
電話 075（791）7131　FAX 075（721）8400
URL:http://www.hou-bun.co.jp/

Ⓒ2009 T. Doko, H. Hirakimoto, T. Asano Printed in japan
印刷：㈱太洋社／製本：㈱藤沢製本
装幀　前田俊平
ISBN 978-4-589-03165-5

角田邦重・小西啓文編

内部告発と公益通報者保護法

四六判・230頁・2940円

内部告発の多発は、公益通報者保護法の整備によるのか。告発実態の考察や重要判例の解釈、さらには欧米の内部告発にかかわる法理の比較研究を通じて、同法を検証し、その限界と課題を提示する。

西谷　敏著

規制が支える自己決定
―労働法的規制システムの再構築―

四六判・438頁・5040円

自己決定理念と国家的規制は二項対立するものではなく、双方補うことで有機性を持つと一貫して説いてきた著者の主張の集大成。労働法分野のみならず、経済、政治など他分野にも共有される問題点の解明を試みる。

大橋範雄著〔大阪経済大学研究叢書第57冊〕

派遣労働と人間の尊厳
―使用者責任と均等待遇原則を中心に―

A5判・222頁・3675円

規制緩和の進む派遣法に歯止めはかけられないのか。派遣労働関係における使用者責任と労働者の権利を日本とドイツの派遣法の比較を通して考察・検証し、日本の（法の）あるべき方向を探る。ドイツ派遣法の全訳を収載。

後藤勝喜著

現代の雇用と法を考える

四六判・270頁・3990円

非正規雇用の拡大や個別労働紛争の増加など急激に変化する雇用関係の実態を統計資料に基づいて把握し、雇用関係法の改革の流れをたどる。近年の労働立法や判例動向をふまえ、現状と課題をわかりやすく概説。

遠藤昇三著

「戦後労働法学」の理論転換

A5判・366頁・6930円

著者の長年にわたる「団結権保障」研究の集大成。労働者個人の「団結権論」を徹底して展開させ、労働法学界のみにとどまらず、労働者へのメッセージをあわせもつ問題提起の書。

―法律文化社―

表示価格は定価（税込価格）です